탁 트 이 는   보 카   마 스 터

VOCA MASTER

유래편

VOCA MASTER

탁트이는 보카 마스터

유래편

김형탁 지음

Were
위아북스

PROLOGUE

"선생님~! 영어 단어 잘 외우는 방법은 없나요?"
"일주일만 지나면 까맣게 잊어버려요. 오래가는 단어 암기법은 없나요?"

이것이 수년간 강의를 해 오면서 학생들로부터 가장 많이 들었던 질문이자 하소연이었습니다.

영어 단어도 하나의 인격체다!

저자는 강의 첫 시간마다 다음과 같은 이야기를 합니다.

"누군가를 내 사람으로 만들려면 얼굴만 자주 본다고 되겠어요? 관심을 갖고 시간을 들여서 그 사람의 가족 관계, 가치관, 살아온 얘기 등을 들어 봐야 진짜 그 사람을 이해하게 되고 결국은 내 사람이 되는 거겠죠? 영어 단어도 마찬가지입니다. 무작정 많이 읽고 스펠링만 여러 번 써 본다고 머릿속에 남는 게 절대 아닙니다. 그 어휘가 어떤 배경에서 탄생했고, 원뜻은 무엇이며, 실제 어떤 의미로 쓰이고, 시험엔 어떻게 나오는지를 제대로 이해해야만 비로소 내 단어가 되는 겁니다."

이처럼 영단어 암기법에 대한 학생들의 목마름과 저자의 오랜 고뇌, 그리고 단어를 내 것으로 만들기 위해 쏟아야 하는 막대한 시간과 정성을 '책으로 대신해 주겠다'는 저자의 결연한 의지 속에서 탄생한 것이 바로 보카 마스터입니다.

"단어가 머리에 쏙쏙 들어와요. 이렇게 신나게 공부해 보긴 처음이에요~!"
"요즘은 어휘 시험에서 한두 개 틀릴까 말까 해요. 완전 감동이에요!!"

실제로 보카 마스터를 먼저 공부해 본 학생들이 저자에게 해 준 가슴 벅찬 이야기들입니다.
이 책에 감히 〈대한민국 명품보카〉라는 타이틀을 건 이유도 바로 "이 책 한 권만 제대로 공부하면 어떤 시험에서도 어휘 때문에 낭패 볼 일은 없다"는 자신감이 있기 때문입니다.

어휘 학습의 새로운 패러다임, 보카 마스터!

보카 마스터의 어휘 학습법은 기존 어휘책들의 단순 나열 주입식이 아닙니다.
각 어휘가 탄생된 배경, 원뜻, 실제 의미와 이를 즉각 연상시켜 주는 이미지를 '한 번에' 보여
주는 ONE SHOT 학습법을 통해 '시간 대비 암기 효과'를 극대화함으로써 오래가는 기억을 만
들어 주는 획기적인 어휘 암기법입니다.

각 어휘에 대한 최고의 암기법을 만드는 것!
영단어 암기가 스트레스가 아닌 유희가 되도록 해 주는 것!
책다운 책을 만들어 어휘 학습자의 짐을 최대한 덜어 주는 것!

저자가 평생 키워 온 이 꿈들은 보카 마스터를 통해 비로소 빛을 보게 되었으며, 앞으로도 높은
완성도의 수준별 보카 시리즈를 통해 끊임없이 진보하게 될 것입니다.
미래를 준비하는 모든 분들이 보카 마스터를 통해 하루라도 빨리 자신의 꿈을 이루는 것이야
말로 이 책이 존재하는 이유이며 저자의 간절한 꿈입니다.
보카 마스터로 어휘를 공부하는 모든 분들의 미래가 무한히 창대해지기를 두 손 모아 기원합
니다.

ABOUT THIS BOOK 보카 마스터의 특징 및 구성

보카 마스터의 특징

보카 마스터는 〈유래편〉과 〈어원편〉이라는 양대 체제(Dual System)를 택했다.

이는 시험에 나오는 방대한 어휘들을 특성별로 나눠 학습함으로써 기존 어휘책들의 '어원 접근법 일색'이라는 한계와 어휘 나열식 'List 책'이라는 맹점을 동시에 극복하고, 어휘 특성별 맞춤 암기를 통해 시간 대비 암기 효과를 극대화하는 체제다.

그동안 시험에 나왔던 모든 어휘들을 철저하게 분석해 본 결과, 전체 어휘의 반 정도는 어근 자체나 신화, 인물, 지명, 동·식물 등에서 나온 **유래어휘**들이고, 나머지 반은 접두어(prefix)가 있는 **어원어휘**들이었다. 그렇다면 당연히 두 부류의 어휘를 암기하는 방법도 달라야만 한다. 즉, 유래어휘는 반드시 설명과 이미지를 통해 그 어휘가 생겨나게 된 유래를 이해한 후에 암기해야 하며, 어원어휘는 접두어와 어근(root)의 의미 조합을 통해 실제 의미를 이해하고 추가로 이미지의 도움을 받아 외워야 한다.

보카 마스터의 구성

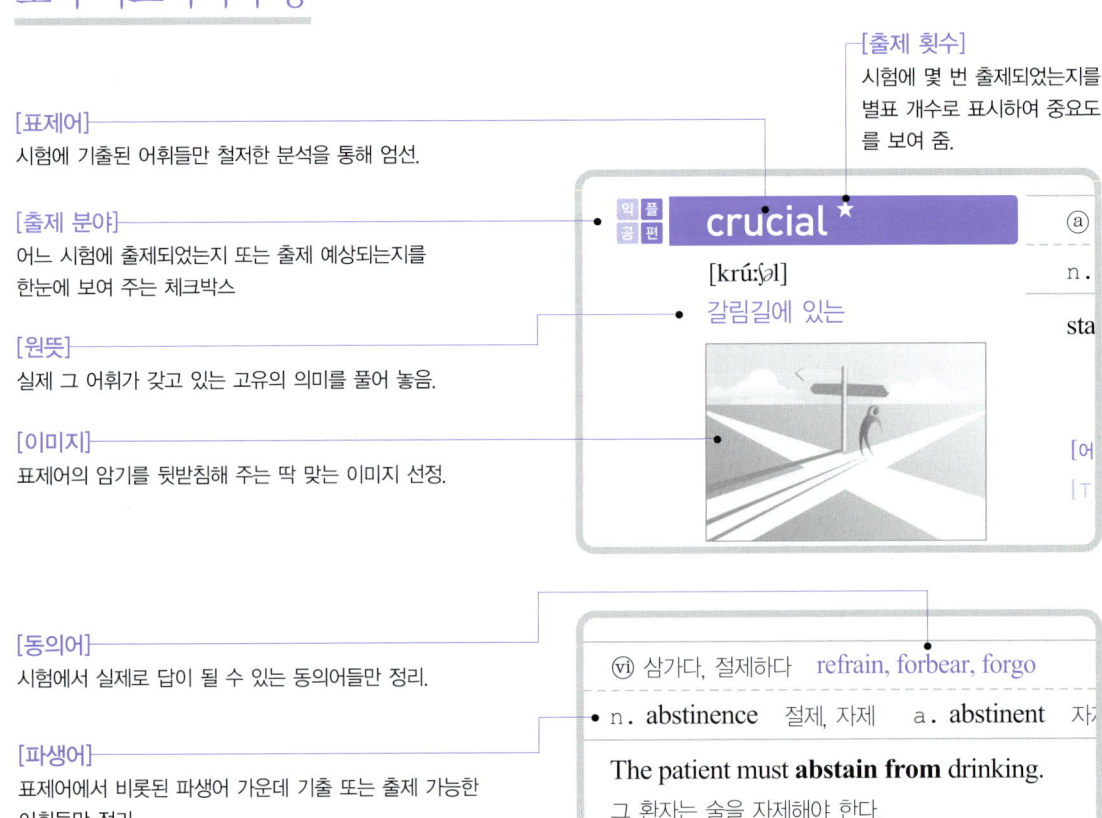

[출제 횟수]
시험에 몇 번 출제되었는지를 별표 개수로 표시하여 중요도를 보여 줌.

[표제어]
시험에 기출된 어휘들만 철저한 분석을 통해 엄선.

[출제 분야]
어느 시험에 출제되었는지 또는 출제 예상되는지를 한눈에 보여 주는 체크박스

[원뜻]
실제 그 어휘가 갖고 있는 고유의 의미를 풀어 놓음.

[이미지]
표제어의 암기를 뒷받침해 주는 딱 맞는 이미지 선정.

[동의어]
시험에서 실제로 답이 될 수 있는 동의어들만 정리.

[파생어]
표제어에서 비롯된 파생어 가운데 기출 또는 출제 가능한 어휘들만 정리.

[어원]
표제어의 어원적 의미를 쉽고 간결하게 설명.

[TIP]
의미가 생겨난 배경이나 암기법을 쉽게 풀어 놓은 친절한 TIP.

[상상⁺]
표제어와 동일한 어근을 가진 다른 어휘들을 함께 공부함으로써
어휘력을 최대로 확장시킴.

Her acting in the movie won great **acclaim**.
그 영화에서 그녀의 연기는 대단한 호평을 받았다.
- [어원] 『ac<ad(to) + claim(shout) → ~에게 외치다,
- [TIP] acclaim은 applaud(박수를 보내다)와 함께 외우
- [상상⁺] **claim** 요구[주장]하다 / **clam**or 외침 / **clam**or

[뉘앙스]
표제어와 비슷해 보이지만 엄연히 의미가 다른 어휘들을
명쾌하고 깔끔하게 풀이한 설명.

They **assented** to our offer. 그들은 우리의 제안(

- [어원] 『as<ad(to) + sent(feel) → 감정이 ~에게 다가
- [뉘앙스] assent (고민해본 후) 동의하다 – 권한을 지닌 측(
          consent (자발적으로) 동의하다 – 동등한 관계에서

[어법]
실제 문장에서 어떻게 쓰이는지를 명확히 제시해 줌.

[비교]
표제어와 스펠링이 비슷해서 혼동하기 쉬운 어휘를
명확히 비교해 줌.

젊은이들을 협박해 그에게 투표하게 하다
- [어원] 『in(안) + timid(겁 많은) → ~ 안에 겁을 넣다 →
- [어법] intimidate A into ~ing : A를 협박해 ~하게 하
- [상상⁺] **tim**orous 소심한, 겁 많은(diffident)
- [비교] intimate A to B : A를 B에게 넌지시 비추다

[음원]
어원이 암기에 별 도움이 안 되는 어휘의 경우
한글 발음을 따서 외우는 참신한 방법.

[출제포인트]
실제 시험에 출제되는 것만 꼭 짚어 주는 코너.

- [음원] **loud** (큰 소리로) → **laud** (칭찬하다)
- [TIP] laud는 loud와 스펠링과 발음이 비슷하므로 함께
        또한 laud는 praise보다 좀 더 격식을 차린(form
        교황은 사람들의 laud(칭송하다)의 대상이다.
- [출제포인트] 동사 **laud**와 형용사 **laudatory**가 함께 출제

HOW TO USE 보카 마스터 120% 활용하기

보카 마스터는 [이미지+유래+원뜻]을 한 번에 새겨 넣는 ONE SHOT 학습법을 도입했다.
이는 무작정 텍스트만 외우던 기존 어휘책들의 맹점에서 과감히 탈피한 입체적 암기 방식으로서 어휘 암기의
틀을 바꿀 획기적인 학습법이다.

보카 마스터 최적 학습법

1 통째로 파악하라!

[표제어→원뜻→이미지] 순으로 시선을 이동해 가면서 일차적으로 어휘에 대한 개념을 잡은 다음,
ONE SHOT 학습법을 통해 표제어와 실제 뜻 사이에 튼실한 기억의 연결 고리(Memory Chain)를 만든다.

2 [어원]과 [TIP]을 활용하라!

이 책의 또 다른 강점인 정확한 [어원] 풀이 및 암기에 실질적 도움을 주는 [TIP]을 통해 방대한 어휘들 하나
하나를 완전히 내 것으로 만든다.

3 실전 감각을 키워라!

[출제포인트/어법/비교/뉘앙스/발음주의] 등을 통해 표제어에 대한 이해를 한 단계 업그레이드함으로써 어떤
시험에도 완벽하게 대비할 수 있는 실전 감각을 키운다.

4 4회독을 목표로 하라!

어떤 공부에서든 가장 중요한 것은 책을 '끝까지 다 보는 것(1회독)'이다.
보카 마스터는 ONE SHOT 학습법에 따라 입체적으로 구성되었기 때문에 오감을 즐기며 재미있게 공부하다
보면 1회독이 가뿐히 끝나고 4회독도 즐겁게 달성할 수 있다.

▶1회독 _ 절대 욕심 내지 말고 표제어의 뜻이 무엇인지만 파악한 채 속도감 있게 진도를 나간다.
표제어를 기준으로 하루에 20페이지씩 한 달 정도면 1회독이 가능하다.

▶2회독 _ 표제어와 원뜻 및 실제 의미와 동의어까지 공부하면서 어휘력을 늘린다.
표제어 중 암기된 단어는 점검만 하고 넘어가되 암기되지 않은 단어는 다시 본다.

▶3회독 _ 표제어의 동의어를 점검해 가며 [상상+]를 공부한다.
[상상+]를 통한 깊이 있고 효율적인 어휘 학습은 학습자의 어휘력을 두세 배로 확장해 줄 것이다.

▶4회독 _ 모든 어휘들을 망라해서 학습한 후 문제를 풀어 본다.
엄선된 기출문제를 통해 아직도 암기되지 않은 단어가 있는지, 있다면 어떤 것들인지 최종적으로
파악하여 다시 한 번 학습함으로써 실전에 임할 만반의 태세를 갖춘다.

보카 마스터 최적 활용법

1 유래편

유래편은 시험 출제 빈도에 따라 3개의 장으로 구성하였다. 각 장의 어휘들은 찾아보기 쉽도록 스펠링 순으로 정리되어 있다.

▶1장 – **2회 이상 기출어휘**: 시험에 2회 이상 출제된 어휘만을 선별해 놓았다. 앞으로 다시 출제될 가능성이 대단히 높은 어휘들이므로 철저한 암기가 요구된다.

▶2장 – **1회 기출어휘**: 시험에 1회 출제된 어휘들로서 언제든지 다시 출제될 수 있는 어휘들이다.

▶3장 – **출제 예상 및 고급 어휘**: 아직 시험에 출제되지 않은 어휘이거나 난이도는 높지만 꼭 알아야 할 어휘들만 엄선해 놓았다.

2 어원편

어원편은 범용 접두어와 소수 접두어의 2개 장으로 구성되어 있다. 시험에 출제된 어휘들은 표제어 오른쪽에 별표로 출제 빈도를 표시하여 강약 조절 학습이 가능토록 하였다.
(★: 1회 기출, ★★: 2회 기출, ★★★: 3회 이상 기출)

▶1장 – **Major 접두어**: 많은 어휘들을 거느리고 있는 중요 접두어의 어원어휘들을 스펠링 순으로 정리했다.

▶2장 – **Minor 접두어**: 적은 어휘들을 거느리고 있는 까다로운 접두어들은 별도 관리하여 시간 대비 학습 효과를 최대화하도록 했다.

출제 분야 표시

〈유래편〉과 〈어원편〉 모두 편입, 공무원, 토익, 토플 중 어느 시험에 주로 출제되는 어휘인지를 보여 줌으로써 학습 목표에 맞게 강약 조절 학습이 가능하도록 구성하였다.

시험 대비 막판 학습 요령

본 교재 학습 후 시험이 임박한 시점에는 출제 빈도가 높은 어휘들만 다시 한 번 점검한다. 기획 단계부터 철저하게 시험에 focusing된 어휘 수험서이므로 어떤 시험에서든 최고의 결실을 거둘 수 있을 것이다.

1 〈유래편〉에서는 2회 이상 기출어휘와 1회 기출어휘들을 최종적으로 점검한다. 시험 출제 가능성이 대단히 높은 어휘들이므로 모르는 어휘가 한 개도 안 나오도록 꼼꼼하게 점검해야 한다.

2 〈어원편〉에서는 별표가 표시되어 있는 어휘들 위주로 최종 점검을 한다. 시험에 출제되었던 어휘는 다시 출제될 확률이 높으므로 적어도 별표 표시된 어휘들만큼은 확실히 점검하고 시험에 임해야 한다.

3 〈유래편〉 3장과 〈어원편〉에서 별표가 없는 어휘들은 시간적인 여유가 있는 수험생이라면 추가로 점검해 볼 것을 권한다.

추천합니다

보카 마스터는 어휘 암기의 패러다임을 바꿀 책이다!
지금껏 어떤 책도 어원과 이미지를 동시에 보여 주지 못했다. 이 책은 대한민국 어휘 교재의 틀을
바꾸는 동시에 단어 학습법을 한 단계 업그레이드시켜 줄 것이다.

박현상

보카 마스터를 만나기 전까지 어휘는 무조건 무식하게 외우는 거라고 생각했다.
하지만, [어원/유래/음원] 접근법과 단어에 딱 맞는 그림을 통해 통째로 각인된 단어는 정말 머리에
박히는 느낌이다.

김범수

수만 개 어휘를 미친 듯이 외워야 했던 고통의 세월! 탁샘만의 땀과 노하우로 탄생된 보카 마스터로
공부한 후, 요즘은 많이 틀리면 한 개 정도 틀린다(적어도 어휘에서는…ㅎㅎ).

김종준

지긋지긋하던 어휘 암기가 재밌어지는 책!
굳이 외우려 애쓰지 않고 읽기만 해도 연상되는 마법 같은 책!
이런 책 만들어 주신 탁샘, 정말 고마워요~^^

한혜윤

보카 마스터를 덮는 순간, 어휘에 대한 자신감이 나를 흥분시켰다!
보카 마스터와 함께라면 진정 "어휘는 껌이다!"

박세경

단어 뜻을 저절로 연상시켜 주는 너무 완벽한 이미지와 필수 동의어 정리, 거기에 어원과 음원은 물론
출제포인트까지! 한꺼번에 '다섯 마리 토끼'를 잡게 해 준 보카 마스터는 어휘 암기에 100% 자신감을
불어 넣어준 책이다.

추승세

단어 암기가 지루하다는 편견을 날려버린 책!
유래 설명, 이미지, 음원을 결합한 보카 마스터의 암기법은 어원으로 외울 수 없었던 수천 개 단어들을
한방에 해결해 주었다. 이 책과 함께라면 단어 암기도 즐거울 수 있다!

박혜미

막연한 어휘 리스트가 아닌, 선생님만의 노하우와 정성이 배어 있는 보카 마스터!
'외워도 외워도 끝이 없던' 단어와의 지루하고 고독한 전쟁에 희망의 불빛이 되어 주었다.

임선아

탁 트 이 는 　 보 카 　 마 스 터

VOCA MASTER

유래편

CONTENTS

VOCA MASTER

CHAPTER 1

2회 이상 기출 어휘

acrimonious

[æ̀krəmóuniəs]

(말이) 날카로운

ⓐ 신랄한, 격앙된   bitter, caustic, pungent, virulent

n. acrimony   신랄함, 표독스러움

an **acrimonious** dispute 격앙된 논쟁

[어원] 『acr(i)<acer(sharp) + monious(형접) → (말이) 날카로운』
[뉘앙스] acrid / acrimonious / acerbic → 같은 어원 같은 뜻!
  acrid : (맛, 냄새, 말이) 톡 쏘는, 신랄한 – 쓰임새가 보다 넓음.
  acrimonious, acerbic : (말이) 신랄한 – 말하는 것에만 쓰임.

altruism

[ǽltruìzəm]

남을 생각하는 것

ⓝ 이타주의, 자선   charity, benevolence

a. altruistic 이타적인   n. altruist 이타주의자

Our society requires **altruism**. 우리 사회는 이타주의를 필요로 한다.

[어원] 『alt(e)r(other) + ism(생각) → 다른 사람을 생각해주는 것』
[출제포인트] 형용사 **altruistic**(이타적인)도 함께 출제되었다.

amiable

[éimiəbəl]

친구 될 수 있는

ⓐ 친절한, 상냥한   friendly, affable, amicable, genial

an **amiable** taxi drive 상냥한 택시 운전기사

[어원] 『ami(friend) + able(될 수 있는) → 친구 될 수 있는』
[TIP] 나와 친구 될 수 있는 사람은 당연히 나에게 친절하고 상냥하다.
[뉘앙스] amiable (성격이) 친절한, 상냥한
  – an **amiable** friend 상냥한 친구
  amicable (관계가) 우호적인
  – an **amicable** relationship 우호적 관계

amicable

[ǽmikəbəl]

친구 될 수 있는

ⓐ 우호[평화]적인   friendly, peaceful, concordant, harmonious

ad. amicably   우호적으로

reach an **amicable** settlement 우호적인 해결에 도달하다

[어원] 『amic(friend) + able(될 수 있는) → 친구 될 수 있는』
[상상+] in**imic**al 적대적인 / **ami**ty 우호 ⇔ en**mi**ty 적대감

arduous

[ɑ́:rdʒuəs / -dju-]
가파른 길을 오르는

ⓐ 힘든, 험한   difficult, laborious, strenuous

an **arduous** climbing 힘든 산행

[어원] 『ardu(steep) + ous(형접) → 가파른 길을 올라가야 하는』
[TIP] arduous의 또 다른 암기 비법!
　　　『(h)ard(힘든) + uous(형접) → 힘든』
[비교] ardent 열정적인

arid

[ǽrid]
불타버린

ⓐ 1. 건조한, 불모의   sandy, desert, barren

　　2. 재미없는   uninteresting

an **arid** climate 건조한 기후
an **arid** life 재미없는 생활

[어원] 『ar(d)(burn) + id(~된) → 불타버린』
[TIP] **ard**ent → 불타고 있는 → 열정적인
　　　arid → 불타버린 → 마른, 건조한

audacious

[ɔ:déiʃəs]
감히 해보려는

ⓐ 용감한   dauntless, intrepid, gallant, valiant

n. audacity 용감함   bravery

an **audacious** behavior 용감한 행동

[어원] 『au(avid) + da(dare) → 감히 ~해보려는』

 auspicious

[ɔːspíʃəs]

새가 보이는

ⓐ 길조의, 순조로운   fortunate, favorable, propitious

n. auspice   길조; 《복》후원   – under the **auspices** of ~의 후원 하에

ad. auspiciously   순조롭게

choose an **auspicious** day 길일을 택하다

[어원] 『au(bird) + spic(look) → 새가 보이는 → 길조의』

[TIP] 옛날 서양에서 하늘에 새가 힘차게 날아가는 모습을 길조로 여긴 데서
유래한 어휘다.

[상상⁺] **av**iation 비행, 항공 / **av**iator 비행사

belligerent

[bəlídʒərənt]

전쟁을 하려고 하는

ⓐ 호전적인, 싸우기 좋아하는   warlike, hostile, pugnacious, quarrelsome

n. belligerence   호전성

show a **belligerent** attitude 호전적 태도를 보이다

[어원] 「bell(i)(war) + ger(wage치르다) → 전쟁을 치르려고 하는」
[상상⁺] **bell**icose 호전적인 / re**bell**ion 반란(revolt)

bent

[bent]

휜, 굽은

ⓐ 휜, 굽은   curved, crooked

ⓝ 소질, 애호   taste, disposition

a **bent** old woman 허리가 굽은 할머니
Rucy has an artistic **bent**. 루시는 예술적 소질이 있다.

[어원] 「bend(휘다, 굽다)의 과거분사 → 휜, 굽은」
[TIP] 사람이 자꾸 어떤 일로 기우는 상태 → 소질, 애호
[숙어] be bent on : (나쁜 일을) 결심하다

biased

[báiəst]

한쪽으로 치우친

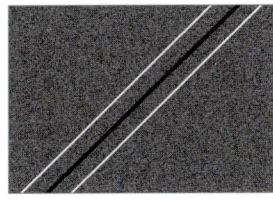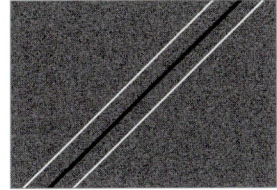

ⓐ 편견을 가진   prejudiced, predisposed ⇔ unbiased   편견 없는

n.vt. bias   편견(을 갖게 하다)

racially **biased** attitudes 인종적으로 편견을 가진 태도

[어원] 「bias(사선, 대각선) + ed(~된) → (생각이) 한쪽으로만 치우친」
[TIP] bias는 원래 '사선(대각선)'을 의미하는 단어로, 사선은 한쪽으로
　　　기울어진 선이므로 '한쪽으로 기울어진 생각 → 편견'의 의미가 나왔다.

bizarre

[bizá:r]

자꾸만 바뀌는

ⓐ 기괴한, 괴상한   eccentric, grotesque, queer, weird

the patient's **bizarre** behavior 그 환자의 아주 이상한 행동

[어원] 「bizarro(always changing)<bizarre → 자꾸만 바뀌는」
[TIP] bizarre(기괴한)는 bazaar(바자회)와 함께 외우면 쉽다.
　　　– a **bizarre** bazaar 기괴한 물건을 파는 바자회

VOCA MASTER

blunder

[blʌ́ndər]
눈 감고 한 것

ⓝ (큰) 실수, 실책 error　　　a. blundering 실수하는, 부주의한

ⓥⓘ 1. 실수하다 botch　　　2. 비틀거리다 stumble

His **blunder** cost them the match.
그의 실수로 인해 그들은 지고 말았다.

[어원] 「blund(blind) + er(명접) → 눈을 감고 한 것」
[TIP] 눈을 감고(blind) 하니 당연히 실수(blunder)할 수밖에 없다.
[출제포인트] blunder는 명사 (큰) 실수의 의미로 출제된다.

bolster

[bóulstər]
베갯속

ⓥⓣ 강화[지지]하다 support, strengthen, boost, buttress

his efforts to **bolster** his competence 능력을 높이려는 그의 노력들

[어원] 「bol(belly) + ster(동접) → 불룩 부풀어 있는 것 → 베갯속」
[TIP] bolster는 원래 명사로 우리가 잘 때 머리를 받쳐주는 베개(pillow)의 속을
의미한다. 베갯속은 불룩하게 부풀어 있다. 이 베갯속이 우리의 머리를 지탱
[지지]해주므로 bolster의 동사 의미는 '~를 받쳐주다, 지지하다'가 된다.
[상상+] **blow** (바람을) 불다 / **bul**ge 부푼 것: 증가

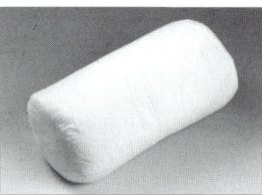

boost

[buːst]
밀어 올리다

ⓥⓣ 높이다, 증가시키다 increase, enhance, elevate, augment

ⓝ 부양(책), 후원 encouragement, assistance, sponsor

boost the relationship between the two countries
양국 간의 관계를 증진시키다
receive a **boost** from government
정부로부터 후원을 받다

[어원] 「boo(push) + st(hoist) → 밀어 올리다」

brittle

[brítl]
깨지기 쉬운

ⓐ 깨지기 쉬운 breakable, fragile, frail

brittle bones that may fracture 골절될 수 있는 부러지기 쉬운 뼈

[어원] 「brit(t)(break) + (i)le(~하기 쉬운) → 깨지기 쉬운」
[TIP] 사진에서 보듯이 처마 밑에 달린 고드름(icicle)은 조금만 건드려도 깨지기
쉬운(brittle) 상태다.

candid

[kǽndid]
(마음이) 밝혀진

ⓐ 솔직한   frank, forthright, straightforward

n. candor   솔직함

a **candid** confession 솔직한 고백

[어원] 『cand(shine) + id(~된) → (마음이 다) 밝혀진』
[TIP] candid는 candle(양초)를 연상하며 함께 외우면 쉽다.
     candle → (주위를) 환하게 밝히는 것 → 양초
     candid → 마음이 환하게 밝혀진 → 솔직한
[출제포인트] **candid**는 명사 **candor**와 함께 시험에 정말 많이 출제되는 어휘임
     을 명심하자!

chagrin

[ʃǽgrin]
슬픔

ⓝ 분함, 원통함   irritation, disappointment

To my chagrin, I'm fired. 원통하게도 나는 해고되었다.

[어원] 『chagri(sad) + n(명접) → 슬픔』
[음원] 도박에서 돈을 **쉐그**(리 날)**린**(chagrin) → 분함, 원통함
[어법] to one's chagrin : 분하게도, 원통하게도

chronic

[kránik / krɔ́n-]
시간이 오래된

ⓐ 만성적인, 오래된   inveterate, habitual, confirmed

ad. chronically   만성적으로

suffer **chronic** headache 만성 두통을 겪다
a **chronic** smoker 골초
[어원] 『chron(time) + ic(형접) → 시간이 오래된』
[TIP] chron(time)의 어근은 그리스·로마 신화에서 시간을 관장하던 신의 이름
     크로노스(Cronos)에서 유래했다.
[상상+] **chron**icle 연대기 / **chron**ology 연대학 / syn**chron**ous 동시의
     ana**chron**ism 시대착오

crave

[kreiv]
(몹시) 구하다

ⓥ 열망하다　desire, aspire, long for

a. craving　열망하는

They **crave** freedom and independence.
그들은 자유와 독립을 열망한다.

[어원]『crav(beg) + e(동접) → (무언가를 몹시) 구하다』
[TIP] crave는 불타는 듯한 강한 열망을 갖는 것이다.
[비교] craven 겁 많은, 비겁한(cowardly)

crucial

[krúːʃəl]
갈림길에 있는

ⓐ 중요한, 중대한　critical, momentous, material

n. crux　핵심, 요점　gist, kernel

stand at a **crucial** stage 중요한 단계에 있다

[어원]『cruci<cross(십자가) + al(형접) → (선택의) 갈림길[십자가]의』
[TIP] crucial은 두 갈래로 갈라지는 '갈림길'의 의미. 즉 어느 길로 가느냐에 따라 결과가 완전히 달라지는 중요한 기로에 있음을 의미한다.

culprit

[kʌ́lprit]
처벌받을 죄인

ⓝ 범인, 범죄자　criminal, offender, lawbreaker, malefactor

Police managed to catch the **culprit**.
경찰은 그 범인을 힘들게 검거했다.

[어원]『culp(guilt) + rit(ready) → (처벌이) 준비되어 있는 죄인』
[상상⁺] **culp**able 괘씸한 / ex**culp**ate (죄에서) 벗어나게 하다(exonerate)

cursory

[kə́ːrsəri]
(마구) 달리는

ⓐ 대충하는, 날림의　superficial, perfunctory, haphazard

a **cursory** investigation 대충하는 수사

[어원]『curs(run) + ory(형접) → (마구) 달려가는』
[TIP] cursory는 '달려가는'의 뜻으로 일을 빨리빨리 대충하는 모습을 떠올리면 정확하다.
[상상⁺] **curs**e 저주, 욕(하다) / in**curs**ion 침입, 침략 / dis**curs**ive 산만한
pre**curs**or 선구자

deadlock

[dédlàk / -lɔ̀k]
완전히 잠긴 상태

ⓝ 막다름, 교착상태 impasse, stalemate, standstill

ⓐ. deadlocked 교착상태에 빠진

The negotiation reached a complete **deadlock**.
협상이 완전한 교착상태에 도달했다.

[어원] 『dead(완전히) + lock(잠금) → 완전히 잠겨 있는 상태』
[TIP] deadlock에서 dead는 '죽은'의 뜻이 아니고 '완전히'라는 강조의 뜻임을 알아야 쉽게 외울 수 있다.

---

dearth

[dəːrθ]
귀한 상태

ⓝ 부족, 결핍 lack, scarcity, paucity

a **dearth** of water 물 부족

[어원] 『dear(귀한) + th(명접) → 귀한 상태 → 부족, 결핍』
[TIP] 귀한(dear) 것은 부족(dearth)하게 마련이다!
사진에서 보듯 다이아몬드는 숫자가 많지 않은 귀한 보석이기 때문에 값이 비싸다.
[발음주의] 디얼쓰(X) → 덜쓰(O)

---

deem

[diːm]
~라고 생각하다

ⓥⓣ ~로 생각하다, 간주하다 consider, regard, reckon, view

Tradition in Korea is **deemed** important.
한국에서 전통은 중요한 것으로 여겨진다.

[어원] 『doom(운명)에서 유래 → ~라고 여기다, 생각하다』
[TIP] doom → ~될 것이라고 여겨진 것 → 운명
deem → ~라고 여기다 → 생각[간주]하다

despot
[déspət, -pɔt]
집안의 주인

ⓥ 폭군, 독재자 dictator, autocrat, tyrant

a. despotic 독재적인, 포악한 autocratic

n. despotism 폭정, 독재 정치 tyranny

The king was a merciless **despot**. 그 왕은 무자비한 폭군이었다.

[어원] 『des<dom(house) + pot(lord) → 집안의 주인(남편)』

[TIP] 옛날엔 서양에서도 남편(가장)이 모든 것을 마음대로 결정했기 때문에 이것
이 발전하여 '폭군, 독재자'의 의미로 정착된 것이다.
그림은 구소련의 공산주의 독재자로 일컬어지는 스탈린!

[상상+] **dom**estic 국내의; 가정의 / **dom**ain 영토, 영역
dominate 지배[압도]하다 / **dom**ineer (권력을) 휘두르다

[출제포인트] 형용사 **despotic**과 명사 **despotism**이 출제되었다.

devout
[diváut]
완전히 맹세한

ⓐ 독실한 having a very strong belief in religion; religious

a **devout** Christian 독실한 기독교인

[어원] 『de(강조) + vou(vow맹세하다) → (신께) 완전히 맹세한』

[TIP] devout는 동사 devote와 아주 밀접한 연관성이 있다. 즉 신께 자신의 삶을
바치면(devote) '독실한(devout)' 삶을 사는 것이다.

[상상+] de**vo**te 바치다 / a**vow** 공언[맹세]하다

dexterous
[dékstərəs]
오른손으로 하는

ⓐ 솜씨 좋은, 능란한 adroit, proficient, deft

n. dexterity 솜씨 좋음

dexterous use of the needle 능수능란한 바느질 솜씨

[어원] 『dexter(right) + ous(가지고 있는) → 오른손으로 하는』

[TIP] 예부터 오른쪽은 올바르고 훌륭한 긍정적 의미로, 왼쪽은 잘못되고 불길한
부정적 의미로 여겨진 데서 dexterous가 유래했다. 즉 일을 오른손으로
하면 훌륭하며 솜씨가 좋다는 뜻이 된다.

docile

[dásəl / dóusail]
가르치기 쉬운

ⓐ 유순한, 다루기 쉬운   obedient, tractable, compliant, meek

n. docility   유순함

a **docile**, obedient child 순하고 순종적인 아이

[어원] 『doc(teach) + ile(~하기 쉬운) → 가르치기 쉬운』

[상상+] **doc**tor 의사; 박사 / **doc**trine 주의, 교리 / **dog**ma 신조

dormant

[dɔ́ːrmənt]
잠자고 있는

ⓐ 잠자는, 활동하지 않는   inactive, latent, torpid, quiescent

n. dormancy   휴면 (상태)

a **dormant** volcano 휴화산
dormant accounts 휴면 계좌들

[어원] 『dorm(sleep) + ant(형접) → 잠자고 있는』

[TIP] dormitory : 잠자는 곳 → 기숙사
　　　 dormant : 잠자고 있는 → 활동하지 않는

[비교] drowsy 졸리는(somnolent) / hypnotic 최면의

drastic

[drǽstik]
밀어붙이는

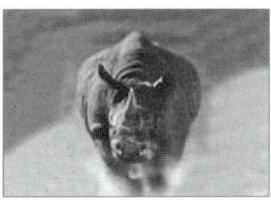

ⓐ 극단적인, 급격한   extreme and sudden; forceful

ad. drastically   급격히, 과감하게

drastic measures to get rid of bribery
뇌물 수수를 근절하기 위한 극단적 조치

[어원] 『dras(to do) + tic(형접) → (행동을) 밀어붙이는』

[TIP] drastic은 to do(행동하다)가 합쳐지면서 dra로 연음된 형태!

drudgery

[drʌ́dʒəri]
힘든 일

ⓝ 고된 일   hard boring work; chore

I want to get away from daily **drudgery**.
나는 일상의 고된 일로부터 벗어나고 싶다.

[어원] 『dru(d)g(labor) + ery(명접) → 힘든 일』

[TIP] drudgery는 보통 매일매일 해야 하는 귀찮은 집안일을 의미한다.

[음원] drudgery는 발음에서 힌트를 얻어 다음과 같이 외운다.
　　　 (하인에게 무거운 짐을) **드러저리(drudgery)** → 고된 일

earmark

[íərmɑ̀ːrk]
귀에다 한 표시

ⓥⓣ (특정 목적에) 할당[책정]하다　allocate, set aside

The extra money has been **earmarked** for the project.
그 프로젝트를 위해 추가 자금이 책정되었다.

[어원] 「ear(귀) + mark(표시) → 귀에다 표시해둔 것」
[TIP] 소유주(owner)가 누구인지 밝히기 위해 소나 양의 귀에다 표시해둔 것에서 유래됨.

eerie

[íəri]
무서운

ⓐ 무서운, 오싹한　weird, scary, fearful, appalling

the **eerie** sound of a wolf howling 오싹한 늑대 울음소리

[어원] 「e(e)ri(fearful) + e(형접) → 무서운」
[음원] eerie는 어원적으로 큰 도움이 되지 않으므로 음원으로 외운다.
산 속에서 혼자 **이리(eerie)**를 만나면 얼마나 오싹할까?

elastic

[ilǽstik]
늘어나기 쉬운

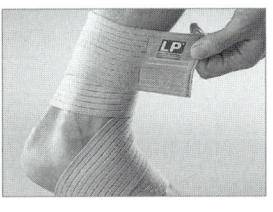

ⓐ 탄력성[신축성] 있는　easily resuming original shape; flexible

n. elasticity　탄력　resilience

an **elastic** ankle bandage 탄력성 있는 발목 붕대

[어원] 「elast(ductile) + ic(형접) → 늘어나기 쉬운」
[비교] resilient 탄력이 있는; 회복이 빠른

emulate

[émjəlèit]
목표로 삼고 따라하다

ⓥⓣ 흉내 내다, 모방하다　imitate, mimic, simulate

n. emulation　흉내, 모방

emulate his success 그의 성공을 모방하다

[어원] 「emul(aim) + ate(동접) → 목표로 삼고 따라하다」
[TIP] emulate는 emul 부분이 aim의 변형임을 이해해야 한다.

enigma

[inígmə]
지어낸 이야기

ⓝ 수수께끼   mystery, puzzle, riddle, conundrum

ⓐ. enigmatic   수수께끼 같은

The problem is an inscrutable **enigma**.
그 문제는 풀리지 않는 수수께끼다.

[어원] 『eni(g)(fable) + ma(명접) → 지어낸 이야기』
[음원] 수수께끼를 내면 이런 말을 하게 되죠?
    어, 니게 머(지)(enigma) → 수수께끼
[출제포인트] 형용사 enigmatic도 출제되므로 함께 알아두자!

equilibrium

[ìːkwəlíbriəm]
균형이 똑같은 상태

ⓝ 1. (힘의) 균형   balance   2. (마음의) 평정   equanimity

an **equilibrium** between supply and demand
수요와 공급 간의 균형
Katie tried to recover her **equilibrium**.
케이티는 평정을 되찾으려고 노력했다.

[어원] 『equi(equal) + libri(balance) → 균형(무게)이 똑같은 상태』
[상상+] **equi**ty 공정, 평등 / **equi**valent 동등한 / **equi**vocal 애매한

equivalent

[ikwívələnt]
같은 가치의

ⓐ 동등한, 상응하는   equal, same, identical, tantamount

ⓝ. equivalence   동등함

His monthly salary is **equivalent to** a year's pay of mine.
그의 월급은 내 연봉과 맞먹는다.

[어원] 『equi(equal) + val(value) → 같은 가치의』
[어법] equivalent to : ~와 동등한
[상상+] ambi**val**ent 상반되는, 모호한

equivocal

[ikwívəkəl]

똑같은 목소리의

ⓐ 애매한, 모호한 *ambiguous, vague, ambivalent*

vt. **equivocate** 직접적인 언급을 피하다, 얼버무리다

the **equivocal** article of the law 그 법의 애매한 조항

[어원] 『equi(equal) + vocal(목소리의) → 똑같은 목소리를 내는』

[TIP] equivocal은 두 사람이 똑같은 목소리를 내니 잘 알아들을 수 없다는 데 서 '애매한, 모호한'이 된다. 옆의 그림이 젊은 여자인지 늙은 노파인지는 애매하고 모호하다.

fallacious

[fəléiʃəs]
실패한, 잘못된

ⓐ 오류가 있는, 잘못된   false, wrong, erroneous, faulty

⇔ infallible   전혀 틀림이 없는, 확실한

n. fallacy   오류

a **fallacious** argument 잘못된 주장

[어원] 『fall(fail) + acious(형접) → (논리적으로) 실패한, 잘못된』
[TIP] fallacy에서 fall의 스펠링이 fail(실패하다)의 변형임을 이해하자.

falter

[fɔ́:ltər]
결함이 있다

ⓥⅰ 1. 비틀거리다, 휘청거리다   walk unsteadily; stumble

2. 말을 더듬다   stammer, stutter

3. 망설이다   hesitate, waver, vacillate, oscillate

a. faltering   비틀거리는

Recession caused the economy to **falter**.
불황으로 인해 경제가 휘청거렸다.
He voice **faltered** as he tried to propose her.
그녀에게 프로포즈를 하려고 했을 때 그는 말을 더듬었다.
As he neared her house his steps **faltered**.
그녀의 집에 가까워지자 그의 발걸음은 망설여졌다.

[어원] 『fal(fault) + er(동접) → (걸음 · 말에) 결함이 있다』
[TIP] falter는 fault(잘못)와 발음이 비슷하니 연결해서 외우면 쉽다.
[발음주의] 팰터(X) → 폴터(O)

far-fetched

[fɑːr-fétʃt]
멀리서 가져와진

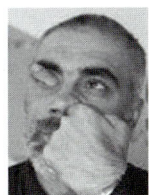

ⓐ 억지스런, 받아들이기 힘든   implausible, improbable, unacceptable

make a **far-fetched** excuse 억지스런 변명을 하다

[어원] 『far(멀리) + fetch(가서 가져오다) → 멀리서 가져와진』
[TIP] far-fetched는 의미가 딱 들어맞지 않는다는 의미로, (의미를) 멀리서 갖다 붙여 결국 '억지스런'의 뜻이 되었다.
[상상+] **far**-reaching 광범위한 / **far**-sighted 현명한
[출제포인트] far-fetched는 최근 빈번하게 출제되고 있는 어휘이므로 좀 더 주의를 기울이자!

feasible

[fíːzəbəl]

만들어낼 수 있는

ⓐ 실행 가능한 possible, viable, practicable, workable

make a **feasible** plane 실행 가능한 계획을 세우다

[어원] 『feas(make) + ible(할 수 있는) → (행동으로) 만들어낼 수 있는』

[TIP] feas는 원래 fact(make)의 어근에서 발음이 편하게 변형된 형태다.

[상상⁺] **fact**ion 당파, 파벌 / **fact**or 요인 / **feat** 공, 업적
　　　feature 특징; 특집(기사)

felicity

[filísəti]

아들을 얻은 상태

ⓝ 1. 행복 great happiness, bliss, beatitude

2. 적절함 pertinence, appropriateness

a. felicitous 적절한 pertinent

enjoy domestic **felicity** 가정의 행복을 누리다

a **felicity** of language 적절한 말

[어원] 『felic<fili(son) + city(명 · 접) → 자식을 얻은 상태』

[TIP] felicity는 부부가 사랑의 결실로 자식을 얻은 상태로

　　　1. **(큰) 행복**이며

　　　2. **적절한 상태**가 된다.

[상상⁺] **affili**ate 부속시키다; 부속단체 / **fili**cide 자식 살해 / **fec**und 비옥한

ferocious

[fəróuʃəs]

사나움을 지닌

ⓐ 사나운, 격렬한 fierce, furious, savage

a **ferocious** gun battle 격렬한 총격전

[어원] 『feroc(fierce사나운) + ous(갖고 있는) → 사나움을 갖고 있는』

[TIP] fierce(사나운)에서 그대로 유래한 단어가 ferocious다.

foliage

[fóuliidʒ]
잎

ⓝ 잎, 나뭇잎   the leaves of a plant

a variety of **foliage** 형형색색의 잎들

[어원] 『fol(i)(leaf) + age(명접) → 잎, 이파리』
[TIP] 우리가 집에서 쓰는 은박지를 쿠킹호일(foil)이라고 하는데 foliage와 어원이 같다.
[발음주의] 폴리지(X) → 폴리어지(O)
[비교] foil 좌절[무산]시키다

fortify

[fɔ́ːrtəfài]
강하게 만들다

ⓥⓣ 강화하다, 튼튼히 하다   strengthen, reinforce, beef up

fortify his political position 그의 정치적 입지를 강화하다

[어원] 『fort(strong) + ify(make) → 강하게 만들다』
[TIP] 그림에서 보듯 fort(요새)로 만든다(ify)는 것은 곧 '우리 진영을 강화하는 것'이다.

fortitude

[fɔ́ːrtətjùːd]
강한 (정신) 상태

ⓝ 불굴의 정신, 용기   courage, strength, guts, mettle

a woman of quiet **fortitude** 차분한 용기를 지닌 여자

[어원] 『fort(i)(strong) + tude(명접) → 강한 (정신) 상태』
[TIP] 옆의 그림처럼 빙벽 등반(ice wall climbing)은 '불굴의 정신, 용기' 없이는 할 수 없는 위험한 일이다.
[상상+] **fort, fort**ress 요새 / **fort**e 강점, 장점 / **fort**ify 강화하다

frail

[freil]
깨지기 쉬운

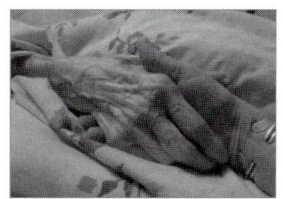

ⓐ 1. (사람이) 연약한   weak, feeble

　　2. (물건이) 깨지기 쉬운   fragile, brittle

n. frailty   연약함

a **frail** old woman with a cane 지팡이를 든 연약한 할머니
the **frail** boat 부서지기 쉬운 배

[어원] 『fra(g)(break) + il(e)(~하기 쉬운) → 깨지기 쉬운』
[TIP] fragile과 frail은 같은 어원을 지닌 어휘로서 완전한 동의어다.

fret

[fret]

좀먹어 들어오다

ⓥ 안절부절못하다, 초조해 하다   be on pins and needles

a. fretful   초조한   nervous

She's **fretting** about his threat.
그녀는 그의 협박에 안절부절못하고 있다.

[어원] 『eat(먹다)에서 유래』
[TIP] fret은 eat(먹다)가 강하게 발음되어 변형된 형태다.
　　　즉, 불안감이 사람을 '좀먹어 들어오다' 의 의미다.

furtive

[fə́:rtiv]

도둑처럼 움직이는

ⓐ 은밀한   secretive, clandestine, cryptic, surreptitious

n. furtiveness   은밀함

his **furtive** behavior   그의 은밀한 행동

[어원] 『fur(thief) + (t)ive(형접) → 도둑처럼 몰래 움직이는』
[TIP] furtive의 어원이 도둑(thief)이니 그 행동은 당연히 은밀하다!
[상상+] **fer**ret 족제비; (막 뒤져) 찾다

fussy

[fʌ́si]

야단법석을 떠는

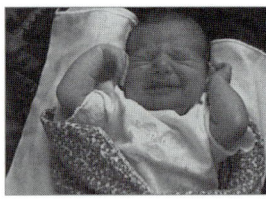

ⓐ 까다로운   picky, fastidious, finicky, particular

n. fussiness   까다로움

She was very **fussy** about food.   그녀는 음식에 대해 아주 까다로웠다.

[어원] 『fuss(야단법석) + y(형접) → (사소한 일에도) 야단법석을 떠는』
[TIP] fussy는 먼저 fuss(야단법석)를 외워야 한다.
　　　사소한 일에도 야단법석을 떠는 사람의 성격은 '까다롭다!'

futile

[fjú:tl, -tail]

쏟아지기 쉬운

ⓐ 쓸데없는, 헛된   useless, vain, abortive, ineffective

a **futile** attempt   헛된 시도

[어원] 『fut<fus(pour) + ile(~하기 쉬운) → 쏟아지기 쉬운』
[TIP] 우리말에 '밑 빠진 독에 물 붓기'란 말이 있는데, 이 역시 물을 부어봤자
　　　'쏟아지기 쉬운' 즉 '헛된'의 뜻이 된다.
[상상+] con**fuse** 혼동시키다 / de**fuse** 긴장을 완화시키다 / dif**fuse** 퍼뜨리다
　　　　in**fuse** 주입하다 / pro**fuse** 아주 많은 / re**fuse** 거절하다; 쓰레기

익풀공편 gallant

[gǽlənt]
(어려움을) 즐기는

ⓐ 용감한 brave, bold, courageous, intrepid, dauntless

a **gallant** fight against the tribulation 시련에 용감하게 맞서는 싸움

[어원] 『gall(rejoice) + ant(형접) → (어려움을) 즐기는』
[TIP] '피할 수 없다면 즐겨라!' 라는 말이 있다. gallant는 '(어려움을) 즐기는'
의 의미로 어려움에 '용감하게 대처하는' 의 뜻이다.
[상상⁺] re**gale** 기쁘게 하다 / **gal**a 축제

익풀공편 genuine

[dʒénjuin]
(혈통을) 갖고 태어난

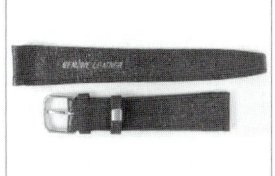

genuine leather

ⓐ 진짜의, 진정한 real, true, authentic

a **genuine** diamond 진짜 다이아몬드

[어원] 『gen(birth) + (u)ine(안의) → (순수 혈통을) 지니고 태어난』
[TIP] 요즘엔 수입 소고기도 많다. 하지만 우리 땅에서 순수 혈통을 지니고 태어난
소가 진짜 한우다. 이런 측면에서 genuine을 보면 이해가 쉽다.
지금 당신의 시곗줄 안쪽을 확인해보시라! genuine leather(진짜 가죽)라고
적혀 있을 것이다!

익풀공편 grasp

[græsp, grɑːsp]
꽉 붙잡다

ⓥⓣ 1. 꽉 붙잡다 take something firmly; grip, clasp

2. 파악하다 understand, apprehend, comprehend, figure out

ⓝ 이해력 comprehension

grasp his arm firmly 그의 팔을 꽉 붙잡다
grasp the significance of the problem
그 문제의 중요성을 파악하다
The subject is beyond my **grasp**.
그 주제는 나의 이해력을 뛰어넘는다.

[어원] 『gra(s)p(seize) → 꽉 붙잡다』
[TIP] grasp, grab, grip은 모두 어원이 같은 어휘들로서 '꽉 붙잡다' 라는
비슷한 의미임을 알아두자!

gregarious

[grigέəriəs]

모이는 성질을 지닌

ⓐ 1. 군집성의   tending to live in a group

2. 사교적인, 어울리기 좋아하는   sociable

Penguins are **gregarious** animals. 펭귄들은 군집성의 동물이다.
She is such a **gregarious** woman. 그녀는 아주 사교적인 여성이다.

[어원] 『greg(flock) + ous(갖고 있는) → 모이는 성질을 갖고 있는』
[상상⁺] ag**greg**ate 총계(의): 총계가 ~에 달하다(amount) / con**greg**ate 모이다
se**greg**ate 격리시키다 / e**greg**ious 극악한

---

grim

[grim]

사나운

ⓐ 1. 거친, 험악한   harsh, fierce, ferocious, inclement

2. 심각한, 비장한   serious, inexorable, adamant

n. grimace   찡그린 얼굴

the **grim** reality 냉혹한 현실
with **grim** determination 비장한 각오로

[어원] 『grim(fierce사나운)에서 유래』
[TIP] grim(험악한), grin(씩 웃다), groan(신음하다)은 모두 동물이 이빨을
드러내고 으르렁 거리는(snarl) 모습에서 연상된 어휘들이다.
grim → 동물이 이빨을 드러내고 있는 모습 → 험악한
grin → 사람이 이빨을 드러내고 있는 모습 → 씩 웃다
groan → 사람이 입을 벌리고 소리를 내다 → 신음하다

---

gullible

[gʌ́ləbəl]

속을 수 있는

ⓐ 잘 속는, 속기 쉬운   easily-deceived, credulous, naive

n. gullibility   속기 쉬움

a group of **gullible** tourists 잘 속는 관광객들

[어원] 『gull(속이다) + ible(~될 수 있는) → 속게 될 수 있는』
[TIP] ible는 수동적 의미로 '~될 수 있는'의 뜻이라는 것을 잊지 말자!
그림 속 주인공 피노키오는 너무 순진해서 잘 속는(gullible) 아이다.

habitat

[hǽbətæt]
사는 곳

ⓝ (동·식물의) 서식지　the natural place of a plant or animal; home

A forest is a natural **habitat** of wildlife.
숲은 야생 생물의 자연 서식지다.

[어원] 「habit(live) + at(장소) → (동·식물이) 사는 곳」
[주의] 이 어휘는 사람한테 쓰면 큰일 납니다! → 야! 너 서식지가 어디야? ^ ^ ;
[상상⁺] **hab**itation 주거(지) / in**hab**it ~에 거주하다 / co**hab**it 동거하다
　　　　re**hab**ilitate 재활[복원]시키다
[출제포인트] 시험에서 habitat의 동의어 답은 **home**이라는 것을 꼭 알아두자!

hamlet

[hǽmlit]
작은 마을

ⓝ (작은) 마을, 촌락　a small village

a medieval **hamlet** 중세시대 작은 마을

[어원] 「ham(village) + let(작은 것) → 작은 마을」
[음원] 햄릿(Hamlet)이 살던 **작은 마을(hamlet)!**

hamper

[hǽmpər]
에워싸다

ⓥⓣ 방해[훼방]하다　hinder, obstruct, impede, encumber

The rescue operation has been **hampered** by bad weather.
구조 작업이 악천후로 인해 차질을 빚어왔다.

[어원] 「ham<hem(에워싸다) + per(동접) → (사방을) 에워싸다」
[TIP] hamper에서 ham은 hem(에워싸다)의 변형이다. 따라서 벗어날 수 없게
　　　장애물들이 사방을 에워싸고 있으면 '방해하다' 의 의미가 된다.
　　　hamper는 명사로 '바구니' 의 뜻도 있으나 시험엔 나오지 않으니 참고로만
　　　알아두자.

haphazard

[hæphǽzərd]
운이 위험하게 되는

ⓐ 주먹구구식의, 되는 대로의　random

in a **haphazard** manner 주먹구구식으로

[어원] 「hap(운) + hazard(위험) → 운이 위험하게 전개되는」
[TIP] haphazard를 보다 더 쉽게 풀면 「hap(pen) + hazard(위험)」으로 볼 수
　　　있다. 즉, 어떤 일을 할 때 되는대로, 주먹구구식으로(haphazard) 하게 되
　　　면 결국 그 일에 위험이 발생할 것이다.

havoc

[hǽvək]
앗아간 것

ⓝ 대파괴, 혼란   ruin, chaos, devastation, catastrophe

The tornado **wrecked havoc on** trains and highways.
그 토네이도가 철도와 고속도로를 완전히 파괴했다.

[어원] 「havoc(have의 명사형) → 가져간 것, 앗아간 것」

[TIP] '태풍이 그 마을을 앗아갔다!' 하면 그 마을은 어떻게 되었을까? 완전히 파괴
되었을 것이다. 즉, havoc은 have의 명사형으로 '앗아간 것 → 대파괴'의
의미로 이해하면 쉽다.

[숙어] wreck havoc on : ~을 완전히 파괴하다

hideous

[hídiəs]
공포스러운

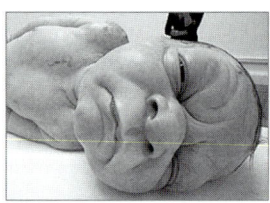

ⓐ 무시무시한, 끔찍한   dreadful, horrible, horrid, ghastly, gruesome

hideous crimes 끔찍한 범죄들

[어원] 「hide(terror공포) + ous(형접) → 공포스러운」

[TIP] hideous의 어근 terror의 형용사 terrible도 '끔찍한'의 뜻이다.

[비교] heinous 끔찍한, 극악한
　　　hideous와 heinous는 스펠링도 비슷하지만 뜻도 비슷하다.

humiliate

[hju:mílièit]
땅으로 내리다

ⓥⓣ 창피를 주다   humble, mortify, debase, demean

a. humiliating   수치스러운   embarrassing

The teacher **humiliated** her in front of all her classmates.
그 선생님이 다른 친구들 앞에서 그녀에게 창피를 줬다.

[어원] 「hum(il)(earth흙) + (i)ate(동접) → (품위를) 땅으로 내리다」

[TIP] humiliate은 상대방의 품위를 땅으로 메다꽂아 심하게 창피를 주는 것이다.

[상상+] **hum**ble 겸손한; 비천한 / ex**hume** 발굴하다

identify

[aidéntəfài]

동일함을 알아보다

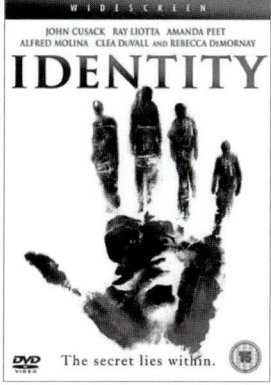

IDENTITY

The secret lies within.

ⓥ 확인하다, 알아보다 recognize, ascertain, notice, perceive

ⓥ 동화되다, 공감하다 sympathize

n. identification 신원확인; 신분증

n. identity 정체(성), 아이덴터티   a. identical 동일한 same

identify the body 시체의 신원을 확인하다
She **identified with** our distress. 그녀는 우리의 고통을 공감해주었다.

[어원] 「iden(same) + (t)ify(동접) → 동일함을 알아보다」
[어법] identify A as B : A를 B로 확인하다, 알아보다
　　　 identify with : ～에 동화되다, 공감하다
[출제포인트] identify는 실제 문장에 대단히 많이 쓰이는 어휘이며 특히 파생어들
　　　　　　도 집중 출제되므로 유의해야 한다.

idolize

[áidəlàiz]

상징[우상]화하다

American Idol

ⓥ 우상화하다, 숭배하다 admire, worship, adore

They **idolize** their daughter. 그들은 딸을 애지중지 키운다.

[어원] 「idol(image상징) + ize(～화하다) → 상징[우상]화하다」
[TIP] 청소년들의 우상(idol)이 되는 톱스타들을 '아이돌 스타'라고 부른다. 또,
　　　미국의 프로그램 중에는 할리우드(Hollywood) 진출 지망생들을 경쟁을
　　　통해 선발하는 《American Idol》이라는 인기 프로그램도 있다.

itinerary

[aitínərèri]

가는 곳

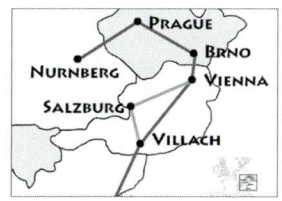

ⓝ 여행지, 여행 계획 a travel plan or place

a. itinerant 순회하는 travelling

The next place on our **itinerary** was Jeju island.
우리의 다음 여행지는 제주도였다.

[어원] 「itiner<iter(go) + ary(명접) → (여행으로) 가는 곳」
[출제포인트] 명사 **itinerary**, 형용사 **itinerant** 둘 다 출제되었다.
[발음주의] 이티너러리(X) → 아이티너레리(O)
[상상+] trans**i**t**o**ry = transient 일시적인 / ambience (주변) 분위기

jeopardy

[dʒépərdi]

(승패가) 갈리는 게임

ⓝ 위험 risk, danger, hazard, peril

vt. jeopardize 위태롭게 하다 endanger

Thousands of jobs are in **jeopardy**.

수천 개의 일자리들이 위험에 처해 있다.

[어원] 「jeo(game) + pard(part) → (승패가) 갈리는 게임」

[TIP] 게임이란 늘 승패가 갈리게 되어 있다. 이길 수도 있지만 질 수도 있는 위험이 도사리고 있다. 이런 게임의 특성에서 jeopardy는 승패의 불확실성 즉, 위험이란 의미로 정착되었다. 같은 이름의 퀴즈 프로그램도 있다.

[비교] put A in jeopardy : A를 위험에 빠뜨리다

laud

[lɔːd]
칭찬하다

ⓥ 칭찬[칭송]하다   praise, extol, commend, compliment, eulogize

ⓐ. laudatory   칭찬의   complimentary

ⓐ. laudable   칭찬 받을 만한

They **lauded** the former president as a hero.
그들은 전 회장을 영웅으로 칭송했다.

[음원] **loud**(큰 소리로) → **laud**(칭찬하다)
[TIP] laud는 loud와 스펠링과 발음이 비슷하므로 함께 묶어서 외우면 쉽다.
또한 laud는 praise보다 좀 더 격식을 차린(formal) 말이다. 그림 속의
교황은 사람들의 laud(칭송하다)의 대상이다.
[출제포인트] 동사 **laud**와 형용사 **laudatory**가 함께 출제되었다.

lavish

[lǽviʃ]
씻어가 버리는

ⓐ 1. (아주) 후한   very generous

2. 낭비적인, 지나치게 많은   profuse, prodigal, extravagant

ⓥ 아낌없이 주다, 많이 쏟다   give a lot of love, money, praise, etc.

She was always **lavish with** his praise.
그녀는 늘 칭찬에 있어 아주 후하다.
a **lavish** lifestyle 낭비적인 라이프스타일
She **lavished** her children **with** love.
그녀는 자식들에게 많은 사랑을 쏟았다.

[어원] 『lav(wash) + ish(형접) → (모두 다) 씻어가버리는』
[TIP] 원래 lavish는 폭우로 인해 모든 것이 씻겨가버리는 것을 의미한다.
즉, 그 물의 양이 '대단히 많은'의 뜻이 된다.
1. 긍정적 의미로 대단히 많은 → 아주 후한
2. 부정적 의미로 대단히 많은 → 낭비적인, 지나치게 많은
[어법] lavish with[in] + 명 : ~가 아주 후한
lavish A with B : A에게 B를 아낌없이 주다
[상상⁺] **lav**atory 화장실 : 물로 씻는 곳

legitimate

[lidʒítəmit]

법에 의해 만들어진

ⓐ 합법적인, 정당한   lawful, legal, licit, justifiable

⇔ illegitimate   불법적인

n. legitimacy   합법성, 정당성

a **legitimate** claim 합법적인 요구

[어원] 『leg(i)(law) + tim(made) → 법에 의해 만들어진』

[TIP] legal과 legitimate은 같은 어원 같은 뜻이므로 함께 외우면 쉽다.

illegal — illicit — illegitimate '불법적인' 삼총사

lenient

[líːniənt, -njənt]

(처벌이) 부드러운

ⓐ (처벌이) 너그러운, 관대한   not severe, generous

n. leniency   (처벌의) 관대함

a very **lenient** sentence 매우 관대한 판결

[어원] 『leni(soft) + ent(형접) → (처벌이) 부드러운』

[TIP] lenient '(처벌이) 관대한'은 일명 '솜방망이 처벌'을 의미한다.

[비교] tolerant (사람이) 관대한

lethal

[líːθəl]

죽음에 이르게 하는

ⓐ 치명적인   causing death; fatal, deadly, mortal

a **lethal** dose 치사량

a **lethal** wound 치명상

[어원] 『letha(death) + l(형접) → 죽음에 이르게 하는』

[TIP] lethal은 영화 리쎌웨폰《Lethal Weapon》의 도움을 받아 외운다.

lethal weapon이란 '사람을 죽이는 치명적인 살상 무기'의 뜻.

lethargic

[liθɑ́ːrdʒik]

죽은 듯한

ⓐ 나른한, 무기력한   inactive, drowsy, languid, torpid

n. **lethargy**   나른함, 무기력함

The hot weather made us all **lethargic**.
무더운 날씨가 우리를 완전히 무기력하게 만들었다.

[어원] 「letha(death) + gic(형접) → 죽은 듯한」
[TIP] lethargic은 lethal(치명적인)에서 발전한 어휘로 '죽은 듯 아무것도 할 수
없는 상태'를 의미한다.
lethal과 lethargic은 그리스 신화 Lethe(레테강)에서 유래한 어휘다.
레테강은 사람이 죽으면 건너게 되는 강인데, 이승에서 저승으로 건너갈 때
이 물을 마시면 이승의 기억을 모두 잊게 된다고 한다. 그로 인해 lethe는
죽음(death)을 뜻하는 어근이 된 것이다.
lethe → lethal 죽음의, 치명적인
lethe → lethargic (죽은 듯이) 나른한, 무기력한

lucrative

[lúːkrətiv]

수익이 나는

ⓐ 수익성 있는, 돈이 되는   profitable, gainful, well-paying
remunerative

a **lucrative** business 수익성 있는 사업

[어원] 「lucra(profit) + tive(형접) → 수익이 나는」
[상상+] **lucre** 돈, 부(wealth)
[출제포인트] lucrative는 profitable이 답으로 출제된다.

lukewarm

[lúːkwɔ̀ːrm]

따뜻한

ⓐ 1. 미지근한   slightly warm; tepid
2. (태도가) 미온적인, 냉담한   indifferent, halfhearted

a **lukewarm** response 미온적 반응

[어원] 「luke(warm) + warm(따뜻한) → 따뜻한」
[TIP] lukewarm에서 luke 자체의 어원적 의미가 warm인데 거기에 다시 영단
어 warm이 붙은 형태다. 또한 태도가 미지근하다는 것은 별로 '해보고자
하는 의욕이 없는' 상태를 의미한다.

 luminous

[lúːmənəs]

빛을 내는

ⓐ 빛나는, 야광의   bright, shining, brilliant, glowing

n. luminosity   발광(發光)

luminous traffic signs 빛을 내는 교통 표지판들

[어원] 『lumin(light) + ous(having) → 빛을 내는』

[상상⁺] il**lumin**ate 조명하다; (명확히) 설명하다

luminarie 루미나리에 : 조명 건축물 축제

mandatory

[mǽndətɔ̀ːri / -tə̀ri]
명령에 의한

ⓐ 강제[의무]적인 compulsory, obligatory ⇔ voluntary 자발적인

n. mandate 명령(권) fiat

Insurance is **mandatory** for all drivers.
보험은 모든 운전자들에게 의무적이다.

[어원] 『mand(명령) + (at)ory(형접) → (법적) 명령에 의한』
[TIP] mand(명령)는 command(명령하다)를 떠올리면 쉽다.
[출제포인트] **mandatory**뿐만 아니라 명사 **mandate**(명령)도 출제되었다.

manifest

[mǽnəfèst]
손에 잡히는

ⓐ 명백한 evident, obvious, patent, blatant

ⓥⓣ (명백히) 밝히다, 나타내다 show, evince, demonstrate

n. manifestation (명백한) 표현, 명시

n. manifesto (정당의) 발표문, 성명서 statement

a **manifest** error of judgement 명백한 판단의 오류
The candidate **manifested** his policy.
그 후보는 자신의 정책을 명백히 밝혔다.

[어원] 『mani(hand) + fest(잡히는) → 손에 잡히는』
[TIP] manifest는 동사로도 쓰일 수 있다는 것을 꼭 명심하자!
[상상⁺] **manu**al 손의, 수동의 / **manu**script 원고
　　　 maneuver 조작하다; 군사작전 / **mani**pulate 조종하다

matrimonial

[mæ̀trəmóuniəl]
엄마가 되는

ⓐ 결혼의, 부부의 conjugal, marital, connubial, nuptial

n. matrimony 결혼 marriage

a **matrimonial** life 결혼 생활

[어원] 『matr <mater(mother) + monial(형접) → 엄마가 되는』
[TIP] 여성의 입장에서 결혼은 곧 엄마가 되는 것이다.
[상상⁺] **mater**nal 어머니의 / **mater**nity 임산부의 / **matri**arch 여자 가장
　　　 matron (나이 지긋한) 부인, 수간호사, 여감수

maul

[mɔːl]

큰 망치로 때리다

ⓥ 혹평하다, 거칠게 다루다 beat, censure, condemn, reproach

His novel was **mauled** by the critics.
그의 소설은 비평가들에 의해 혹평을 받았다.

[어원] 「maul(큰 망치) → 큰 망치로 때리다」
[TIP] maul은 원래 '큰 망치'의 뜻인데 이 큰 망치로 내리쳐서 상대를 매우 거칠게 혹평한다는 의미로 발전했다.
[상상⁺] **mall**eable 두들겨 펼 수 있는; 유연한

meager

[míːgər]

야윈

ⓐ 빈약한, 불충분한 scarce, scanty, deficient, insufficient

n. meagerness 빈약함

a **meager** income 불충분한 수입

[어원] 「meag<macer(lean야윈) + er(형접) → 야윈, 마른」
[음원] meager : 미(약한)거 → 미거(**meager**)

meticulous

[mətíkjələs]

두려워하는

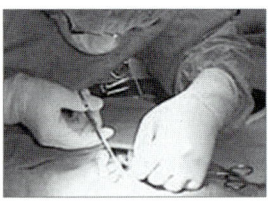

ⓐ 세심한, 꼼꼼한 careful, heedful, scrupulous, punctilious

look after a baby with **meticulous** care
세심한 관심으로 아기를 돌보다

[어원] 「meticul(fear) + ous(having) → 두려움을 갖고 있는」
[TIP] meticulous는 '틀리면 어쩌지?' 하는 두려움이 있어 틀리지 않기 위해 꼼꼼하게 일하는 모습이다. 예를 들어 의사는 수술을 하는 중에 대단히 세심한(meticulous) 주의를 기울일 것이다.

mortify

[mɔ́ːrtəfài]

죽고 싶게 만들다

ⓥ 굴욕감을 주다, 창피하게 하다 make someone shameful; humiliate

a. mortifying 굴욕감을 주는   a. mortified 창피한

Jane **mortified** her family by leaving her husband.
제인은 남편을 떠남으로써 그녀의 가족에게 굴욕감을 주었다.

[어원] 「mort(death) + ify(make) → 죽고 싶게 만들다」
[TIP] 다음의 관용 표현을 함께 알아두자.
　　　mortify the flesh : 육체적 욕망을 억제하다

mundane

[mʌ́ndein]
세상의, 세속적인

ⓐ 일상적인   ordinary;   세속적인   secular, worldly

the daily **mundane** affairs of her household
그녀 가정의 매일매일의 일상적인 일들

[어원]「mund(world) + ane(형접) → 세상의, 세속적인」

[음원] mundane(먼데인)은 Monday(먼데이)와 연관시켜 외우면 쉽다.

즉, **Monday**(**월요일**)이 되면 다시 **mundane**(**일상적인**)으로 돌아간다.

 nap

[næp]
끄덕이다

ⓝ (잠깐의) 잠 a short sleep

ⓥⅰ (잠시) 자다 sleep briefly; doze

I usually take a **nap** after lunch.
나는 보통 점심 식사 후 잠깐 눈을 붙인다.

[어원] 『nod(끄덕이다)에서 유래』

[TIP] nod(끄덕이다)가 변해서 nap(잠깐 자다)이 되었다.
실제로, 잠깐 졸 때 고개를 끄덕이게 되는 것에서 유래되었다.

[비교] nag 잔소리하다

 nimble

[nímbəl]
재빨리 잡는

ⓐ 민첩한, 재빠른 agile, brisk, quick-moving

nimble fingers 민첩한 손놀림

[어원] 『nim(take) + ble(형접) → 재빨리 잡는』

[음원] nimble(님블) : 신혼 때 님(이)불(**nimble**) 속으로 재빨리 들어가는 모습!

 notorious

[noutɔ́:riəs]
잘 알려진

ⓐ 악명 높은 famous for something bad; infamous

n. notoriety 악명 높음

notorious cases of human right abuses 인권 유린의 악명 높은 사례들

[어원] 『notor(known) + ious(형접) → (나쁜 쪽으로) 잘 알려진』

[TIP] notorious는 히틀러처럼 '딱 들으면 알 수 있을 정도로 악명 높은'의 의미!

[상상+] **not**ice 주의, 주목; 통지; 알아차리다 / **not**ify 통지하다 / **not**ion 개념
notable 눈에 띄는, 현저한 / **not**ed 유명한

opulent

[ápjələnt / ɔ́p-]

풍요로운

ⓐ 풍족한, 부유한 rich, wealthy, copious, affluent

n. opulence 풍요, 부유

lead an **opulent** lifestyle 풍요로운 생활 방식으로 살다

[어원] 『op(u)(rich) + (l)ent(형접) → 풍부한, 풍요로운』

[TIP] opulent는 고급 승용차인 opirus(오피러스)의 이름을 연상하면 아주 쉽게 외울 수 있다. (풍요의 상징 → 오피러스)

parity

[pǽrəti]
똑같은 상태

ⓝ 동등함, 평등   equality, equity ⟺ disparity 차이

Women workers are demanding **parity** with their male colleagues.
여성 근로자들은 남자 동료들과의 평등을 요구하고 있다.

[어원] 「par(equal) + ity(명접) → 똑같은 상태 → 평등」
[상상⁺] **pair** 한 쌍 / **peer** 동료 / com**pare** 비교하다 / non**par**eil 비길 데 없는

patron

[péitrən]
아버지와 같은 존재

ⓝ 1. 후원자 sponsor   2. 단골 고객 customer

vt. patronize 보호[후원]하다; 잘난 체하다

n. patronage 보호, 후원

a **patron** of the arts 예술계의 후원자
patrons of the department store 그 백화점의 단골 고객들

[어원] 「pat(e)r(farther) + on(person) → 아버지의 역할을 해주는 사람」
[TIP] 아버지는 우리를 물심양면으로 후원해주시는 분. 그런 아버지의 어원으로부터
      탄생된 어휘가 patron(후원자; 단골 고객)이다.
[상상⁺] **pater**nal 아버지의 / **patr**iot 애국자 / **patr**imony 세습 재산
        per**petr**ate 범죄를 저지르다 / **patr**ician 귀족(의)

pensive

[pénsiv]
숙고해보는

ⓐ 생각에 잠긴 thoughtful, contemplative, meditative, reflective

Jessy looked **pensive** before her decision.
제시는 결정을 내리기 전 생각에 잠긴 것처럼 보였다.

[어원] 「pens<pend(weigh) + ive(형접) → 무게를 달아보는 → 숙고하는」
[TIP] 우리말에도 '경중(輕重)을 따져보다' 라는 말이 있다. 이는 어느 것이 중요하
      고 중요하지 않은지 무게를 재보는 것, 즉 숙고해보는 것이다.

petrify

[pètrəfài]
돌로 만들다

ⓥ (무서워서) 돌처럼 굳게 하다　stone, scare, stiff

Sharon's **petrified of** spiders. 샤론은 거미들을 아주 무서워한다.

[어원] 『petr(stone) + ify(make) → 돌로 만들다』
[TIP] petrify는 '너무 무서워서 돌처럼 몸이 굳어지다'의 뜻
[어법] be petrified of : ~을 아주 무서워하다(수동태로만 쓰임)

plenary

[plíːnəri / plén-]
(다) 채워져 있는

ⓐ 1. 전원 출석의　full　　2. 완전한　complete

hold a **plenary** session 전체 회의를 개최하다
He was given **plenary** power to negotiate.
그는 협상의 전권을 위임받았다.

[어원] 『ple(fill) + ary(형접) → (다) 채워져 있는』
[상상+] implement 도구; 실행하다 / deplete 감소[고갈]시키다 / replete 가득 찬
replenish 보충하다 / plentiful 풍부한 / plethora 과잉, 과다

plight

[plait]
접힌(꼬인) 상태

ⓝ 곤경, 궁지　hardship, predicament, dilemma

the economic **plight** facing Korea 한국이 처한 경제적 곤경

[어원] 『pligh<ply(fold) + t(명접) → (일이) 접힌[꼬인] 상태』
[TIP] 우리말에도 '일이 꼬였다' 하면 일이 잘 풀리지 않는, 즉 곤경이나 고난에
처했음을 의미한다.
[상상+] complicated 복잡한 / explicit 명백한 / implicit 함축적인
replica 복사; 사본

pompous

[pámpəs / pɔ́m-]
화려한 모습을 한

ⓐ 잘난 체하는, 거만 떠는　pretentious, self-important, patronizing

⇔ humble 겸손한

n. pomposity 잘난 체, 건방짐

a **pompous** tax collector 잘난 체하는 세무 공무원

[어원] 『pomp(화려함) + ous(having) → 화려한 모습을 지닌』
[음원] 우리말의 **폼 재는**(**pompous**)으로 외워도 좋다.

 potent

[póutənt]
힘 있는

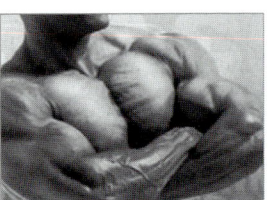

ⓐ 강력한, 유력한 powerful, highly effective ⟺ impotent 무력한

n. potency 영향력, 효력 power, strength

the most **potent** weapon 가장 강력한 무기

[어원] 「pot(power) + ent(형접) → 힘이 있는」

[상상⁺] **pot**ential 잠재적인; (잠재적) 가능성 / omni**pot**ent 전능한

 punctual

[pʌ́ŋktʃuəl]
(시간의) 지점을 찍는

ⓐ 시간을 잘 지키는, 엄수하는 arriving exactly at the time; on time

n. punctuality 시간 엄수

ad. punctually 시간을 엄수하여

A businessman should be **punctual** for every appointment.
사업가는 모든 약속에 대해 시간을 엄수해야 한다.

[어원] 「punct(prick) + ual(형접) → (시간의) 지점을 정확히 찍는」

[TIP] punctual은 원래 어떤 점을 정확히 찍는다는 의미인데, 주로 시간에 대해 쓰이기 때문에 '시간을 엄수하는'의 의미가 되었다.

[상상⁺] **pung**ent 톡 쏘는; 신랄한 / **punct**ilious 꼼꼼한, 세심한
poignant 가슴 아픈, 애처로운

 pundit

[pʌ́ndit]
학자, 석학

ⓝ 학자, 전문가 expert, savant, guru

a well known fashion **pundit** 잘 알려진 패션 전문가

[어원] 「pund<pand(learned) + it(사람) → 박식한 사람」

[TIP] 원래 pundit은 인도어의 pandit(학자)에서 유래한 말이다.
현재 pundit은 주로 TV나 방송에 자주 등장하는 전문가를 가리킨다.

[음원] 한 우물만 **판** 사람 → **판**딧(**pan**dit) → **pundit**(학자)

rankle

[rǽŋkəl]

뱀이 물다

ⓥ 괴롭히다, 짜증나게 하다 annoy, irritate, vex, fester

His remarks **rankled** with us deeply.
그의 말이 우리를 심하게 괴롭혔다.

[어원] 「rankle<rancle(뱀이 물다) → 괴롭히다」
[TIP] rankle은 dragon(큰 뱀)에서 유래된 어휘로, 여기서 d-가 탈락한 후 점차 rankle로 스펠링이 변했다. 어원적 의미는 '뱀이 물다'로서 실제 의미는 '아프게 하다, 괴롭히다'로 쓰인다.

ratify

[rǽtəfài]

비율을 따져보다

ⓥt 비준[승인]하다 approve, endorse, sanction

n. ratification 비준, 승인

ratify the treaty 조약을 비준하다

[어원] 「rati(rate) + fy(make) → (비율을 따져본 후) 정하다」
[TIP] ratify는 어떤 사안에 대해 이해득실의 비율, 정도(rate)를 따져본 후 결정한다는 뜻에서 '비준[승인]하다'의 의미로 정착되었다.
[상상+] **rati**o 비율 / **rati**on 배급량; 배급하다 / **rea**son 이성; 판단력; 이유

ravage

[rǽvidʒ]

빼앗아가다

ⓥt 약탈[파괴]하다 plunder, loot, demolish, wreck

ⓝ 《복수》 파괴, 참상 the damage caused by something

a country **ravaged** by the war 전쟁에 의해 파괴된 나라
the **ravages** of war 전쟁의 참상

[어원] 「rav(rob) + age(동접) → 빼앗아가다」
[상상+] **rape** 강간(하다) / **rap**acious 강탈하는 / **rap**id 빠른
  rapt 정신 팔린, 몰두한 / sur**rep**titious 비밀의
[출제포인트] ravage는 동사로만 출제된다는 것을 알아두자!

roam

[roum]

걸어다니다

ⓥ (정처 없이) 떠돌아다니다, 방랑하다 wander, rove, ramble

the children who **roam** the streets
거리 이곳저곳을 떠돌아다니는 아이들

[어원] 「중세 영어 romen(걷다)에서 유래」

익공플편 ## rudimentary

[rùːdəméntəri]
거친 상태에 있는

ⓐ 기초[기본]적인 basic, fundamental, underlying, incomplete

n. rudiments 기초 element

my **rudimentary** knowledge of music
음악에 대한 나의 기초적인 지식

[어원] 『rud(i)(rough) + ment(명접) + ary(형접) → 거친 상태에 있는』
[TIP] rudimentary는 아직 다듬어지지 않아 거친, 즉 기초적인 상태를 의미한
다. 우리말에도 '지식이 초등학생 수준이다' 라고 하면 그 분야에 대해
'기초적인 지식 정도인' 이란 뜻이 된다.
[상상+] **rud**e 무례한 / **crud**e 가공하지 않은; 거친 / **erud**ite 박식한

sanguine

[sǽŋgwin]

혈색이 좋은

ⓐ 낙천적인 optimistic, buoyant

a **sanguine** view for the future 미래에 대한 낙천적인 견해

[어원] 『sanguin(blood) + e(형접) → 혈색이 좋은 → 낙천적인』

[TIP] sanguine은 원래 '몸에 피가 잘 돌아 혈색 좋은'의 의미인데 혈색이 좋고 건강한 사람들은 자연히 낙천적이게 마련이다.

[상상＋] **sanguin**ary 피비린내 나는 / con**sanguin**eous 혈족의, 동족의

[참고] 의학의 아버지 히포크라테스의 4체액론(4 humors)

1. 불 – 피(sanguin)	**sanguin**e 낙천적인
2. 물 – 점액(phlegm)	**phlegm**atic 냉담한, 차분한
3. 공기 – 황담즙(choler)	**choler**ic 화를 잘 내는
4. 흙 – 담즙 (melancholer / bile)	**melanchol**ic 우울한 **bil**ious 구역질 나는

sap

[sæp]

수액을 빼내다

ⓥⓣ 약화시키다 weaken, attenuate, enfeeble, debilitate

Her long illness was gradually **sapping** her health.
그녀의 오랜 병이 건강을 점차 약화시키고 있었다.

[어원] 『sap(나무의 수액)에서 직접 유래』

[TIP] sap은 원래 '나무의 수액'을 뜻하는데 이것이 빠지면 나무가 시든다. 우리말의 '진이 빠진다'라는 말을 연상하면 쉽다.

[음원] 수액을 **쌥**(**sap**)여 먹어 나무를 약화시키다.

scrupulous
[skrú:pjələs]
날카로운 돌이 있는

@ 1. 양심적인 conscientious   2. 세심한, 꼼꼼한 meticulous

n. scruple 양심의 가책 compunction

scrupulous honesty 양심적인 정직
scrupulous attention to detail 세부 사항에 대한 세심한 주의

[어원] 『scrupul(sharp stone) + ous(having)
　　　　　　　　　→ (마음속에) 날카로운 돌을 갖고 있는』

[TIP] 옛날 서양 사람들은 마음속에 날카로운 돌(scruple)이 있어 잘못을 하게
되면 그 돌이 마음을 콕콕 찌른다고 믿었다. 그런 믿음에서 유래한 어휘가
scruple(양심의 가책)이다.

scrutinize
[skrú:tənàiz]
쓰레기까지 뒤지다

ⓥ (자세히) 조사하다 examine very carefully; inspect, investigate

n. scrutiny 정밀 조사 ⇔ inscrutable 알 수 없는, 불가해한

The police **scrutinized** the insurance fraud.
경찰은 그 보험 사기 사건을 자세히 조사했다

[어원] 『scrut(trash 쓰레기) + (in)ize → 쓰레기까지 뒤져보다』

[TIP] scrutinize는 어원이 trash(쓰레기)이다 보니 잘못이나 부패, 비리 따위를
캐내는 부정적인 상황에 주로 쓰인다.

secular
[sékjələr]
세상의, 세속적인

@ 세속적인, 비종교적인 mundane, worldly, temporal

a modern **secular** society 세속적인 현대 사회

[어원] 『secul(world) + ar(형접) → 세상의, 세속적인』

[음원] 백화점 가서 구두를 **세 켤레(secular)**씩 사면 **세속적인** 욕심이 많은 사람!

sentient

[sénʃənt]
감각이 있는

ⓐ 감각이 있는   able to experience things through your senses; conscious

All living creatures are **sentient** being.
모든 생물들은 감각을 지닌 존재다.

[어원] 『senti<sense(감각) + ent(형접) → 감각이 있는』
[비교] sensuous 감각을 즐겁게 하는
   – **sensuous** music 귀를 즐겁게 하는 음악
[상상⁺] **sensi**tive 민감한 / **sensi**ble 현명한 / **sens**ory 감각의 / **sensu**al 육감적인
   sentimental 감상적인

---

shrewd

[ʃruːd]
약삭빠른 쥐 같은

ⓐ 영리한, 약삭빠른   astute, ingenious, sagacious

a **shrewd** businessman 영리한 사업가

[어원] 『shrew(들쥐) + (e)d(형접) → (약삭빠른) 쥐 같은』
[TIP] 그림에서 보듯 shrew라는 들쥐는 영리하고 약삭빠르게 보인다.
   이 shrew의 특성에서 유래된 어휘가 shrewd다.

---

shrill

[ʃril]
큰 소리가 나다

ⓐ 날카로운, 고음의   very high, sharp

ⓥ 날카로운 소리[고음]를 내다   produce a very high sound

ⓝ ⓥ 비명(을 지르다)   shriek, shout, scream

utter a **shrill** scream 날카로운 비명을 지르다
"Stop it!" he **shrilled**. "그만 해!" 그는 소리쳤다.

[어원] 『shrill(sound loudly) → 큰 소리가 나다』
[음원] shrill(고음의)은 thrill(전율)과 발음이 비슷하므로 함께 묶어 외운다.
   thrill(전율)로 **shrill**(고음을 지르다)!
[출제포인트] shrill은 주로 형용사로 출제된다.

shun

[ʃʌn]
수줍어 피하다

ⓥ 피하다   avoid, avert, circumvent, eschew, get around

shun direct investment in stocks 직접적인 주식 투자를 피하다

[어원] 『shu<shy(수줍은) + n(삽입음) → 수줍어서 피하다』
[TIP] 수줍으면(shy) 자연히 피하게(shun) 마련이다.
[상상⁺] **shu**nt (자리를) 피하다, 옮기다

simultaneous

[sàiməltéiniəs, sìm-]
동시에 발생하는

ⓐ 동시(발생)의   synchronous, coincident, concurrent

simultaneous translation 동시통역

[어원] 『simul(same) + (instan)taneous(즉시의)
　　　　　　→ (두 사건이) 즉시 동시에 발생하는』
[상상⁺] **simul**ate 모의실험하다; 가장하다 ⟺ dis**simul**ate (감정을) 숨기다
　　　　 simile 직유 ⟺ metaphor 은유 / as**simil**ate 동화하다; 흡수하다

sip

[sip]
마시다

ⓥ 조금씩 마시다   drink slowly

ⓝ 한 모금   a very small amount of a drink

He **sipped** his wine with pleasure. 그는 즐겁게 와인을 조금씩 마셨다.
take a **sip** of water 물을 한 모금 마시다

[어원] 『중세 영어 sippen(drink) → sip 조금씩 마시다』
[음원] 우유를 씹(**sip**)어 마시면 조금씩 마시는 것!
[상상⁺] **s**ou**p** 수프 / **su**ck 빨다, 흡수하다 / **s**oa**k** 적시다, 담그다
　　　　 suction 빨아들이기 / **suc**culent 즙이 많은

skeptical

[sképtikəl]
(미심쩍게) 보는

ⓐ 회의적인, 의심을 품는   doubtful, dubious, suspicious

n. skeptic 회의론자   n. skepticism 회의(론)

I'm highly **skeptical** about his assertion.
나는 그의 주장에 상당히 회의적이다.

[어원] 『skept<spect(look) + ical(형접) → (미심쩍게) 바라보고 있는』
[출제포인트] **skeptical**과 함께 명사 **skepticism** 역시 출제되었다.

sluggish

[slʌ́giʃ]
달팽이 같은

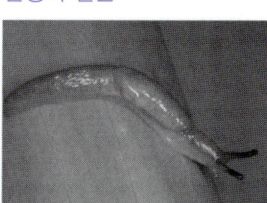

ⓐ 느린 slow, tardy; 나른한 languid, lethargic

feel tired and **sluggish** 피곤하고 나른하다

[어원] 『slug(민달팽이) + ish(~같은) → 달팽이 같은』
[TIP] 사람의 움직임이 달팽이 같다면 얼마나 느리겠는가?
그 느낌이 딱 sluggish!
[출제포인트] languid−lethargic−sluggish는 모두 시험에 나온 황금 트리오이므로
꼭 외우자!!

 spin-off

[spin-ɔːf, ɑf]
실로 짜낸 것

ⓝ 부산물, 파생물 derivative, by-product

ⓥⓣ 분사시키다 make part of a company into a separate company

Laser research has had important **spin-off** for eye surgery.
레이저 연구는 눈 수술의 중요한 파생물이었다.
spin off the asset management business
자산 관리 사업 분야를 분사시키다

[어원] 『spin(실을 짜다) + off(떨어져) → (거미가) 짜낸 실』
[TIP] spin은 원래 '실을 짜내다'라는 의미인데 이 실에서 여러 가지가 파생되어
나온다. 따라서 spin-off는 기존의 것에서 '파생된 것'이란 기본 의미에서
여러 분야의 용어로 쓰인다.
현재 방송 용어로는 '속편', 경제 용어로는 '(분사된) 회사' 등의 의미로 쓰
이고 있다.

spontaneous

[spɑntéiniəs / spɔn-]
의지를 갖고 있는

ⓐ 자발적인   voluntary, willing ⇔ compulsory 강제적인

n. spontaneity   자발적 행동

The crowd gave a **spontaneous** applause.
군중이 자발적인 박수갈채를 보내주었다.

[어원] 「sponta(will) + (ne)ous(having) → 의지를 갖고 있는」

[TIP] spontaneous는 sponsor(후원자, 스폰서)와 함께 외우면 쉽다.
   sponsor → 자발적으로 도와주는 사람 → 후원자
   spontaneous → 자발적인

┤뉘앙스├

spontaneous : (외부적 영향이 아닌 내부적으로) 자연히 일어나는, 자발적인
   – **spontaneous** reaction 자연적인(무의식 중의) 반응
instinctive : 본능적인
   – a mother's **instinctive** love 본능적인 모성애
impulsive : 충동적인
   – his **impulsive** acts of violence 그의 충동적인 폭력 행위

squalid

[skwάlid / skwɔ́l-]
비늘이 낀

ⓐ 지저분한, 불결한   dirty, filthy, sordid ⇔ hygienic 위생적인

n. squalor   불결함

children playing in the **squalid** conditions
불결한 환경 속에서 놀고 있는 아이들

[어원] 「squal(scale) + id(~된) → 비늘이 낀」

[TIP] 정기적으로 치과에 가서 scaling(치석 제거)을 받는다. 여기서 scale은
   '비늘'이란 뜻으로서 scaling은 이빨에 낀 '비늘(치석) 벗기기'다.
   squalid에서 squal은 scale이 변형된 스펠링으로 사물에 '찐득찐득한
   비늘이 낀'의 뜻이다. 그러므로 squalid는 '더럽고 불결한'의 의미가 된다.

staggering

[stǽɡəriŋ]
비틀거리게 만드는

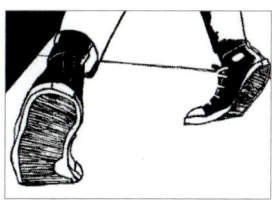

ⓐ 엄청난, 어마어마한   amazing, astonishing, stunning, stupendous

vi. stagger   비틀거리다   stumble

The cost was a **staggering** $10 million.
그 비용은 천만 달러라는 어마어마한 금액이었다.

[어원] 「stagger(비틀거리다) + ing(형접) → 비틀거리게 만드는」
[출제포인트] 형용사 **staggering**과 함께 동사 **stagger**도 출제되었다.

steadfast

[stédfæ̀st, -fə́st]
움직이지 않고 선

ⓐ 확고부동한, 변치 않는   steady, faithful, resolute, staunch

n. steadfastness   확고부동함

his **steadfast** devotion for her 그녀에 대한 그의 변치 않는 헌신

[어원] 「stead(stand) + fast(firm) → 서 있는 자리에서 움직이지 않는」
[상상⁺] **fast**en (단단히) 묶다 / hold **fast** to ～을 꽉 붙잡다
[TIP] fast는 원래 '단단한'의 뜻인데, '빠른'의 의미는 땅이 단단해야 빨리 달릴
    수 있다는 데서 나온 뜻이다. (단단한 → 빠른)
    진흙(mud)에서 빨리 달릴 수 없음을 생각해보면 쉽다.

sterile

[stéril / -rail]
낳을 수 없는

sterilize

ⓐ 1. 불모의   barren; 불임의   infertile

  2. 살균된   pasteurized

vt. sterilize   살균[소독]하다   – **sterilized** milk 살균된 우유

n. sterility   불모, 불임; 살균

sterile couples 불임 부부들
Rinse the eye with **sterile** water   살균된 물로 눈을 헹구세요.

[어원] 「steril(barren) + e(형접) → 낳을 수 없는, 불임의」
[TIP] 1. 농작물, 아이를 낳을 수 없는 → 불모의, 불임의
    2. 세균을 낳을 수 없이 깨끗한 → 살균된
[발음주의] 요즘 미국에서 sterile은 '스테럴'로 발음하는 추세다!

 stigma

[stígmə]

찍혀 생긴 점

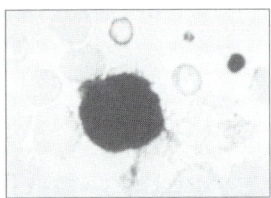

ⓝ 불명예, 오명　shame, disgrace, ignominy

his **stigma** of alcoholism　알코올 중독이라는 그의 오명

[어원] 『stig(stick) + ma(명접) → 찔려(찍혀) 생긴 점 → 오점』

[TIP] stigma는 stick(찌르다)에서 유래한 어휘로 stick이 변형되어 stig가 된 것이다. 즉, 찔려(찍혀) 생긴 점이 '오점'이다.

[뉘앙스] stigma : (도덕적으로 수치스러운) 오점, 불명예

　　 - Taking drugs carries a **stigma**. 마약 복용은 불명예스러운 일이다.

　　blemish : (피부의 기미, 검버섯 같은 외관상의) 오점

　　 - **blemish** balm cream 피부 오점에 바르는 진정 크림(일명 B.B크림)

익플공편 tangible

[tǽndʒəbəl]
만질 수 있는

ⓐ 만져서 알 수 있는, 구체적인 recognizable, concrete, palpable, perceptible

⇔ intangible 만질 수 없는, 무형의

tangible evidence for his guilt 그의 죄에 대한 구체적 증거

[어원] 『tang(touch) + ible(할 수 있는) → 만질 수 있는』
[TIP] tangible은 tango(탱고)을 통해 쉽게 외울 수 있다.
　　　tango : 남녀가 서로 접촉(touch)하여 추는 춤
　　　tangible : 만져서(touch) 알 수 있는, 구체적인

익플공편 tarnish

[tɑ́ːrniʃ]
흐릿해지다

ⓥ 더럽히다, 더러워지다 soil, defile, besmirch, smudge

The scandal **tarnished** the reputation of the President.
그 스캔들이 대통령의 명성을 더럽혔다.

[어원] 『tarn(dull) + ish(동접) → (금속의 광택이) 흐릿해지다』
[음원] 아끼는 물건이 불에 타서 아까워하는 마음에 한 마디!
　　　불에 **탄(tarn) 이쒸!(ish)** 더러워지다!
[TIP] tarnish는 원래 금속이 오래되어 '까맣게 되다' 의 의미인데
　　　이 뜻이 '평판이나 명성을 더럽히다' 의 의미로 쓰이게 된 것이다.

익플공편 tenacious

[tinéiʃəs]
붙잡고 있는

ⓐ 완고한, 고집 센 stubborn, obstinate, obdurate, dogged

a **tenacious** politician 완고한 정치가

[어원] 『ten(a)(hold) + (ci)ous(having)→ (자신의 의견을) 붙잡고 있는』
[상상⁺] **ten**able 타당한 / **ten**ure 보유권, 보유 기간 / **ten**et 신조, 원칙
　　　tenor 방침, 취지 / **ten**ant 세입자

익플공편 tenet

[ténət, -nit]
붙잡고 있는 것

ⓝ 신조, 주의 principle, doctrine, dogma

The main **tenet** of democracy is freedom and equity.
민주주의의 주된 신조는 자유와 평등이다.

[어원] 『ten(hold) + et(명접) → (정신적으로) 붙잡고 있는 것』
[TIP] tenet과 tenacious는 같은 어원(ten : hold)을 가진 어휘이므로
　　　비교해서 함께 외우도록 한다.

tentative
[téntətiv]
시도해보는

ⓐ 1. 시험적인, 임시의   temporary, provisional

2. 자신 없는   diffident

n. tentativeness   임시 상태

take **tentative** steps for the accident
그 사고에 대해 임시 조치를 취하다
her **tentative** smile
그녀의 자신 없는 미소

[어원] 『tenta(try) + tive(형접) → 시도해보는』
[TIP] 시험 삼아 임시적으로 시도해보는 것은 확실한 것이 아니기 때문에 '자신
없는'의 뜻으로 발전되었다. 그림 속의 새끼 고양이처럼 무언가에 호기심을
갖고 앞발을 뻗어보는 모습이 딱 tentative의 이미지다.
[상상+] **tempt** 유혹하다

tenuous
[ténjuəs]
얇은, 엷은

ⓐ 빈약한, 미약한   thin, meager, flimsy, insubstantial

The support of the government was too **tenuous**.
정부의 지원이 너무도 미약했다.

[어원] 『tenu(thin) + ous(형접) → 얇은, 엷은』
[상상+] at**tenu**ate 묽게[약하게] 하다(dilute) / ex**tenu**ate 경감시키다, 참작하다

trivial
[tríviəl]
세 갈래 길의

ⓐ 사소한, 하찮은   trifling, petty, paltry, picayune

n. trivia   사소한 일들 → 《복수형》임에 주의

Don't think over those **trivial** problems!
그런 사소한 문제들로 고민하지 마!
[어원] 『tri(three) + via(way) → 길이 세 갈래로 갈라지는』
[TIP] 세 갈래 길이 만나는 길(삼거리)은 어디서나 흔히 볼 수 있는 흔한
곳(commonplace)이기 때문에 '사소한, 하찮은'의 뜻으로 발전됨!
[상상+] **via** ~를 경유하여 / **voya**ge 긴 여행 / previous 이전의
de**via**te 이탈하다 / ob**via**te 없애다, 방지하다

trump

[trʌmp]

(카드에서) 으뜸 패

ⓝ 비장의 수단   advantage

ⓥ 물리치다   beat

He decided to play his **trump** card.
그는 자신의 비장의 수단을 쓰기로 결정했다.
By wearing stunning dress, she **trumped** them all.
눈부신 드레스를 입음으로써 그녀는 그들 모두를 물리쳤다.

[어원] 『trumpet(트럼펫)에서 유래 → 승리할 수 있게 해주는 것』
[TIP] trump는 카드에서 가장 높은 패를 의미하는데, 이 패는 곧 '비장의 수단'
이 되고 이것을 통해 상대를 '물리치다' 의 의미로 발전됨!
[상상+] **triump**h 승리 / **trump**et 트럼펫
　　　trump - trumpet - triumph는 모두 같은 어원을 가진 어휘로 함께 이해하자!
　　　1. trump : 비장의 수단을 써 상대를 물리쳐
　　　2. triumph : 승리한 후
　　　3. trumpet : 승리의 나팔, 트럼펫을 불다

turmoil

[tə́ːrmɔil]

혼란스러운 상태

ⓝ 혼란, 혼돈   confusion, chaos, commotion, tumult

The whole country is in **turmoil**. 전국이 혼란에 빠져 있다.

[어원] 『turm<turb(confusion) + oil(명접) → 혼란스러운 상태』
[TIP] turmoil에서 turm은 turb(혼동)의 변형임을 이해하자!

 ## ubiquitous

[juːbíkwətəs]

어디에나 있는

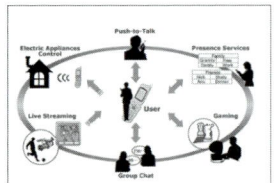

ⓐ 어디에나 존재하는 widespread, pervasive, appearing everywhere

Churches are **ubiquitous** in Korea. 한국에서 교회는 어디에나 있다.

[어원] 『라틴어 ubique(everywhere)에서 유래 → 어느 장소에나 있는』

[TIP] 요즘 유비쿼터스(ubiquitous)는 외래어로 정말 자주 등장한다.
유비쿼터스 시대 : 언제 어디서나 인터넷에 접속하여 자유롭게 정보를 활용
할 수 있는 시대

vainglorious

[vèinglɔ́ːriəs]

허영을 갖고 있는

ⓐ 자부심이 강한, 허영에 찬 too proud; conceited, stuck-up

n. vanity 허영

a **vainglorious** old woman 자부심 강한 노부인

[어원] 『vain(공허한) + glorious(영광스런) → 허영을 갖고 있는』

[TIP] vainglorious는 문학적 표현으로서 실제로는 그다지 많이 쓰이진 않으나 시험에는 두 차례 출제되었음을 간과해서는 안 된다.

vehement

[víːəmənt]

(위치를) 옮기는

ⓐ 격렬한 violent, intense, furious, fierce, impetuous

Despite her **vehement** resistance, he pulled her inside.
그녀의 격렬한 저항에도 불구하고 그는 그녀를 안으로 끌어당겼다.

[어원] 『vehe(carry) + ment(형접) → (위치를) 옮겨버리는』

[TIP] vehicle → (위치를) 옮겨다주는 것 → 탈것, 교통수단
vehement → (위치를) 옮기게 하는 → 격렬한
바람이 불어 사람의 '위치를 옮겨버릴 정도'라면 그 바람은 아주 격렬한 것이다.

[발음주의] 비헤먼트(X) → **비**어먼트(O)

[주의] vehement는 명사처럼 보이지만 형용사임에 주의!

[상상⁺] con**vey** 전달[수송]하다 / pur**vey** 공급[조달]하다 / in**veigh** 맹비난하다
in**vect**ive 욕설, 악담

velocity

[vilásəti / -lɔ́s-]

빠르기, 속도

ⓝ 속도 rapidity or speed of motion; speed

the **velocity** of light 광속(빛의 속도)

[어원] 『veloc(fast) + ity(명접) → 빠르기, 속도』

[TIP] velocity는 speed보다 전문적인 용어다.

vendor

[véndər, -dɔ́ːr]
파는 사람

ⓝ 상인   someone who selling things; seller, peddler

the shout of street **vendors** 노점상들의 외침

[어원] 『vend(sell) + or(사람) → 파는 사람』

[TIP] vendor를 쉽게 외우려면 자판기(vending machine)를 떠올려보자!
vend가 '팔다' 라는 뜻임을 먼저 알면 vendor는 '파는 사람, 상인' 이 됨을
쉽게 외울 수 있다.

[상상⁺] **vend**ing machine 자판기 / **ven**al 매수할 수 있는

verdict

[vɜ́ːrdikt]
진실을 말하는 것

ⓝ 1. (배심원의) 평결, 판결   a judgment by the jury

2. 판단, 결정   judgment, decision

The unanimous **verdict** was 'guilty'. 만장일치로 '유죄' 평결되었다.
the **verdict** of the umpire 심판의 결정

[어원] 『ver(true) + dict(speak) → 진실을 말하는 것』

[TIP] ver(true) 어근은 very(아주, 매우)를 통해 쉽게 외울 수 있다.

[상상⁺] **ver**ity, **ver**acity 진실 / **ver**ify 입증하다 / **a**ver 확언하다

━━━[주제별어휘] **법정 (court) 관련 어휘들**━━━

trial 재판 / prosecutor 검사 / defendant 피고 ⇔ plaintiff 원고
juror 배심원 / witness 증인 / testimony 증언
convict 유죄판결하다 ⇔ acquit 석방하다 / sentence 형을 선고하다

viable

[váiəbəl]

살아갈 수 있는

ⓐ 1. 생존 가능한   able to continue to live

2. 실행 가능한   feasible, practicable, possible, doable

n. viability   실행[생존] 가능성

viable seeds 생존 가능한 씨앗들
the only **viable** way to solve the problem
그 문제를 해결하기 위한 유일하고도 실행 가능한 방법

[어원] 『vi(t)(live) + able(할 수 있는) → 살아갈 수 있는』

[TIP] vitamin (비타민)은 '생명에 필수적인 물질'이란 뜻이다.
viable에서 vi– 부분은 vit(live)에서 t– 스펠링이 발음의 편의상 탈락된
형태임을 이해하면 외우기 쉽다.

[상상+] **vi**tal 생명의; 필수적인 / **vi**vid 생생한 / **vi**vacious 활기찬, 생기 있는
con**vi**vial 명랑한 / re**vi**ve 되살리다 / sur**vi**ve 생존하다, ~보다 오래 살다

vicinity

[visínəti]

이웃, 가까움

ⓝ 근처, 부근   the area around a particular place; neighborhood

The corpse was found **in the vicinity of** the warehouse.
그 시체는 창고 부근에서 발견되었다.

[어원] 『vicin(neighborhood) + ity(명접) → 이웃, 가까움』

[어법] in the vicinity of : ~의 근처[부근]에

[상상+] **villa** 별장, 저택 / **village** 마을 / **villa**in (집에서 노는) 건달, 악당

vindicate

[víndəkèit]

힘주어 말하다

ⓥ (결백을) 입증하다 justify, verify, substantiate, corroborate

a. vindictive 앙심을 품은 vengeful

David was **vindicated** by the expert's report.
데이비드는 그 전문가의 보고서에 의해 결백이 입증되었다.

[어원] 「vin(avenge) + dic(speak) → (복수심에) 힘주어 말하다」
[TIP] 1. (자신의 결백을) 힘주어 말하다 → (결백을) 입증하다
       2. (이 자식, 두고 보자! 하며) 힘주어 말하는 → 앙심을 품은
[출제포인트] 동사 **vindicate**와 형용사 **vindictive** 둘 다 출제되었음을 알아두자!
       또한 vindicate와 vindictive가 의미상 차이가 있다는 점도 다시
       한 번 기억하자!

vulnerable

[vʌ́lnərəbəl]

상처 받을 수 있는

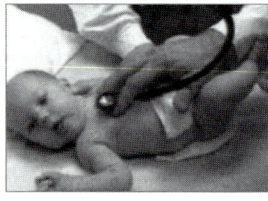

ⓐ 상처[해]입기 쉬운, 취약한 can be easily harmed; susceptible

⇔ invulnerable 상처[해] 입지 않는

n. vulnerability 취약성

Babies are extremely **vulnerable** to infections.
아기들은 감염에 매우 취약하다.

[어원] 「vulner(wound) + able(될 수 있는) → 상처 받을 수 있는」
[출제포인트] **vulnerable**과 **invulnerable**은 둘 다 시험에 아주 많이 출제되는
       어휘이므로 각별한 주의를 요한다!
       명사 vulnerability(취약성) 역시 중요하다.

wary

[wέəri]
의식하고 있는

ⓐ 조심성 있는, 주의 깊은 cautious, heedful, alert, vigilant, circumspect

Investors must be **wary of** the risk of loss.
투자자들은 손실 위험에 주의를 기울여야 한다.

[어원] 『war(e)(aware) + y(형접) → (위험을) 의식하고 있는』
[어법] wary of : ~에 주의 깊은
[상상+] **war**d 병실 / **war**den 관리자 / a**war**d 상(을 주다)
　　　　re**war**d 보상(금); 보답하다

widespread

[wáidspred]
널리 퍼진

ⓐ 널리 퍼진, 광범위한 prevalent, pervasive, rampant, extensive

Oil leakage caused **widespread** damage of the sea.
기름 유출이 그 바다에 광범위한 피해를 가져왔다.

[어원] 『wide(널리) + spread(퍼진) → 널리 퍼진』

wither

[wíðər]
비바람을 맞다

ⓥⓘ 시들다 wilt, shrivel, dry up

a. withered 시든　　　　　　a. withering 생기를 잃게 하는

The flowers in my room had **withered**.
내 방에 있는 꽃들이 시들어버렸다.

[어원] 『weather(비바람)에서 유래 → 비바람을 맞아 시들다』
[TIP] weather : 1. 날씨 2. 비바람, 안 좋은 날씨
　　　　→ wither : 비바람, 안 좋은 날씨로 인해 식물이 시들다
[발음주의] 위쩌(X) → 위더(O)

1. We tried to ignore her acrimonious comment but that took considerable restraint. (변리사)

ⓐ crazed
ⓑ cunning
ⓒ confused
ⓓ proper
ⓔ bitter

2. The private foundation depended on the altruism of the extremely rich old man.

ⓐ height
ⓑ affinity
ⓒ miserliness
ⓓ generosity

3. It seems that even this innocent and amiable practice of handshaking is upon its trial.

ⓐ friendly
ⓑ mute
ⓒ unwholesome
ⓓ holy

4. Dick and Jane made an amicable divorce settlement by dividing their property equally.

ⓐ a spiteful
ⓑ a disastrous
ⓒ an avaricious
ⓓ a friendly
ⓔ an egoistic

5. In those days, a trip to the West was a long and arduous journey.

ⓐ genuine
ⓑ romantic
ⓒ strenuous
ⓓ transparent

6. Most members of the camel family are found in arid habitats.

ⓐ unsanitary
ⓑ dry
ⓒ green
ⓓ moist
ⓔ crowded

7. Venus is an arid dust bowl. (CBS)

ⓐ very dry
ⓑ damp
ⓒ yellowish
ⓓ shadowy

8. Many of these pioneers were audacious radicals. (행정고시)

ⓐ bold
ⓑ rapacious
ⓒ derisive
ⓓ acrid
ⓔ wise

9. When the storm began, we decided to wait for a more auspicious moment; no one in the group wanted to go on a picnic under such conditions.

ⓐ inclement
ⓑ predictable
ⓒ confirmative
ⓓ favorable

10. Your belligerent attitude is often the cause for your lack of popularity. (태평양그룹)

ⓐ hostile
ⓑ courageous
ⓒ stupid
ⓓ cowardly

11. We all come into this life with a natural bent toward credulity, toward believing what others tell us.

ⓐ disposition

ⓑ abhorrence

ⓒ undeviating

ⓓ curiosity

12. The juror showed no bias.

ⓐ interest

ⓑ contempt

ⓒ prejudice

ⓓ hatred

13. Their bizarre attitude ultimately prompted unexpected reactions.

ⓐ cruel

ⓑ suspicious

ⓒ crazy

ⓓ asserted

14. When one is unfamiliar with the customs, it is easy to make a blunder. (기술고시)

ⓐ mistake

ⓑ parley

ⓒ merit

ⓓ forte

ⓔ feat

15. Hawk tried to boost confidence in the Australian economic recovery.

ⓐ inspire

ⓑ express

ⓒ increase

ⓓ forfeit

16. Whereas rock is brittle, metal is tough and can be beaten and bent into shape.

ⓐ hard

ⓑ sticky

ⓒ huge

ⓓ fragile

17. Having made an error, she was candid in her explanation. (서울대 대학원)

ⓐ austere

ⓑ forthright

ⓒ nonpareil

ⓓ rhetorical

18. I felt chagrined that my father could never read and write.

ⓐ delighted

ⓑ hopeless

ⓒ guilt-ridden

ⓓ annoyed

19. If you or someone in your family has a chronic disease, such as high blood pressure or diabetes, you may need to buy medicine for a long period of time.

ⓐ an acute

ⓑ a very serious

ⓒ an adult

ⓓ a lasting for a long time

20. Sometimes, while living in a foreign country, one craves a special dish from home.

ⓐ eats

ⓑ desires

ⓒ prepares

ⓓ looks for

21. In the learning situation, exposure to language and motivation are crucial factors in language learning.

ⓐ moderate
ⓑ vital
ⓒ ferocious
ⓓ drastic

22. The police suspected that the culprit might still be at large.

ⓐ innocent bystander
ⓑ unlucky victim
ⓒ guilty person
ⓓ helpful witness

23. The news from the National Assembly may signal a kind of political deadlock.

ⓐ majority
ⓑ standstill
ⓒ turning point
ⓓ upgrade

24. The dearth of rain can create a desert in a few years.

ⓐ contamination
ⓑ deficiency
ⓒ equilibrium
ⓓ abundance

25. "A state cannot deem a class of persons a stranger to its laws," declared the Supreme Court last year.

ⓐ judge
ⓑ execute
ⓒ lighten
ⓓ curse

26. The war engendered the principle that the rule of law was preferable to arbitrary despotism.

ⓐ dominance
ⓑ empiricism
ⓒ submission
ⓓ tyranny

27. The magician was so dexterous that we could not follow him as he performed his tricks.

ⓐ sluggish
ⓑ nimble
ⓒ wary
ⓓ inept

28. To carry our supplies, I'd bought a docile brown mule whose sad eyes and strong legs told me he was born to suffer the trials ahead of us.

ⓐ obedient
ⓑ strong
ⓒ expensive
ⓓ repulsive
ⓔ mandatory

29. A good education will help you discover and develop your dormant talents. (한국중공업)

ⓐ somnolent
ⓑ drowsy
ⓒ snore
ⓓ latent

30. A strike is usually resorted to only when less _____ measures fail. (데이콤)

ⓐ mercenary
ⓑ drastic
ⓒ urgent
ⓓ meaningful
ⓔ preferable

31. The test of a vocation is the love of the drudgery it involves.

  ⓐ happy work
  ⓑ unworthy work
  ⓒ unpleasant work
  ⓓ worthy work

32. Congress has earmarked funds for research into alternative sources of energy.

  ⓐ set aside
  ⓑ increased
  ⓒ turned down
  ⓓ discussed

33. Discoveries just as exciting, though perhaps not quite as eerie, are bringing to light extraordinary new aspects of the people who lived in Italy long ago.

  ⓐ interesting
  ⓑ valuable
  ⓒ weird
  ⓓ romantic
  ⓔ everlasting

34. Matter exhibits elasticity when it resumes its original size and shape after being distorted.

  ⓐ enrapture
  ⓑ collapse
  ⓒ candor
  ⓓ resilience

35. Since the dawn of time, people have attempted to emulate reality by the most advanced means available to them. We started with cave painting and quickly moved on to sculptures.

  ⓐ overcome
  ⓑ imitate
  ⓒ ignore
  ⓓ conquer

36. Albert Schweitzer remains something of an enigma. (행정고시)

  ⓐ genius
  ⓑ saint
  ⓒ puzzle
  ⓓ center of criticism
  ⓔ source of legends

37. Crying is a natural function of the human organism which is designed to restore the emotionally unstable person to a state of equilibrium.

  ⓐ equity
  ⓑ equanimity
  ⓒ equivalence
  ⓓ equivocation

38. To reveal a military secret is equivalent to treason. (국민연금관리공단)

  ⓐ relative
  ⓑ opposite
  ⓒ reasonable
  ⓓ tantamount

39. Some reports suggested lowering blood cholesterol help prevent hears disease, but some others have been equivocal.
(서울대 대학원, 기아그룹)

  ⓐ paradoxical
  ⓑ inconsistent
  ⓒ ambivalent
  ⓓ controversial

40. That doesn't make sense; I think your reasoning is fallacious. (한국중공업)

  ⓐ faulty
  ⓑ licentious
  ⓒ pretentious
  ⓓ officious

41. "What's the matter with you?" he faltered.

   ⓐ exclaimed

   ⓑ stammered

   ⓒ screamed

   ⓓ yelled

42. Everyone found his stories rather far-fetched.

   ⓐ irritating

   ⓑ fascinating

   ⓒ improbable

   ⓓ monotonous

43. It is not economically feasible to take gold out of sea water. (CBS, 포항제철)

   ⓐ productive

   ⓑ practicable

   ⓒ impossible

   ⓓ favorable

44. The beautiful sunrise and a swarm of colorful butterflies added to the felicity we felt as we strolled through the park.

   ⓐ meditation

   ⓑ convenience

   ⓒ happiness

   ⓓ melancholy

45. The ferocious dog chased away the mail carrier.

   ⓐ angry

   ⓑ irritating

   ⓒ indiscreet

   ⓓ annoying

   ⓔ fierce

46. Many tourists are attracted by the autumn foliage. (동방기획)

   ⓐ weather

   ⓑ leaves

   ⓒ festivals

   ⓓ harvest

47. The effect of this was to fortify them in their resolve to try to save the party.

   ⓐ ease

   ⓑ lower

   ⓒ decrease

   ⓓ strengthen

48. The candidate displayed considerable fortitude during the debate.

   ⓐ courage

   ⓑ carefulness

   ⓒ cowardice

   ⓓ courtesy

49. After his long illness, the old man appeared so thin and _____ that a gust of wind might have blown him away. (연세대 대학원)

   ⓐ faint

   ⓑ sinewy

   ⓒ flimsy

   ⓓ frail

50. In a _____ manner she removed her shoes and tiptoed up to her room. (서울대 대학원)

   ⓐ furtive

   ⓑ furious

   ⓒ audacious

   ⓓ fallacious

51. Everything has to be in perfect order to please my father; he is very fussy.

ⓐ fascinating
ⓑ hardworking
ⓒ fastidious
ⓓ altruistic

52. It is futile to argue with him once he has made up his mind.

ⓐ unpleasant
ⓑ encouraging
ⓒ helpful
ⓓ useless

53. It was a gallant deed to risk almost certain death to save his friend.

ⓐ courageous
ⓑ altruistic
ⓒ thoughtless
ⓓ prudent

54. The jeweler reported that the diamonds were genuine. (쌍용그룹)

ⓐ perfect
ⓑ generic
ⓒ real
ⓓ valuable

55. That is a problem really beyond my grasp.

ⓐ comprehension
ⓑ imitation
ⓒ concentration
ⓓ imagination

56. Reindeer are highly gregarious and travel in herds. (변리사)

ⓐ insecure
ⓑ sociable
ⓒ intelligent
ⓓ sought after
ⓔ rare

57. I prefer to see animals in their natural habitat, rather than in zoos.

ⓐ ivory
ⓑ environment
ⓒ allies
ⓓ instincts

58. He was born in a hamlet, many miles from the nearest city.

ⓐ cottage
ⓑ small village
ⓒ rural area
ⓓ downtown

59. Teams searching for a man carried away by the River Aire, at Apperley Bridge, near Bradford in West Yorkshire were also hampered by the bad weather.

ⓐ annul
ⓑ obstruct
ⓒ continue
ⓓ assist

60. The books had been piled on the shelves in a haphazard fashion.

ⓐ random
ⓑ neat
ⓒ ordered
ⓓ scattered

61. The tornado wreaked havoc on the town.

ⓐ devastation

ⓑ distortion

ⓒ confusion

ⓓ convolution

62. The night was made hideous by the sound of wolves howling at the door of the lodge.

ⓐ dreadful

ⓑ painful

ⓒ terrific

ⓓ ugly

63. Susan was humiliated by her father's remarks.

ⓐ pleased

ⓑ embarrassed

ⓒ encouraged

ⓓ surprised

64. What the report does quite clearly is to identify the fact that there is racial inequality. (서울대 대학원)

ⓐ acknowledge

ⓑ select

ⓒ confuse

ⓓ find

65. I found it at the identical place where I left it.

ⓐ hidden

ⓑ dark

ⓒ same

ⓓ unknown

66. You may be mailed, faxed or e-mailed a copy of your itinerary, but this piece of paper is not necessary to get on the plane.

ⓐ boarding pass

ⓑ travel plan

ⓒ airplane ticket

ⓓ travel bill

67. Working at a nuclear plant might put you in jeopardy. (풀무원 식품)

ⓐ happiness

ⓑ danger

ⓒ security

ⓓ promotion

68. Albert Einstein is lauded as one of the greatest theoretical physicists of all time.

ⓐ acclaimed

ⓑ described

ⓒ dictated

ⓓ ordained

69. He was lavish with his praise for the project.

ⓐ productive

ⓑ generous

ⓒ sufficient

ⓓ fragrant

ⓔ hospitable

70. His claim to his father's inheritance was legitimate. (행정고시)

ⓐ denied

ⓑ legal

ⓒ conferred

ⓓ approved

ⓔ meaningful

71. More lenient laws encouraged greater freedom of expression. (연세대 대학원)
ⓐ severe
ⓑ harsh
ⓒ exacting
ⓓ merciful

72. The mine exploded, sending lethal fragments in all directions. (서울대 대학원)
ⓐ light
ⓑ small
ⓒ deadly
ⓓ dangerous

73. Because the crocodile is accustomed to a tropical climate it becomes lethargic at temperatures below 60℉. (행정고시, 태평양그룹)
ⓐ sluggish
ⓑ chilly
ⓒ sick
ⓓ lively

74. Frostbitten fingers and toes should be treated with lukewarm water.
ⓐ tepid
ⓑ boiling
ⓒ frigid
ⓓ steamy

75. The movie star singed a lucrative contract. (태평양그룹)
ⓐ profitable
ⓑ worthless
ⓒ questionable
ⓓ laborious

76. To lure more caring individuals to the field, schools are seeking older students as well as non-science majors.
ⓐ refer
ⓑ employ
ⓒ entice
ⓓ transform

77. State law makes attendance at school mandatory for children of certain ages. (중소기업은행, 기아그룹)
ⓐ necessary
ⓑ recommendable
ⓒ exemptible
ⓓ obligatory

78. The President stated that he had a mandate from the people to seek an end to social evils such as poverty and poor housing.
ⓐ an appeal
ⓑ a mission
ⓒ an order
ⓓ an inculcation

79. We must prevent one person from mauling another.
ⓐ beating
ⓑ cuddling
ⓒ throwing
ⓓ trapping

80. The meager nature of his salary did not negatively affect his generosity. (대한생명)
ⓐ good
ⓑ mediocre
ⓒ sympathetic
ⓓ scanty

81. The painting had been executed with meticulous attention to detail.

   ⓐ very careful

   ⓑ very energetic

   ⓒ really resolute

   ⓓ extremely fickle

82. The young fellow was mortified by his flunking the test. (한국상업은행)

   ⓐ humiliated

   ⓑ distressed

   ⓒ shocked

   ⓓ discouraged

83. He was concerned only with mundane matters, especially the daily stock market quotations.

   ⓐ global

   ⓑ futile

   ⓒ spiritual

   ⓓ worldly

84. The boy who had caught a gray rabbit had a very bright and nimble dog about the size of a fox.

   ⓐ quick-moving

   ⓑ hasty

   ⓒ delicious

   ⓓ ridiculous

85. Professional hockey teams are notorious for the fights among players during games.

   ⓐ exciting

   ⓑ unbearable

   ⓒ expecting

   ⓓ infamous

86. Most of the cash went on supporting his opulent lifestyle.

   ⓐ cogent

   ⓑ astral

   ⓒ lavish

   ⓓ urbane

87. By 1929, two years after the start of the "talkies," motion picture theaters in the United States were attracting 100 million patrons every week.

   ⓐ owners

   ⓑ actors

   ⓒ customers

   ⓓ critics

88. Dali's paintings can inspire a pensive mood.

   ⓐ cheerful

   ⓑ pending

   ⓒ thoughtful

   ⓓ fresh

89. I was petrified with fear.

   ⓐ frightened

   ⓑ general

   ⓒ insipid

   ⓓ intrepid

90. plenary:

   ⓐ easy

   ⓑ empty

   ⓒ full

   ⓓ untrustworthy

91. Once the hope for democracy in the tiny island nation, Aristide has recently come to be seen as the cause of the people's plight rather than their salvation.

ⓐ hardship
ⓑ whim
ⓒ anger
ⓓ curse

92. The railway guard was a pompous little official, who acted as though he controlled the whole railway system.

ⓐ thinking oneself to be important
ⓑ completely without knowledge or understanding
ⓒ very well known for a special ability
ⓓ showing sympathy for the suffering

93. Do potent drugs work on the common cold? (범우화학)

ⓐ inexpensive
ⓑ very costly
ⓒ traumatic
ⓓ very strong

94. Punctuality is imperative in your new job. (한국전력)

ⓐ Being accurate
ⓑ Being diligent
ⓒ Being on time
ⓓ Being polite

95. Even a century after the end of the Civil War, old grievances still rankled.

ⓐ prevailed
ⓑ irritated
ⓒ appeared
ⓓ threatened

96. After months of negotiations, the treaty has now been formally accepted.

ⓐ rectified
ⓑ relied
ⓒ ratified
ⓓ rarefied

97. They looked sorrowfully at the crops ravaged by the hurricane.

ⓐ insulted
ⓑ discarded
ⓒ trapped
ⓓ molested
ⓔ ruined

98. At one time, our ancestors had been forced to roam the forests and plains of the Earth in search of wild game and edible plants.

ⓐ cover or spread over with a colour
ⓑ try to destroy the influence of
ⓒ wander with no very clear aim
ⓓ turn the head and run away from

99. A moment's reflection is sufficient to show that no art or craft, however primitive, could have been invented or maintained without the rudiments of science.

ⓐ experiments
ⓑ principles
ⓒ hypotheses
ⓓ applications

100. sanguine:

ⓐ muddy
ⓑ red
ⓒ stealthy
ⓓ light

101. Analysts say the recession in Japan has sapped investor confidence.

ⓐ jeopardized

ⓑ enviously challenged

ⓒ stirred up

ⓓ gradually weakened

102. Miss Kim is scrupulous in performing her secretarial duties. (사법시험)

ⓐ courageous

ⓑ conscientious

ⓒ gracious

ⓓ attractive

ⓔ exceptional

103. No sooner did the manager of the bank scrutinize the documents than he called the police.

ⓐ receive carefully

ⓑ examine closely

ⓒ read quickly

ⓓ write

104. He is just one of those fanatical right-wing preachers who blame everything on secular humanism.

ⓐ hedonistic

ⓑ sarcastic

ⓒ mundane

ⓓ masochistic

ⓔ aesthetic

105. sentient:

ⓐ very emotional

ⓑ capable of feeling

ⓒ hostile

ⓓ sympathetic

106. A clever politician, he took advantage of every speaking engagement to campaign for the next election. (무역협회)

ⓐ rash

ⓑ intrepid

ⓒ crude

ⓓ shrewd

107. Even though the evidence is overwhelming, if one juror is still skeptical, the case must be retried.

ⓐ not convinced

ⓑ not present

ⓒ not worried

ⓓ not surprised

108. We may expect some potential invisible earnings from spin-off industries, such as trade, tourism and finance.

ⓐ derivative

ⓑ lucrative

ⓒ deductive

ⓓ economical

109. I also think that a loving individual is spontaneous.

ⓐ selfish

ⓑ voluntary

ⓒ gentle

ⓓ negative

110. sordid:

ⓐ sound

ⓑ sordid

ⓒ solid

ⓓ solemn

111. Our great-grandparents would find _____ the speed with which we can travel round the world. (고려대 대학원)

ⓐ suspicious
ⓑ infallible
ⓒ capricious
ⓓ staggering

112. A mule is the sterile animal of a horse and donkey.

ⓐ obnoxious
ⓑ shabby
ⓒ barren
ⓓ forsaken

113. There is no stigma attached to what you are doing.

ⓐ purpose
ⓑ disgrace
ⓒ illness
ⓓ honor

114. In some ways, material possessions are seen not only as tangible evidence of people's work, but also of their abilities.

ⓐ movable
ⓑ not to be able to touched
ⓒ real
ⓓ supplementary

115. His postwar policies brought criticism upon him which could have tarnished his popularity. (연세대 대학원)

ⓐ dimmed
ⓑ regained
ⓒ increased
ⓓ perished

116. I think he may have lost his job in broadcasting because he was too tenacious.

ⓐ aggressive
ⓑ lazy
ⓒ hardworking
ⓓ persistent

117. "The show must go on." is the oldest tenet of show business; every true performer lives by that creed.

ⓐ euphemism
ⓑ doctrine
ⓒ allegory
ⓓ corroboration

118. This arrangement is only a tentative one.

ⓐ temporary
ⓑ friendly
ⓒ humorous
ⓓ forgotten

119. The business survived on a tenuous relationship with one customer.

ⓐ tentative
ⓑ insubstantial
ⓒ salient
ⓓ lucrative

120. Don't bother me with trivial matters. (마사회)

ⓐ troublesome
ⓑ mutual
ⓒ not important
ⓓ significant

121. Everyone supported welfare reform, so the smart candidate used it as a trump card to the last election.

   ⓐ something that offers him inspirations in the election

   ⓑ something that encourages him to be aggressive in the election

   ⓒ something that stimulates him to be brave in the election

   ⓓ something that gives him an advantage in the election

122. The meeting was thrown into turmoil by the announcement. (동아일보)

   ⓐ tumult

   ⓑ bake

   ⓒ order

   ⓓ prohibit

123. She was a vainglorious person.

   ⓐ an invalid

   ⓑ a polished

   ⓒ an outrageous

   ⓓ a haughty

124. The temperamental tennis player was known for his vehement dislike of linesmen.

   ⓐ concealed

   ⓑ disarmed

   ⓒ displeased

   ⓓ passionate

125. The airplane reached such a high velocity that it broke the sound barrier.

   ⓐ speed

   ⓑ atmosphere

   ⓒ orbit

   ⓓ transmission

126. vendors: (산업기지개발공사)

   ⓐ Everyone employed in food service

   ⓑ Everyone who drives a car

   ⓒ Everyone engaged in selling

   ⓓ Everyone who works in a hospital

127. The defendant thought that the jury gave the right verdict.

   ⓐ decision

   ⓑ argument

   ⓒ testimony

   ⓓ intention

   ⓔ volition

128. Engineers are still trying to make a commercially viable replacement for internal-combustion engines.

   ⓐ desirable

   ⓑ drivable

   ⓒ accessible

   ⓓ feasible

129. A grocery store is in the vicinity of your home.

   ⓐ distance

   ⓑ end

   ⓒ rear

   ⓓ proximity

130. The evidence will vindicate the defendant.

   ⓐ condemn

   ⓑ exonerate

   ⓒ implicate

   ⓓ reform

131. Young people are vulnerable to the influences of radio and TV. (쌍용, KAIST)

    ⓐ persuaded by

    ⓑ appeased by

    ⓒ programmed to

    ⓓ susceptible to

132. We can recall the original sense of vulnerability in childhood.

    ⓐ weakness

    ⓑ indestructibility

    ⓒ adoration

    ⓓ mystification

133. The police came up to the stranger warily. (행정고시)

    ⓐ silently

    ⓑ slightly

    ⓒ cautiously

    ⓓ confidently

134. The flowers delivered yesterday have already withered.

    ⓐ wilted

    ⓑ wavered

    ⓒ wandered

    ⓓ writhed

정답 ▶ p. 378

VOCA MASTER

CHAPTER 2

1회 기출 어휘

ad hoc

[æd hɔ́k, -hóuk]
이번만을 위한

ⓐ 임시의, 특별한   temporary, provisional, interim, special

an **ad hoc** committee 임시 위원회

[어원] 『ad(for) + hoc(this) → 이번만을 위한, 임시적인』
[TIP] ad hoc은 라틴어에서 그대로 영어로 정착한 어휘로서, 특별한 일이 있을 때 결성되어 그 일이 끝나면 자동적으로 해체되는 것을 의미한다.
[기타 라틴 어휘] bona fide 진실된 / per se 그 자체로

agenda

[ədʒéndə]
해야 되는 것

ⓝ 안건, 의제   an item on a program

The **agenda** for the meeting has not yet been set.
그 모임의 의제가 아직 정해지지 않았다.

[어원] 『ag(do) + enda(명접) → (회의에서) 해야 되는 것』
[TIP] 요즘 언론에서는 agenda를 '아젠다' 라는 외래어로도 쓰고 있다.
[상상⁺] **ag**ent 대행자; 요원 / **ag**ile 민첩한 / **agi**tate 동요시키다

agile

[ǽdʒəl, ǽdʒail]
쉽게 움직이는

ⓐ 재빠른, 민첩한   able to move quickly; nimble

n. agility   민첩함

The child is surprisingly **agile**. 그 아이는 놀라울 정도로 민첩하다.

[어원] 『ag(do) + ile(~하기 쉬운) → 쉽게 움직이는 → 재빠른』
[TIP] 그림 속 골키퍼만큼이나 agile(민첩한)이 딱 들어맞는 사람이 또 있을까?

agitate

[ǽdʒətèit]
행동하게 하다

ⓥ 선동하다, 동요시키다   provoke, foment, incite, stir up

n. agitation   동요; (대중) 운동

a. agitated   불안한, 동요된   nervous

unions **agitating** for higher pay 더 높은 임금을 위해 선동하는 노조들

[어원] 『ag(do) + (it)ate(동접) → 행동하게 하다』

ajar

[ədʒáːr]
바뀌려고 하는

ⓐ (문이) 조금 열린 *slightly open*

He left the door **ajar**. 그는 문을 조금 열어놓고 나갔다.

[어원] 『a(on) + jar<char(turn) → 바뀌려는 찰나에 있는』
[TIP] ajar는 닫혀 있다가 '열리려는 찰나에 있는, 그래서 조금 열린'의 뜻으로 쓰인다.

alienate

[éiljənèit, -liə-]
다르게 느끼게 하다

ⓥ 멀어지게 하다, 소외시키다

cause to become unfriendly; estrange

n. alienation 소외감

a. inalienable (누구에게도) 양도할 수 없는

His inappropriate remarks **alienated** many voters.
그의 부적절한 발언들이 많은 유권자들을 멀어지게 했다.

[어원] 『alien(다른) + ate(명접) → 다르게 느끼도록 만들다』
[상상⁺] **ali**as 가명 / **ali**bi 현장 부재 증명, 알리바이

all-out

[ɔ́ːl-àut]
(힘을) 모두 쏟아낸

ⓐ 전력을 다한, 전면적인 *overall, desperate*

wage an **all-out** war 전면전을 치르다

[어원] 『all(모두) + out(밖) → (힘을) 모두 다 쏟아낸』
[비교] all-in 기진맥진한(exhausted)
[TIP] all-out은 '(힘을) 모두 다 쏟아낸' → 전면적인
all-in은 '~안에 (힘을) 다 쏟아넣은' → 기진맥진한

altercation

[ɔ́:ltərkéiʃən]
언쟁, 다툼

ⓝ 언쟁, 다툼   quarrel, dispute, brawl, bickering

He became involved in **altercation**. 그는 언쟁에 휘말렸다.

[어원] 『altercat(e)(언쟁하다) + ion(명접) → 언쟁, 다툼』
[TIP] altercate(언쟁하다)는 alter(바꾸다)에서 유래한 어휘로, 서로의 말이 오가며 다투는 모습이다.
[비교] alteration 변경, 개조
[상상⁺] **alter** 바꾸다, 변경하다 / **alter**native 대안 / **alter**nate 번갈아 하는 **altr**uism 이타주의

amalgamate

[əmǽlgəmèit]
부드럽게 하나로 뭉치다

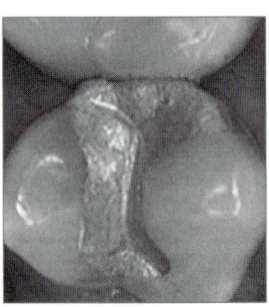

ⓥt 합치다, 합병하다   combine, merge, integrate, unify

n. amalgam   혼합물

amalgamate the college **with** the university
단과대를 종합대와 합치다

[어원] 『amalgam(soft mass) + ate(동접) → 부드럽게 하나로 뭉치다』
[TIP] 치과에서 이빨의 썩은 부분(cavity)을 임시로 메울 때 아말감(amalgam)을 쓰는데, 아말감은 처음엔 반죽처럼 부드러운 덩어리 상태였다가 이빨에 부착되면서 서서히 굳어져 하나로 합쳐지는 물질이다.
[어법] amalgamate A with B : A를 B와 합치다, 합병하다

amenities

[əménəti:s]
즐거움을 주는 것들

ⓝ 편의시설   conveniences, facilities, comforts

The town has all the **amenities**.
그 도심에는 모든 편의시설들이 다 있다.

[어원] 『amen(pleasant) + ity(명접) → 즐거움을 주는 것들』
[TIP] amenities는 주차장, 수영장, 놀이방 등 편리함과 즐거움을 주는 것들을 가리키며, 편의시설은 여러 가지를 포함하므로 복수로 쓴다.

aperture

[ǽpərtʃùər, -tʃər]
벌어져 있는 상태

ⓝ (벌어진) 틈, 구멍   opening

Through the **aperture** he could see light.
그는 구멍을 통해 빛을 볼 수 있었다.

[어원] 『aper(open) + ture(명접) → 벌어져 있는 상태』
[음원] 입 안에 **구멍**이 나서 **아퍼쩌**(aperture)!

arable

[ǽrəbl]
(밭을) 갈 수 있는

ⓐ 경작 가능한   fit for cultivation; cultivable, fertile

arable land 경작 가능한 땅

[어원] 『ara(plow) + (a)ble(할 수 있는) → (밭을) 갈 수 있는』
[음원] 한눈에 **아라볼(arable)** 수 있는 **경작 가능한** 좋은 땅!

arbitrary

[ɑ́ːrbitrèri, -trəri]
(맘대로) 중재하는

ⓐ 제멋대로인   capricious, wayward, unruly, willful

an **arbitrary** decision 제멋대로의 결정

[어원] 『arbitr(ate)(중재하다) + ary(형접) → (마음대로) 중재하는』
[TIP] arbitrary는 arbitrate(중재하다)에서 유래한 형용사로 '자기 멋대로 중재하는' 모습에서 '제멋대로인' 의 뜻이 나오게 된 것이다.

arbitrate

[ɑ́ːrbitrèit]
판단을 내리다

ⓥⓣ 중재[조정]하다   officially judge; mediate, intervene

n. arbiter 중재자   n. arbitration 중재, 조정

n. arbitrage (시세 차익을 노리는) 중개 업무

arbitrate the dispute between management and unions
노사 간의 분쟁을 중재하다

[어원] 『arbitr(give judgement) + ate(동접) → 판단을 내리다』

archaic

[ɑːrkéiik]
아주 오래된

ⓐ 아주 오래된, 구식의   antiquated, obsolete, old-fashioned, out of date

archaic Greek Architecture 아주 오래된 그리스 건축물

[어원] 『ancient(옛날의)에서 유래 → 아주 오래된』
[음원] **오래된** 케이크를 못 먹고 버리면서 안타까운 마음에 → **아〜 케익(archaic)**
[상상⁺] **archae**ology 고고학

archipelago

[àːrkəpéləgòu]
최초의 바다

ⓝ 군도, 다도해   a number of small islands

Bali is an island in the Indonesian **archipelago**.
발리는 인도네시아 군도에 있는 섬이다.

[어원] 『archi(first) + pelago(sea) → 최초의 바다』
[TIP] 고대 그리스 문명의 발원지인 에게해(海)가 다도해였던 데서 유래함.
[음원] **아기 펠라고(archipelago)**? 그러면 **다도해**로 귀향 보냅니다.

ardent

[áːrdənt]
불타고 있는

ⓐ 열심인, 열렬한   eager, fervent, fervid

n. ardor   열정, 열의   enthusiasm

an **ardent** supporter of free trade 자유 무역의 열렬한 지지자

[어원] 『ard(burn) + ent(형접) → 불타고 있는』
[TIP] 우리도 '불타는 열정'이란 말을 쓴다.
[상상⁺] **ars**on 방화 / **ari**d 건조한

articulate

[ɑːrtíkjəlit]

분명한

ⓐ 분명한   definite, manifest, specific ⇔ inarticulate   불분명한

ⓥⓣ 1. 똑똑히 발음하다   pronounce obviously

2. 분명히 표현하다   express

articulate expression 분명한 표현
articulate one's feeling 자신의 감정을 분명히 표현하다

[어원] 『article(신문기사)에서 유래 → (기사 내용이) 분명한』
[TIP] articulate는 article(신문·잡지기사)에서 유래한 어휘로 기사의 내용은
'분명한' 글이다. '분명한'의 의미에서 자신의 감정을 '분명히 표현하다'의
의미로 발전했으며, 발음을 분명히 표현하면 '똑똑히 발음하다'의 뜻이 된다.
사진 속 뉴스 앵커는 가장 articulate한 사람!

artificial

[àːrtəfíʃəl]

기술로 만들어낸

ⓐ 1. 인공의   manmade   2. 인위적인, 가짜의   false, counterfeit

n. artifice   속임수   trick

artificial seasoning for cooking 요리용 인공 조미료
artificial kindness 거짓 친절

[어원] 『art(i)(skill)+fic(make) → 기술을 부려 만들어낸』
[출제포인트] artificial은 주로 '인위적인, 가짜의'의 뜻으로 출제된다.
[상상+] **art**isan 장인, 숙련공(craftsman) / **art**less 꾸밈없는; 정직한
artifact (고대 도구, 무기 등의) 유물, 인공물

astronomy

[əstránəmi / -trón-]

별을 연구하는 학문

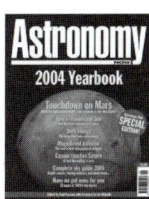

ⓝ 천문학   the scientific study of the stars

a. astronomical   천문학적인   n. astronomer   천문학자

major in **astronomy** 천문학을 전공하다

[어원] 『astro(star) + nomy(학) → 별들을 연구하는 학문』
[비교] astrology 점성술
[상상+] dis**aster** 재난 / **astro**naut 우주비행사

augment

[ɔːgmént]

크게 하다

ⓥ 증가시키다　*increase, enlarge, boost*

n. augmentation　증가, 증대

augment one's income 자신의 수입을 증가시키다

[어원] 『aug(increase) + ment(동접) → 증가시키다』

[TIP] August(8월)는 로마 최초의 황제 Augustus(존엄한 자)의 이름에서 유래했다. augment 역시 Augustus의 이름에서 유래되었는데, '존엄하고 큰 존재'라는 뜻에서 '증가시키다'의 의미가 된 것이다.

[주의] augment는 명사처럼 보이지만 동사라는 사실에 유의!

[상상⁺] **auc**tion 경매

austere

[ɔːstíər]

엄격한

ⓐ 1. 엄격한　*rigid, strict, stern, stringent*

　　2. 꾸미지 않은, 절제된　*simple and without any decoration*

n. austerity　엄격함; 절제, 긴축

a very **austere** father 매우 엄격한 아버지
the church's **austere** simplicity 그 교회의 꾸미지 않은 소박함
austerity budget 긴축 예산

[어원] 『(au)ster(stern엄격한)에서 유래』

[TIP] austere는 stern에서 유래한 어휘로 au-는 의미 없는 부분이다.

authentic

[ɔːθéntik]

작가가 만든

ⓐ 진짜[진품]인　*not false or imitation; real, genuine*

n. authenticity　확실성

vt. authenticate　진짜임을 증명하다

an **authentic** work by Picasso 진짜 피카소 작품

[어원] 『author(작가)에서 유래한 형용사 → 작가가 만든, 진품인』

[TIP] authentic은 '작가가 직접 만든', 즉 '진품인'의 뜻이다.

[상상⁺] **author**ity 1. 권한　2. 《복》 당국 / **author**ize 권한을 주다

avaricious

[ǽvərí∫əs]

욕망을 갖고 있는

ⓐ 탐욕스러운, 욕심 많은   greedy, covetous, insatiable, rapacious

n. avarice   탐욕, 욕심   cupidity

an **avaricious** child 욕심 많은 아이

[어원] 『avar(desire) + (ici)ous(having) → 욕망을 갖고 있는』

[음원] **욕심 많은** 아이의 엄마한테 한마디 → **애버리셔쓰**(**avaricious**)!

[상상⁺] **av**id 열심인, 욕심 많은

[뉘앙스] avaricious : (돈이나 음식에) 욕심 많은 – 부정적 의미

　　　　 – the **avaricious** politician : 욕심 많은 정치인

　　　　 avid : (공부나 독서 등에) 욕심 많은, 열심인 – 긍정적 의미

　　　　 – an **avid** reader : 탐독가

bachelor

[bǽtʃələr]
소작농

ⓝ 1. 미혼남, 총각   single man ⇔ spinster   노처녀

2. 학사 학위

Gerald was 38, and a **bachelor**.   제럴드는 38세였고 총각이었다.
Bachelor of Education   교육학 학사

[어원] 『bacheler(tenant farmer 소작농)에서 유래』

[TIP] bachelor의 원뜻 → 소작농(tenant farmer)
  1. 소작농 → (대개) 젊은 미혼남
  2. 학문적으로 젊은(아직은 미완성의) 미혼남 → 학사 학위

backlash

[bǽklæʃ]
되받아치는 채찍

ⓝ 반발, 반격   negative reaction, counterblast, counterattack

a growing **backlash** from angry workers
화난 노동자들의 거세지는 반발

[어원] 『back(다시) + lash(채찍) → 되받아치는 채찍』

balk

[bɔːk]
투수 보크

ⓥⓘ 주저하다, 주춤하다   hesitate, falter, recoil, waver

ⓥⓣ 방해하다   block, hinder, hamper, obstruct, impede

balk at setting up a new business
새 사업을 시작하는 데 있어 주저하다
Laziness **balks** your success.   게으름은 성공을 방해한다.

[어원] 『balk → beam(나무 기둥)에서 유래』

[TIP] balk 는 말이 달려가다가 나무 기둥(beam) 앞에서 넘지 못하고 주춤하는
    모습에서 유래한 어휘다. 한편, 투수가 투구 동작 중 주춤하여 주자의 도루
    를 방해하는 것을 야구 용어로 투수 보크(balk)라고 한다.

[어법] balk at : ~을 주저하다, 주춤하다

banner

익품
공편

[bǽnər]

배너 광고

ⓝ 1. 깃발 flag   2. 기치, 주장 belief, principle

ⓐ 일류의, 최고의 good, outstanding, superb

The supporters were shouting and waving **banners**.
그 지지자들은 소리치며 깃발을 흔들고 있었다.
They marched under the **banner** of freedom.
그들은 자유의 기치 아래 행진했다.
the **banner** year of the team 그 팀의 최고의 해

[어원] 『ban<phan(show) + (n)er(명접) → (깃발에 적어) 보여주는 것』
[TIP] banner 깃발 → 깃발에 적힌 글 : 기치, 주장
　　　　　　→ (주장에 있어) 깃발에 적힌 내용 : 제일가는, 최고의
　　　요즘 인터넷 사이트(site)에서 하는 광고를 **배너** 광고(banner ad)라고 함.
[상상⁺] **phan**tom 유령: 환영 / **phen**omenon 현상
　　　dia**phan**ous (옷이) 비치는, 얇은

barbarism

익품
공편

[báːrbərìzəm]

바바… 하는 소리

ⓝ 야만 a state characterized by ignorance or crudity; brutality

n. barbarian 야만인, 미개인   n. barbarity 야만적 행위

a. barbarous 야만적인

Civilization means the opposite of **barbarism**.
문명은 야만성의 반대를 의미한다.

[어원] 『barbar(바바… 하는 소리) → 알아들을 수 없는 미개인의 말소리에서 유래』
[TIP] barbarism은 문명인의 입장에서 '바바…(barbar…)' 하며 알아들을 수
　　　없는 다른 나라 말을 사용하는 모습에서 유래된 의성어.
　　　이로부터 알아들을 수 없는 말들을 하는 종족들은 미개하고 야만적으로
　　　보인다는 뜻으로 정착되었다.

barren

[bǽrən]

빛이 바랜 땅

ⓐ 1. 불모의 sterile, arid   2. 불임의 infertile

reclaim the **barren** desert land 불모지인 사막을 개간하다
a **barren** woman 불임 여성

[음원] barren(배런) → 빛이 **바랜(barren)** 땅 → 농사를 못 짓는 **불모의**
[TIP] barren은 그림에서 보듯 빛바랜(barren) 땅, 즉 '불모의'란 뜻이다.
하지만 발음은 '배런'이라는 것을 다시 한 번 유의하자.
[출제포인트] 시험엔 '불모의'의 뜻으로 출제되었다.

barter

[bάːrtər]

(내꺼) 받어

ⓥ (물물)교환하다 exchange, trade, bargain

ⓝ (물물)교환, 교역 a system of exchanging goods

They **bartered** steel **for** oil. 그들은 철강을 기름과 교환했다.
a **barter** system between coal and steel
석탄과 철강 사이의 물물교환 시스템

[음원] barter(바터) → (내꺼) **받어(barter)** → 그리고 니꺼 줘!
[어법] barter A for B : A를 B와 교환하다(B를 가짐)

beatific

[bìːətífik]

아름다움을 만드는

ⓐ 기쁜, 행복해 하는 showing great peace and happiness; pleasant

n. beatitude 기쁨 rapture

a **beatific** smile 행복해 하는 미소

[어원] 『beauti(beauty) + fic(만드는) → 아름다움을 만드는』
[TIP] beatific에서 beati의 어원이 beauty라는 것만 이해하면
'아름다움을 만드는 → 행복해 하는'의 의미를 쉽게 외울 수 있다.

beat-up

[bíːt-ʌp]

이리저리 부딪친

ⓐ 오래되어 낡은 battered, run-down, worn-out, tattered

a **beat-up** old car 오래되어 낡은 차

[어원] 『beat(치다) + up(완전히) → 이리 치이고 저리 치인』
[TIP] beat-up은 하도 오래되어 여기저기 '부딪치고 닳아빠진 상태'를 의미한다.
[주의] beat-up의 품사는 형용사임에 주의 하자!

beckon

[békən]

등대가 부르다

ⓥ 1. 손짓으로 부르다 make a signal to someone with your hand

2. 유혹하다 fascinate, allure, captivate, enchant

beckon to the waiter 웨이터에게 손짓하다
The beautiful island **beckons** me. 그 아름다운 섬이 나를 부른다.

[어원] 『beacon(등대) → beckon에서 그대로 유래됨』
[TIP] 칠흑같이 어두운 밤에 망망대해에서 저 멀리 등대(beacon)가 보인다면
어떨까? 당연히 나를 오라고 '손짓하며' '유혹하는' 것처럼 느껴질 것이다.
이 beacon(등대)에서 유래한 어휘가 바로 beckon이다.

bedrock

[bédràk / -rɔ̀k]

아래 놓는 바윗돌

ⓝ 기초, 초석 basis, foundation, fundamentals, rudiments

My family is the **bedrock** of my life. 나의 가족은 내 삶의 근간이다.

[어원] 『bed(하단부) + rock(바위) → 아래에 놓는 바윗돌』
[TIP] bedrock은 건물을 세우기 전 밑바닥에 까는 돌로서 건물의 '기반이 되는
주춧돌'을 의미한다.

bicker

[bíkər]

(저리) 비켜!

ⓥⓘ 언쟁하다, 말다툼하다 dispute, wrangle, altercate

n. bickering 언쟁, 말다툼

Why don't you stop **bickering**? 이제 그만 좀 다투지 그래?

[음원] bicker(비커) → '저리 **비켜(bicker)**!' → **말다툼, 언쟁**
[TIP] bicker는 어원보다는 음원 접근이 더 적합한 어휘다.

blanch

[blæntʃ, blɑːntʃ]

하얗게 하다

ⓥ 1. (하얗게) 질리다 become pale; whiten

2. (물에 살짝) 데치다 put vegetables into boiling water for a short time

His face **blanched**. 그의 얼굴은 하얗게 질렸다.
Blanch the beans and remove the skins.
콩을 물에 살짝 데치고 껍질을 벗기세요.

[어원] 『blanc(white)에서 유래 → 하얗게 하다』
[TIP] 우리가 잘 아는 어휘 중 blank(공백)란 단어가 있다. 즉, 하얗게 비어 있는 곳을 의미하는데 blank와 blanch는 같은 어원을 갖는다.
여기서 영어 발음 중 k-발음이 약해지면 ch-발음이 된다는 중요한 사실을 알아두어야 한다.

┌─────[-k 스펠링과 -ch 스펠링의 혼용]─────┐
speak(연설하다) – speech(연설)
break(깨다, 부수다) – breach(파기, 위반)
blank(공백) – blanch(하얗게 질리게 하다)
bleak(창백한 → 황량한) – bleach(표백시키다)
└──────────────────────────────────┘

[상상⁺] **bleach** 표백[염색]하다 / **bleak** 황량한

blandishments

[blændiʃmənt]

부드러운 말들

ⓝ 아첨, 감언이설 flattery, adulation, cajolery, sycophancy

vt. blandish 부추기다, 아첨하다 flatter

You should resist his **blandishments**.
그 사람의 아첨에 넘어가지 말아야 한다.

[어원] 『bland(부드러운) + ish(동접) → 부드럽게 해주는 말들』
[TIP] blandishments는 bland(부드러운)에서 유래한 말로, 상대에게 듣기 좋은 부드러운 말만 해주면 그것이 바로 '아첨'이다.
[비교] brandish (칼·권력을) 휘두르다

blatant

[bléitənt]

양들이 우는

ⓐ (잘못·범죄 따위가) 명백한, 노골적인 obvious, obtrusive

blatant exploitation of laborers 노동자들에 대한 명백한 착취

[어원] 『bleat(양들이 울다, 지껄이다)에서 유래 → 시끄럽게 떠드는』
[TIP] 수백 마리 양들이 울면 아주 시끄러울 것이다.
blatant에서 blat은 bleat(양들이 울다)이 변형된 형태다.
양들이 우는 → 시끄럽게 떠드는 → (잘못이) 명백한, 노골적인
[출제포인트] blatant는 시험에서 obvious를 답으로 요구한다.
[상상⁺] **blab** 지껄이다

bleak

[bliːk]

창백한

ⓐ 황량한, (상황이) 비관적인 pessimistic, harsh, grim, gloomy

n. bleakness   황량함, 비관적인 상태

The future looks **bleak**. 미래가 비관적인 것처럼 보인다.

[어원] 『blac(white)에서 유래』

[TIP] bleak(하얗게 된) : white에서 유래
　　'얼굴이 핏기 없이 하얗게 된 → 창백한' 에서
　　땅(상황)이 나무나 풀(희망) 없이 하얗게 된 → 황량한, 비관적인

blithe

[blaið]

아주 기뻐하는

ⓐ 즐거운, 명랑한   pleasant, cheerful, jolly

n. bliss   큰 기쁨   beatitude

a **blithe** disregard for the result 결과에 연연해 하지 않음

[어원] 『blithe<bliss(큰 기쁨)의 형용사형 → 아주 기뻐하는』

[TIP] bless(축복하다) → bliss(큰 기쁨) → blithe(즐거운)의 순서로 외우면 쉽다.

[발음주의] 블리쓰(X) → 블라이드(O)

blueprint

[blúːprìnt]

청사진

ⓝ 청사진; (면밀한) 계획   a plan for achieving something; project

a **blueprint for** social reform 사회 개혁을 위한 면밀한 계획

[어원] 『blue(파란) + print(인쇄물) → 파란색 종이에 쓴 인쇄물』

[TIP] blueprint는 원래 건물이나 기계의 설계도를 면밀하게 그려 파란색 용지에
　　인쇄한 것에서 '(미래에 대한) 면밀한 계획' 의 의미로 발전되었다.

[비교] blue 우울한 : 파란색은 사람의 기분을 차분하게 가라앉히는 색이라는 점에
　　서 유래!

[어법] blueprint for : ~을 위한 면밀한 계획, 청사진

blurred

[bləːrd]

blur 흐릿한 것

ⓐ 흐릿한, 불분명한   unclear, obscure, indistinct, vague

n.vt. blur   흐릿함; 흐릿하게 하다

a **blurred** photo 흐릿한 사진

[어원] 『blur<bleary(흐린)에서 유래』

[TIP] blur는 bleary에서 모음이 변형되어 만들어진 어휘다.

[상상+] **blear**y 흐린, 어렴풋한

blush

[blʌʃ]
불타다

ⓥⓘ (얼굴이) 붉어지다   become red

ⓝ 홍조   flush

 I spoke to her and she **blushed**.
나는 그녀에게 말을 걸었고 그녀의 얼굴이 빨개졌다.

[어원] 『blush(flame 불타다)에서 유래』

[TIP] blush와 flush는 모두 '얼굴이 붉어지다' 의 의미인 동의어다.
영어에서 'b'와 'f'발음은 혼용될 수 있다는 것도 알아두자!

[음원] blush(블러쉬) → 얼굴에 **불났쉬(blush)**!

---

bombastic

[bɑmbǽstik / bɔm-]
말을 부풀리는

ⓐ 과장된   exaggerated, grandiloquent, rhetorical

n. bombast 과장   hyperbole

a **bombastic** expression 과장된 표현

[어원] 『bombas(cotton) + tic(형접) → (목화솜이 부풀어 오르듯) 말을 부풀리는』

[TIP] 그림에서 보듯 면화(cotton)는 부풀어 올라 꽃[면]을 피운다. 이 모습에서
bombastic은 '말을 부풀려 하는' 의 의미로 '과장된' 의 뜻이 된 것이다.

---

bombshell

[bɑ́mʃèl / bɔ́m-]
폭탄, 포탄

ⓝ 돌발 사건, 충격적인 것   an unexpected and shocking piece of news

Her sudden marriage was a **bombshell**.
그녀의 갑작스런 결혼은 충격적인 소식이었다.

[어원] 『bomb(폭탄) + shell(포탄) → (갑자기 폭발한) 폭탄, 포탄』

[TIP] bombshell은 (갑자기 터지는) 폭탄·포탄의 의미인데, 폭탄이 터지면 당연
히 '돌발 사건'이고 '충격적인 것'이 된다.
한편, bombshell은 '금발의 매력적인 여성' 이란 뜻도 있다.

---

bona fide

[bóunə fàid, fáidi]
진정한 믿음의

ⓐ 진정한, 진심의   true, genuine, authentic, sincere

accept a **bona fide** offer 진심인 제의를 받아들이다

[어원] 『bon(a)(good) + fid(trust) → 진정으로 믿을 만한』

[TIP] bona fide는 라틴어에서 바로 유래한 어휘로서 형용사임에 다시 한 번
유의하자!

[상상⁺] **fid**elity 충실, 충성 / in**fid**elity (배우자의) 외도, 불충
dif**fid**ent 자신 없는 / in**fid**el 무신론자 / per**fid**y 불신

bountiful

[báuntifəl]

많은, 가득 찬

ⓐ 많은, 풍부한   abundant, plentiful, copious, opulent

n. bounty   풍요; 포상금

a. bounteous   (아주) 후한   generous

pray for a **bountiful** harvest 풍년을 기원하다

[어원] 『boun<bon(good) + ti(명접) + ful(가득 찬) → 많은, 가득 찬』

[TIP] bounty(풍요)는 bonus(좋은 것, 보너스)에서 유래한 어휘. 우리말에도 '다다익선'이란 말이 있듯이 '많은(bountiful) 것이 좋은(good) 것'이다.

[상상+] **boon** 이익 / **bona**nza 대박

brandish

[brǽndiʃ]

칼을 휘두르다

ⓥ (칼 따위를) 휘두르다

wave knife around in a dangerous way; wield

brandish a kitchen knife 식칼을 휘두르다

[어원] 『brand(칼) + ish(동접) → 칼을 휘두르다』

[TIP] brandish에서 brand는 원래 칼(sword)의 의미다. 따라서 brandish는 '칼을 휘두르다'라는 의미가 된 것이다.

[비교] blandishments 감언이설, 아첨(flattery)

brawl

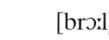

[brɔːl]

음원 암기

ⓝ 말다툼, 싸움   quarrel, fray, altercation, bickering

be involved in a **brawl** 싸움에 휘말리다

[음원] brawl(브롤) → (씨)**브롤** (씨)**브롤**하며 싸움 ^^;

[TIP] brawl은 어원이 암기에 도움이 안 되므로 음원으로 한 번 웃으며 암기하고 넘어간다.

brink

[briŋk]

절벽의 끝

ⓝ 가장자리, 문턱   border, edge, verge, fringe

The country is **on the brink of** war. 그 나라는 전쟁 직전에 있다.

[어원] 『brink(slope) → (평지에서) 경사가 시작되는 부분』

[TIP] 옆의 그림에서 보듯 평지에서 경사(낭떠러지)가 시작되는 부분이 '가장자리'다.

[어법] on the brink of ~의 직전에 있는

bristle

[brísəl]

brush 솔

ⓝ (수염 같은) 뻣뻣한 털　a short stiff hair

ⓥⓘ 몹시 화내다　resent, anger

His chin was covered with **bristles**.
그의 턱은 뻣뻣한 수염으로 덮여 있다.
bristle at his rudeness 그의 무례함에 몹시 화내다

[음원] **brush** – bristle → 싸리비처럼 **뻣뻣한** (몸의) **털**
[TIP] bristle은 brush(싸리비)와 함께 엮어 외우면 쉽다. 또한 그림에서 보듯
　　　동물이 털을 곤두세운 모습은 '몹시 화내다'의 뜻이 된다.

browse

[brauz]

브라우저

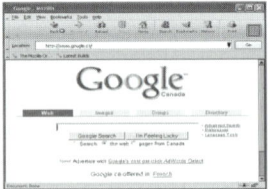

ⓥ (상품 따위를) 이것저것 구경하다, 둘러보다　look around

browse around the antique shops 골동품 가게들을 둘러보다

[TIP] 외래어인 인터넷 브라우저(browser)를 통해 암기하자.
　　　browser(인터넷 브라우저) → 웹사이트를 훑어 정보를 찾아주는 것
　　　browse → 어떤 좋은 물건이 있나 이것저것 둘러보다
[뉘앙스] browse (대충) 둘러보다, 훑어보다; 검색하다
　　　– **browse** Web pages 웹 페이지들을 검색하다
　　　peruse 정독하다, 꼼꼼히 읽다
　　　– **peruse** the contract 계약서를 꼼꼼히 읽다

brusque

[brʌsk / bruːsk]

(태도가) 거친

ⓐ 퉁명스러운, 무뚝뚝한　blunt, abrupt, curt

n. brusqueness　퉁명스러움, 무뚝뚝함

his indifferent and **brusque** manner 그의 무관심하고 무뚝뚝한 태도

[어원] 『brusqu<brusco(rough) + e(형접) → (태도가) 거친』
[TIP] brusque는 brush와 밀접한 연관성이 있다. brush는 원래 싸리비를 뜻하
　　　는 말인데, 사람의 태도가 싸리비의 촉감처럼 '거칠고 뻣뻣한', 즉 '퉁명스
　　　럽고 무뚝뚝한' 것이 brusque다.

bullion

[búljən]
10억짜리 금괴

ⓝ 금괴, 은괴   bars of gold or silver

gold **bullion** as much as 1 billion won 10억 원 상당의 금괴

[어원] 『bull(boil)+(i)on(명접) → (금·은을) 끓인 후 녹여 만든 것』
[음원] **billion**(10억) + **bullion**(금괴) → 10억 원짜리 금괴
[TIP] billion(10억)을 떠올리면 bullion(금괴)을 쉽게 외울 수 있다.

bulwark

[búlwərk]
쌓아둔 통나무

ⓝ 방어벽, 보루   rampart, barricade, bastion

a **bulwark** against terrorism 테러에 대비한 방어벽

[어원] 『bul(통나무) + wark(work) → 통나무를 쌓아두는 일』
[TIP] bulwark는 통나무를 위로 겹치게 쌓아 올려 적의 침입을 막아내던 방어벽
의 의미다. wark라는 스펠링이 생소하지만 work의 변형임을 알면 쉽다.

burglar

[bə́:rglər]
남의 집에 침입한 자

ⓝ 도둑, 빈집털이   thief, robber, stealer

n. burglary   (절도를 위한) 주거침입죄

The **burglar** got in through the window.
그 도둑은 창문을 통해 안으로 들어갔다.

[어원] 『brug(town) + lar(사람) → (남의) 마을, 집에 들어간 사람』
[TIP] 유럽에는 함부르크(Hamburg), 룩셈부르크(Luxemburg)와 같이 부르크
(burg)로 끝나는 도시 이름이 많다. burg는 원래 중세시대 성곽(castle)을
의미하는 독일어로, 이러한 성곽들을 중심으로 작은 도시(town)들이 발달
함에 따라 생긴 이름이다.

[음원] 휴가철엔 **도둑**들이 **버글버글 → 버글러**(**burglar**)
[상상⁺] **bourg**eois 부르주아, 중산층(의) / **borough** 자치구 / ice**berg** 빙산

burrow

[bə́:rou, bʌ́r-]
(땅이) 버려진 굴

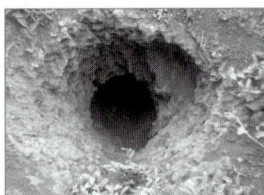

ⓝ 굴, 은신처   a passage in the ground; hole, den

ⓥⓘ 굴을 파다   make a hole; dig down

The fox digged a **burrow**. 그 여우는 굴을 팠다.
Turtles **burrow** into the sand. 바다거북들은 모래 안으로 굴을 판다.

[음원] burrow(버로우) → 땅이 **버러어(burrow)**진 **굴**
[TIP] burrow는 어원이 암기에 도움이 되지 않으므로 음원을 통해 외운다!

bustle

[bʌ́sl]
바쁘게 움직여 뛰다

ⓥⓘ 분주하게 움직이다, 부산떨다   move around quickly; rush

ⓝ 바쁜 움직임, 분주함   busy and noisy activity

Many people was **bustling into** the stadium.
많은 사람들이 그 경기장 안으로 분주히 들어가고 있었다.
an endless **bustle** of people in town
시내에서 사람들의 바쁜 움직임

[어원] 『bustl(prepare) + e(동접) → (이것저것) 바쁘게 준비하다』
[음원] **버스를(bustle)** 타겠다고 사람들이 **바쁘게 움직이다**
[어법] bustle into : ~ 안으로 바쁘게 움직여 들어가다
      bustle around[about] : 여기저기 바쁘게 움직이다

buttress

[bʌ́tris]
받쳐주는 것

ⓥⓣ 지지하다   support, bolster, prop up

ⓝ 버팀벽, 지지대

This evidence **buttressed** their argument.
이 증거가 그들의 주장을 지지해주었다.

[어원] 『butt(push) + ress(명접) → (무너지지 않게) 밀어[받쳐]주는 것』
[음원] buttress(버트리스) → **버터스!** → 버팀벽; 지지하다
[상상⁺] **butt**on 단추, 버튼 / **butt** (머리 · 뿔로) 들이받다; 끼어들다
       a**but** 인접하다 / re**but** 반박하다

cadaver

[kədǽvər, -déi-]
죽은 사람

ⓝ 시체 a dead body; corpse, carcass

a. cadaverous 시체 같은 corpse-like

the unidentified **cadaver** 신원이 밝혀지지 않은 시체

[어원] 『cad(fall, die) + aver(사람) → 땅 속으로 떨어지는[죽은] 사람』
[상상⁺] **cad**ence 억양 / cas**cad**e 폭포 / de**cad**ence 타락, 퇴폐

┌─[뉘앙스]─┐

body : 시체의 뜻으로 가장 많이 쓰는 어휘
– The **body** was discovered in his house.
  그 시체가 그의 집에서 발견되었다.
corpse : body보다는 좀 더 딱딱한 표현으로 시체, 시신
– The **corpse** has been moved to the hospital.
  그 시신은 병원으로 옮겨졌다.
carcass : 동물의 시체
– the **carcass** of a goat 염소의 시체

[출제포인트] 시험엔 형용사 **cadaverous**가 출제되었음을 알아두자!

cajole

[kədʒóul]
새장에 끌어들이다

ⓥⁱ 꼬드기다 coax, wheedle, inveigle, sweet-talk

I **cajoled** her **into** **going** to the movie.
나는 영화 보러 가자고 그녀를 꼬드겼다.

[어원] 『cajo(cage새장) + le(동접) → 새장 안으로 끌어들이다』
[TIP] (새를 잡기 위해) 새장 속으로 새를 끌어들이는 모습에서 유래
[어법] cajole A into ~ing : A를 ~하도록 꼬드기다, 유혹하다

caliber

[kǽləbər]
총구

ⓝ 1. 총구 the width of the inside of a gun

2. 능력, 자질 ability, capacity, capability, quality

a man of high **caliber** 큰 능력을 지닌 사람

[TIP] caliber는 그림의 도움을 받아 암기! 그림에서 보듯 caliber는 '총구(총알을 담을 수 있는 크기)'라는 의미로부터 '사람이 일을 감당할 수 있는 크기, 능력'의 의미로 발전됨. 우리말에서도 그릇이란 의미가 꼭 밥그릇, 반찬그릇의 의미로만 쓰이지 않고 '그릇이 큰 사람'이라고 비유적으로 쓰이는 것을 이해하면 쉽다.

callous

[kǽləs]
굳은살이 있는

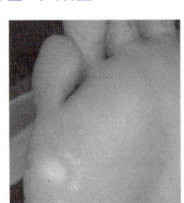

ⓐ 무감각한, 냉담한   apathetic, nonchalant, impassive, stolid

callous disregard for safety 안전에 대한 불감증

[어원] 『call(us)(굳은살) + ous(갖고 있는) → 굳은살이 있는』
[TIP] 우리 몸에 굳은살이 박이면 그 부분은 무감각해진다.
그런 이유로 callus(굳은살)의 형용사인 **callous**가 '무감각한'의 뜻이 됨.
[비교] callow 미숙한, 풋내기의

callow

[kǽlou]
대머리의

ⓐ 미숙한, 풋내기의   immature, fledgling, green, inexperienced

a **callow** young manager 미숙한 젊은 매니저

[어원] 『callow<calu(bald) → (새가 깃털이 안 난) 대머리의』
[TIP] callow는 새와 밀접한 연관성이 있는 어휘로 '새가 아직 깃털이 안 난
(대머리의)'이라는 의미에서 '풋내기의'라는 뜻이 되었다.

camouflage

[kǽməflàːʒ]
위장하는 것

ⓝ 변장, 위장   disguise, cloak

ⓥⓣ 위장하다   conceal by the use of disguise

wear **camouflage** paint on one's face 얼굴을 위장하다
camouflage a car with netting and branches
그물과 가지들로 차를 위장하다

[어원] 『camoufl(disguise) + age(명접) → 위장하는 것』
[주의] camouflage는 불어(French)이기 때문에 스펠링과 발음이 특이하다는
점에 유의하자!

campaign

[kæmpéin]
야영지에서 활동

ⓝ 1. 선거운동, 캠페인   activities to achieve a particular result

2. 전쟁   war, warfare

his vigorous election **campaign** 그의 활발한 선거운동
the government's **campaign** against crime 정부의 범죄와의 전쟁

[어원] 『camp(야영지, 캠프)에서 유래 → 야영지에서의 조직적 활동』
[TIP] campaign은 camp(캠프 – 군사들이 주둔하는 들판)에서 유래했다. 즉,
'군사들의 조직적 활동'이라는 원뜻에서 '전쟁과 선거운동, 캠페인'이라는
의미로 발전하게 된 것이다.
[출제포인트] campaign은 '전쟁'의 의미가 출제되었다.

C

capitulate

[kəpítʃəlèit]

머리를 수그리다

ⓥⓘ 항복하다 yield, surrender, give in, throw in the towel

n. capitulation 항복

Her father finally **capitulated** and let her marry him.
그녀의 아버지는 결국 항복했고 그녀를 그와 결혼하도록 했다.

[어원] 『capit(head) + ul(bend) + ate(동접) → 머리를 수그리다』
[발음주의] 캐피튤레이트(X) → 커**피**철레이트(O)
[상상⁺] **capit**al 수도; 자본; 대문자 / de**capit**ate 목을 베다
　　　　re**capit**ulate (요점을) 반복하다 / pre**cipit**ate 재촉하다

capricious

[kəpríʃəs]

생각이 고슴도치 가시 같은

ⓐ 변덕스러운 fickle, whimsical, mercurial, temperamental

n. caprice 변덕

a very **capricious** child 아주 변덕스러운 아이

[어원] 『cap(head) + ricio (hedgehog 고슴도치)
　　　　→ 머리(생각)가 고슴도치 가시처럼 이리저리 제멋대로 뻗치는』
[TIP] 고슴도치 가시는 방향이 이리저리 삐죽삐죽 뻗쳐 있다. capricious는
　　　사람의 생각, 날씨 등이 시시각각 이리저리 바뀌는 모습을 고슴도치 가시에
　　　비유하여 만든 어휘다.

capsize

[kǽpsaiz]

고꾸라지다

ⓥ 뒤집히다, 전복시키다 overturn, subvert, topple

The boat **capsized** in rough waves. 거친 파도 속에서 그 배가 뒤집혔다.

[어원] 『cap(head) + siz(dive) → 머리를 앞으로 하고 떨어지다』
[TIP] capsize에서 -size는 '크기'와 전혀 관련이 없음에 주의!

cardinal

[kάːrdənl]

경첩의 역할을 하는

ⓐ 가장 중요한, 근본적인 fundamental, primary, foremost, paramount

ⓝ《가톨릭》추기경 a priest of high rank in the Roman Catholic Church

a **cardinal** rule 가장 중요한 규칙

[어원] 『cardin(hinge경첩) + al(형접) → 경첩의 역할을 하는』
[TIP] cardinal은 경첩(hinge)에서 유래했는데, 경첩이 있어야 비로소 문을 벽에
　　　매달아 제대로 된 문의 기능을 할 수 있다.
　　　1. 경첩이 벽과 문을 연결시켜주듯 없어서는 안 될 물건인→ 가장 중요한, 근본적인
　　　2. 경첩이 벽과 문을 연결시켜주듯 신과 인간을 연결시켜주는 존재→ 추기경
[출제포인트] 시험에는 당연히 **가장 중요한, 근본적인**이 출제된다.

carp

[kɑːrp]

(말로) 까버리다

ⓥⓘ 흠을 잡다 complain, grumble, quibble, find fault with

She always **carps** about my minor mistakes.
그녀는 항상 내 사소한 잘못에 대해 흠을 잡는다.

[음원] carp(카프) → 말로 **까버(carp)**리다 → **흠잡다**

[TIP] 음원은 어원이 암기에 도움이 되지 않을 때 쓰는 수단이다.
하지만 항상 '원래의 발음'을 잊지 않도록 노력해야 한다.
한편 carp는 동자이의어로 '잉어' 라는 뜻도 있다.

censure

[sénʃər]

검열하여 비난하다

ⓥⓣ (공식적으로) 비난하다 condemn, denounce, reprimand, reproach

ⓝ 비난, 문책 the act of expressing strong criticism

censure the government's policy 정부 정책을 공개적으로 비난하다
a vote of **censure** (행정부에 대한) 불신임 투표

[어원] 『cens(assess) + ure(명접) → (잘못을) 평가하고 따지다』

[TIP] 사실 censure는 censor(검열)과 밀접한 연관이 있다. 검열을 하면 당연히
잘못된 부분들을 지적하고 비난하게 되어 있다.
따라서 censure는 censor에서 유래된 말로, 발음도 비슷하고 의미도 이어
지므로 함께 외우는 것이 훨씬 효과적이다.

[상상+] **cens**us 인구조사

chicanery

[ʃikéinəri]

속이는 것

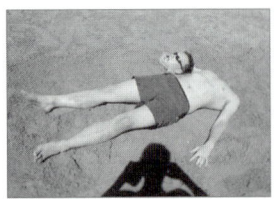

ⓝ 속임수 trick, artifice, deceit, subterfuge

The arrest of him is only a political **chicanery**.
그에 대한 구속은 정치적 속임수일 뿐이다.

[어원] 『chican(cheat) + ery(명접) → 속이는 행위』

[TIP] chicanery는 cheat가 불어화되는 과정에서 발음의 변형이 온 것이다.

[발음주의] 취케이너뤼(X) → 쉬케이너뤼(O)

chilling

[ʧíliŋ]
춥게 하는

ⓐ 섬뜩한, 오싹한   frightening, appalling, ghastly, grisly

n. chill   냉기, 한기

a **chilling** story of the Holocaust
나치 정권의 유대인 대학살의 섬뜩한 이야기

[어원] 『chill(냉기) + ing(~하는) → 춥게 하는』
[비교] chilly 추운, 쌀쌀한

chronology

[krənálədʒi / -nɔ́l-]
시간 연구 학문

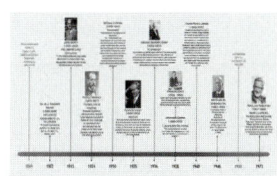

ⓝ 연대기, 연대학   chronicle, annals

a. chronological   연대순의

establish the **chronology** of Korean War
한국 전쟁의 연대기를 정립하다

[어원] 『chron(time) + (o)logy(학문) → 시간을 연구하는 학문』

clandestine

[klændéstin]
내부에만 도는 비밀의

ⓐ 비밀의, 은밀한   cryptic, furtive, confidential, surreptitious

their **clandestine** meeting 그들의 은밀한 만남

[어원] 『clan<clam(secret) + destine(intestine내부의) → 내부에만 도는 비밀의』

clog

[klɑg / klɔg]
통나무

ⓥ 막(히)다, 방해하다   hinder, hamper, impede, obstruct, encumber

Hairs are **clogging** the drain. 머리카락들이 하수구를 막고 있다.

[어원] 『c(강세를 위한 삽입음) + log(통나무) → 통나무로 막다』
[TIP] clog은 원래 '동물을 도망가지 못하게 동물 다리에 묶는 통나무'란 뜻에서
'막다, 막히다'의 의미로 정착되었다.

closet

[klɑ́zit / klɔ́z-]

문을 닫아두다

ⓝ 옷장, 찬장 wardrobe

ⓥⓘ ~와 밀담하다 hold a private interview

He'd been **closeted with** various officials.
그는 여러 분야의 공직자들과 밀담을 나눴다.

[어원] 『close(닫다) + t(접미어) → 닫아두는 것, (문을) 닫아두다』
[TIP] 1. 문을 닫아두는 것 → 옷장, 찬장
      2. 문을 닫아두고 이야기하다 → 밀담을 나누다
[어법] closet with A : A와 밀담하다
[출제포인트] closet은 동사(**밀담하다**)의 의미가 출제되었다.

colossal

[kəlɑ́səl / -lɔ́sl]

거상의, 거대한

ⓐ 거대한, 엄청난 enormous, immense, gigantic, prodigious

n. colossus 거상(巨像)

a **colossal** statue of the King 그 왕의 거대한 조각상

[어원] 『colossus(거상)의 형용사 → 거상의, 거대한』
|TIP| colossal과 같은 어원의 어휘로 로마의 colosseum 경기장(옆의 그림)이
      있다. 유명한 콜로세움 경기장을 연관시키면 보다 쉽게 외울 수 있다.

comely

[kʌ́mli]

훌륭한, 멋진

ⓐ 잘생긴, 예쁜 handsome, beautiful ⇔ **uncomely** 못생긴 ugly

a **comely** and attractive woman 예쁘고 매력적인 여자

[어원] 『come<cyme(fine) + ly(형접) → 훌륭한, 멋진』
[주의] comely에서 come-은 '오다' 의 뜻이 아님에 유의해야 한다.

cordially

[kɔ́:rdʒəli]

진심으로

@ad 진심으로, 정성껏   in a friendly manner; heartily

a. cordial   마음에서 우러나오는, 진심어린   hearty

They all welcomed me **cordially**.
그들 모두는 나를 진심으로 환영해주었다.

[어원] 『cord(heart) + ial(형접) → 마음에서 우러나와서』
[상상⁺] ac**cord** 일치(하다) / con**cord** 일치, 조화 / dis**cord** 불일치, 불화

corollary

[kɔ́:rəlèri, kɑ́r- / kərɔ́ləri]

노력한 결과로 얻은 화환

ⓝ (당연한) 결과   result, consequence, aftermath, ramification

the inevitable **corollary** of the recession 불황의 피할 수 없는 결과

[어원] 『corolla(화환) + ry(명접) → 노력한 결과로 얻은 화환』
[TIP] corollary는 'corolla(화환)을 사기 위해 내는 돈'이란 뜻이다.
화환이란 원래 성공자에게 주어지는 상징물이다. 따라서 열심히 노력한
결과(corollary)로 화환(corolla)이 주어지는 것이다.

corpse

[kɔ:rps]

(죽은) 몸

ⓝ 시체, 송장   body, cadaver, carcass

The **corpse** was discovered in the warehouse.
그 시체는 창고에서 발견되었다.

[어원] 『corp(body) + se(명접) → (죽은) 몸 → 시체』
[TIP] body는 1. **몸** 2. **시체**로 외워야 한다. 즉, body 자체가 '시체'라는 뜻으
로 쓰인다. corpse는 body가 어근이므로 이 어휘 역시 '시체'라는 의미를
갖게 된 것이다.
[상상⁺] **corpor**eal 육체의 / **corpor**ation 법인(회사) / **corp**s 군단
corpulent 살찐 / **corp**us 전집, 집대성 / in**corpor**ate 포함[편입]시키다

courier

[kə́:riər, kúr-]

달리는 사람

ⓝ 급사, 사절

a person that is paid to take packages somewhere; messenger

work as a motorcycle **courier** 퀵서비스맨으로 일하다

[어원] 『cour(run) + ier(사람) → (빨리) 달려가는 사람』

[TIP] 퀵서비스맨은 잘못된 영어지만 우리가 자주 사용하는 말이다. 그에 딱 맞는 올바른 영어가 motorcycle courier다.

[발음주의] courier는 미국에서 '커~리어'로 발음하는 추세다.

courteous

[kə́:rtiəs / kɔ́:r-]

궁궐 내의 예절

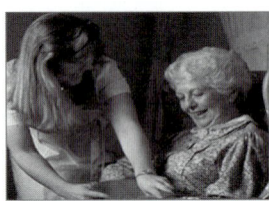

ⓐ 예의바른, 공손한   polite, civil, decorous, well-bred

n. courtesy   예절

He was always kind and **courteous**.

그는 언제나 친절하고 공손했다.

[어원] 『court(궁궐) + eous(갖고 있는) → 궁궐이 갖고 있는 행동 규칙의』

[TIP] court는 원래 궁궐 내의 뜰이나 정원을 의미하는데, 옛날 궁궐 내에서는 엄격한 법도와 예절이 있었다.

[상상+] **cohort** 일당, 패거리

credulous

[krédʒuləs]

믿음을 갖고 있는

ⓐ 잘 믿는, 속기 쉬운   easily deceived; gullible

⇔ incredulous   잘 믿지 않는

swindle **credulous** investors 속기 쉬운 투자자들에게 사기를 치다

[어원] 『cred(ul)(trust) + ous(having) → (남의 말에) 믿음을 갖고 있는』

[TIP] credulous는 남이 하는 말이라면 다 믿는 '귀가 얇은'의 뜻이다. 또한 credulous에서 -ous(having)를 외우는 것도 중요하다.

[상상+] **cred**ence 신용 / **cred**o 신조 / **cred**itable 칭찬받을 만한

criterion

[kraitíəriən]

판단의 척도

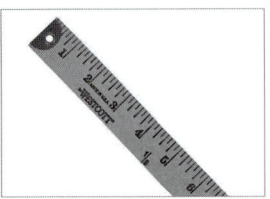

ⓝ 표준, 기준   standard, touchstone, yardstick 《복》 criteria

Human capital is the **criterion** of success.

우수 인력은 성공의 판단 기준이다.

[어원] 『crit(judge) + erion(명접) → 판단의 관건, 척도』

[발음주의] 크라이테리언(X) → 크라이**테**리언(O)

criterion은 복수형(**criteria**)이 좀 특이하므로 주의!

crumble

[krʌ́mbl]

가루가 되다

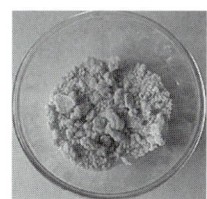

ⓥ 가루가 되다, 부서지다

break apart into lots of little pieces; disintegrate, deteriorate

Our economy continues to **crumble**.
우리 경제가 계속해서 망가지고 있다.

[어원] 『crumb(가루, 부스러기) + le(동접) → 가루가 되다』
[TIP] crumble은 crumb(가루, 부스러기)의 동사형으로, 덩어리로 뭉쳐 있던 것이 외부의 충격으로 깨져 가루가 된다는 것은 '곧 망가지고 약해진다'는 의미가 된다.

cryptic

[kríptik]

숨어 있는

ⓐ 숨겨진, 비밀의   mysterious, clandestine, furtive, surreptitious

a **cryptic** note at the end of the letter 편지 끝의 비밀 문구

[어원] 『crypt(hidden) + ic(형접) → 숨어 있는』
[TIP] crypto-는 원래 '비밀의, 숨어 있는' 이라는 접두어다.
[상상⁺] **crypt** 지하실 / **crypto**graphy 암호문(code) / apo**cryph**al 가짜의

culmination

[kʌ̀lmənéiʃən]

꼭대기

ⓝ 절정, 정점   summit, zenith, apex, acme, pinnacle

the **culmination** of his career 그의 경력상의 절정

[어원] 『culmin(top) + ation(명접) → 꼭대기』
[상상⁺] **column** 기둥 : 가장 높은 곳인 천장을 떠받치는 것

cumbersome

[kʌ́mbərsəm]

짐을 짊어진

ⓐ 성가신, 부담이 되는   burdensome, troublesome, unwieldy, clumsy

cumbersome and unnecessary procedures 성가시고 불필요한 절차들

[어원] 『cumb(er)(load) + some(형접) → 짐(부담)을 짊어진』
[상상⁺] suc**cumb** 지다, 굴복하다 / en**cumb**er 방해하다
　　　　 in**cumb**ent 재직 중인; 현직자 / re**cumb**ent 누워 있는

curb

[kə:rb]

구부러진 것

(도로의) 연석

ⓝ 1. 고삐 rein

2. 구속, 통제 control, constraint, fetter

ⓥ 억제[제한]하다 restrict, confine, circumscribe

keep a **curb** on his behavior 그의 행동을 통제하다
curb the spread of the virus 바이러스의 확산을 억제하다

[어원] 『curve(구부러지다)에서 유래 → 구부러진 것』
[TIP] 소나 말에 채우는 고삐(curb)는 구부러진 모양(curve)에서 유래되었다.
또한 curb에는 차가 인도로 올라오지 못하게 통제하는 '연석'의 뜻도 있다.
[출제포인트] curb는 '구속, 통제'의 의미가 중요하며 시험에는 동사(**제한하다**)가
출제되었다.

curtail

[kə:rtéil]

짧게 자르다

ⓥ 줄이다, 삭감하다 reduce, shorten, retrench, cut down

n. curtailment 삭감

curtail the budget 예산을 줄이다

[어원] 『curtal(동물의 꼬리를 짧게 자르다) → 짧게 자르다』
[TIP] curt(말이 짧은, 무뚝뚝한)와 curtail(줄이다)은 같은 어원을 가진 어휘이므
로 함께 외우면 더욱 효과적이다.

cutting-edge

[kʌ́tiŋ-edʒ]

끝을 자르는

ⓝ ⓐ 최첨단(의) most advanced, state-of-the-art, high-tech

the **cutting-edge** of genetic science 유전 과학의 최첨단

[어원] 『cutting(자르는) + edge(끝) → (좀 더 뾰족하게) 끝을 자르는』
[TIP] 첨단(尖端)이란 말은 가장 뾰족한 끝으로 '최선두'를 의미한다.
cutting-edge는 특히 신문, 방송에 많이 등장하는 어휘!
[주의] cutting-edge는 주로 명사로, high-tech는 형용사로 쓰임.

cynical

[sínikəl]
냉소주의적인

디오게네스

ⓐ 냉소적인 *sardonic, sarcastic, skeptical, distrustful*

The public is **cynical** about politics.
대중은 정치에 대해 냉소적이다.

[어원] 『cynic(냉소주의자) + ic(형접) → 냉소주의적인』

[TIP] cynic은 원래 개(dog)를 뜻하는 어원이다. cynical이 '냉소적인' 의 뜻이
된 이유는 인간이 본성에 따라 개처럼 돌아다니며 자연스럽게 살아가는 것
을 이상으로 삼은 디오게네스의 '견유학파(cynics)' 에서 유래했다.
견유학파가 격식을 차리고 외관을 꾸미는 것을 경멸하고 냉소하였던 것에
서 cynical(냉소적인)의 의미로 쓰이게 된 것이다.

dabble

[dǽbəl]
(물을) 두드려 튀기다

ⓥ 물을 튀기다, 물장구치다   move your hands, feet about in water

a. **dabbling**   물장구치는, 물을 튀기는   splashing

children **dabbling** their feet in the river
강에서 발로 물장구치는 아이들

[어원] 『dab(가볍게 두드리다)에서 유래 → (물을) 두드려 튀기다』
[TIP] dab(가볍게 두드리다)은 '닥닥닥' 하며 가볍게 두드리는 소리에서 유래된
의성어다. dab에서 다시 '물을 두드리다, 튀기다' 의 의미로 dabble이
나온 것이다.
[출제포인트] 형용사 **dabbling**(물을 튀기는)이 출제되었다.

dank

[dæŋk]
젖은, 축축한

ⓐ 축축한, 춥고 습한   unpleasantly wet and cold; damp

a **dank** cave 춥고 습한 동굴

[어원] 『dank(moisten) → 젖어 있는, 축축한』
[TIP] dank는 '젖어 있는' 의 어원적 의미에서 실제로 동굴 속처럼 춥고
습한 상태를 뜻한다. 다음의 뉘앙스 어원들도 함께 비교해두자!

┤[뉘앙스]├

humid 덥고 습한 : 주로 날씨에 쓰이며 좀 짜증스러운 상태 – hot and **humid** weather 덥고 습한 날씨
moist 촉촉한 : 수분을 머금은 좋은 상태 – her **moist** face 그녀의 촉촉한 얼굴
dank 춥고 습한 : 불쾌하게 많이 젖은 상태 – a **dank** prison cell 춥고 습한 감방
damp 젖은, 축축한 : 약간 젖은 상태 – a **damp** cloth 젖은 헝겊

dart

[dɑːrt]
다트 게임

ⓥⓘ 돌진하다 move quickly in a particular area; rush, dash

Alex **darted** forward and pulled her away from the water.
알렉스는 돌진하여 그녀를 물에서 건져냈다.

[TIP] dart 게임에서 화살이 휙~날아가는 모습에서 유래!
dart 게임에서 다트판을 향해 날아가는 화살이 얼마나 빠르겠는가?
dart의 동사 의미(돌진하다)는 여기서 유래된 것이다.

---

decimate

[désəmèit]
열 명당 한 명을 죽이다

ⓥⓣ 많은 사람을 죽이다, 말살하다 destroy, ruin, annihilate, demolish

n. decimation 대량 살상

Many people has been **decimated** by the epidemic.
많은 사람들이 그 전염병으로 인해 죽었다.

[어원] 『decim(tenth 10분의 1) + ate(동접) → 열 명당 한 명을 죽이다』
[TIP] decimate는 옛날 로마군대에서 명령 불복종에 대한 형벌로 열 명당 한 명씩 죽인 것에서 유래하여 점차 '많은 사람을 죽이다'의 의미로 발전되었다.

---

decorous

[dékərəs]
(행동이) 아름다운

ⓐ 예절바른 courteous, modest, polite, decent

n. decorum 예절바른 행동

She sipped her tea **decorously**. 그녀는 예절바르게 차를 조금 마셨다.

[어원] 『decor(beauty) + ous(having) → (행동이) 아름다운, 반듯한』
[TIP] decorous(예절바른)는 decorate(장식하다)와 어원이 같다.
decorate → 아름답게 꾸미다 → 장식하다
decorous → 행동이 아름답고 보기 좋은 → 예절바른

---

deign

[dein]
위엄이 있음에도 ~하다

ⓥⓣ 황송하게도 ~하다 stoop, condescend

Justin **deigned to** notice me. 저스틴은 황송하게도 날 아는 척해줬다.

[어원] 『deign(dignity 위엄) → 위엄이 있음에도 ~하다』
[TIP] dignity의 어근 dign에 'e'가 첨가되어 생긴 어휘가 deign이다.
deign은 주로 유머러스한 표현(humorous expression)으로 쓰인다.
[어법] deign to V : 황송하게도 ~하다

deleterious

[dèlətíəriəs]
지워 없애는

ⓐ 치명적인, 해로운   detrimental, noxious, pernicious, mischievous

Smoking is **deleterious** to health. 흡연은 건강에 해롭다.

[어원] 『delete(지우다) + rious(형접) → (존재를) 지워 없애는』
[TIP] deleterious는 delete에서 유래했다. 즉, '(살아 있는 존재를) 지워 없애다' 라는 의미로 그야말로 '(아주) 치명적인, 해로운'이 된다.

delve

[delv]
파고들다

ⓥⓘ (파고들어) 탐구하다   examine, inquire, probe, investigate

delve into the theory 그 이론을 탐구하다

[어원] 『delv(dig) + e(동접) → 파고들다』
[TIP] delve는 dig(파다)가 변형되어 생긴 어휘로 우리말의 '파고들다'와 완전히 같은 어감이다.
[어법] delve into : ~을 탐구하다

denizen

[dénəzən]
(영역) 내의 사람

ⓝ 거주자, 주민   resident, dweller, inhabitant

the **denizens** of the province 그 지방의 거주민들

[어원] 『deniz<deinz(within) + en(사람) → (특정 영역) 내의 사람』
[TIP] denizen은 꼭 사람만이 아니라 동·식물도 지칭할 수 있다.
한편, 'citizen 시민 / netizen 네티즌 / denizen 거주자' 모두 같은 접미 어를 통해 순서대로 외우면 쉽다.

denture

[déntʃər]
(만든) 이빨

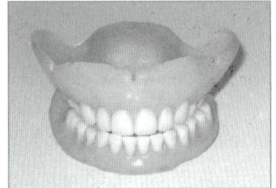

ⓝ 틀니   a set of artificial teeth; false teeth

My grandmother had new **dentures** a few weeks ago.
우리 할머니는 몇 주 전에 새 틀니를 하셨다.

[어원] 『dent(tooth) + ure(명접) → (만든) 이빨』
[TIP] 항상 복수 dentures로 쓰임에 주의!
[상상+] **dent**ist 치과 의사 / **dent**al 이빨의 / **dent** (표면의) 찌그러진 부분
in**dent** (종이에) 톱니 모양을 내다; 주문(order)

dire

[daiər]
(난) 다이어!

ⓐ 끔찍한, 비참한 terrible, disastrous, abject, wretched

in **dire** need of food aid 식량 원조가 극도로 필요한 상태에 있는

[음원] 포커(POKER)에서 패가 **끔찍하게도** 안 들어와 난 **다이어(dire)!**
[숙어] be in dire straits 아주 어려운 상황에 처해 있다

---

dismal

[dízməl]
안 좋은 날인

ⓐ 우울한 gloomy, somber, dreary, sullen

dismal economic news 우울한 경제 소식

[어원] 『dis(day) + mal(bad) → 안 좋은 날인』
[주의] dismal에서 dis—는 '분리 · 이탈'의 뜻의 접두어가 아니라 day(날)의
변형된 스펠링임에 주의하자!

---

diurnal

[daiə́ːrnəl]
낮의, 주간의

ⓐ 1. 낮의, 주간의 active in the daytime ⇔ nocturnal 밤의, 야간의

2. 매일 매일의 happening every day; daily

diurnal animals such as cows and horses
젖소나 말과 같이 낮에 활동하는 동물들

[어원] 『diu(r)(day) + (n)al(형접) → 낮의, 매일의』
[TIP] diurnal에서 diur- 부분이 day(날, 낮)의 변형임을 이해하자!
[출제포인트] diurnal은 '낮의, 주간의'의 뜻으로 출제되었다.
[상상+] **diar**y 일기 / **diet** 식단; 다이어트 / **journal** 일지; 저널
journey 여행 / ad**journ** 연기[휴정]하다 / so**journ** 체류

divine

[diváin]

신(神)의

ⓐ 신의, 신성한   of god; sacred

pray for **divine** protection 신의 가호를 위해 기도하다

[어원] 『div(god) + ine(형접) → 신(神)의』

[상상⁺] **div**a 최고의 여가수, 디바 / **dei**ty 신, 여신

doctor

[dάktər / dɔ́k-]

가르치는 사람

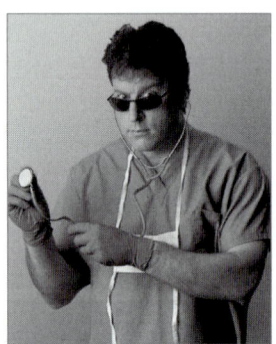

ⓥⓣ 1. 날조[조작]하다   forge, fabricate, concoct, manufacture

2. 치료하다   give a medical treatment

She had **doctored** her diploma to pass the interview.
그녀는 면접에 합격하기 위해 졸업 증명서를 날조했다.
My mother **doctored** my injured hand.
엄마가 내 다친 손을 치료해주셨다.

[어원] 『doc(t)(teach) + or(사람) → 가르치는 사람』

[TIP] doctor는 원래 '가르치는 사람' 이라는 의미에서 '의사, 박사' 의 뜻이다.
doctor의 동사 의미는 '의사가 아닌 사람이 거짓으로 의사 노릇을 하다' 란
뜻이다. 우리말의 속어로 '야매' 라는 말과 딱 들어맞는 말이다. 즉, 진짜가
아닌 것을 진짜인 것처럼 속인다는 의미에서 '날조[조작]하다' 라는 의미가
생겨난 것이다

[출제포인트] 시험에 **1. 날조[조작]하다**의 의미가 출제되었다.

doleful

[dóulfəl]

슬픔으로 가득 찬

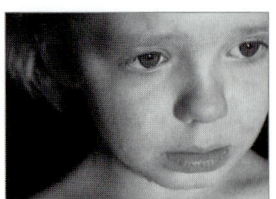

ⓐ 슬픈, 우울한   mournful, melancholy, dolorous, lugubrious

n. dole   슬픔

our **doleful** reality 우리의 슬픈 현실

[어원] 『dole(grief) + ful(가득 찬) → 슬픔으로 가득 찬』

[상상⁺] in**dole**nt 나태한 / con**dole**nce 애도, 조의

dominion

[dəmínjən]

지배자의 힘

ⓝ 힘, 지배력   power, authority, control, mastery

n. **dominance** 지배, 우세

The king held **dominion** over a vast area.
그 왕은 광대한 지역에 대한 지배력을 가졌다.

[어원] 『domin(lord) + ion(명접) → 지배자의 힘』
[상상+] **dom**ain 영토: 도메인 / **domin**ate 우세하다; 지배하다
　　　dominant 우세한 / pre**domin**ant 지배적인, 주된

dose

[dous]

주는 것

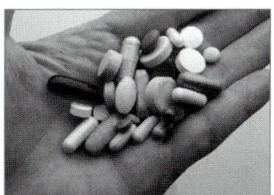

ⓝ (약의) 1회 복용량   the amount of a medicine that you should take

n. **dosage** 투약

the lethal **dose** of painkillers 진통제의 치사량

[어원] 『dos(give) + e(명접) → 주는 것』
[TIP] 약국에 가면 약사가 약을 조제(dispense)해서 "식후에 〇알 드세요." 하며
　　　주는 양이 딱 dose다. 또한 dose는 '투약하다, 복용시키다' 라는 동사로도
　　　쓰인다.
[상상+] **don**ate 기부하다 / con**done** 용서하다 / over**dose** 과다 복용
　　　anti**dote** 해독제

dour

[dauər]

지속하는, 참는

ⓐ 시무룩한, 불친절한   sullen, sulky, gruff, morose

a **dour**, taciturn man 시무룩하고 말이 없는 남자

[어원] 『d(o)ur(last) → (힘겨운 상황을) 지속하는, 참는』
[TIP] dour는 endure와 직접적인 연관성이 있는 어휘다.
　　　힘든 상황을 지속하다 → endure : 참다, 견디다
　　　힘든 상황을 참고 있는 → dour : 시무룩한
　　　(힘든 상황을 참고 있기 때문에 기분은 당연히 시무룩하다.)

downpour

[dáunpɔ̀:r]
아래로 퍼붓는 비

ⓝ 폭우   a lot of rain that falls in a short time; shower

a flooded street after heavy **downpour**
엄청난 폭우 후에 물에 잠긴 거리

[어원] 『down(아래)+pour(쏟아 붓다) → 아래로 퍼붓는 비』
[관련] shower 소나기 / drizzle 이슬비 / rainfall 강수량

doze

[douz]
잠깐 자다

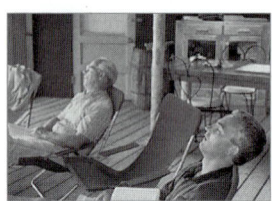

ⓥⓘ 졸다, 선잠을 자다   sleep slightly; drop off, nod off

doze in a chair 의자에서 졸다

[어원] 『doz(sleep lightly) + e(동접) → 잠깐 자다』
[음원] doze(도우즈) → **잠**이 **도지**(**doze**)다! → 졸다
[비교] dose(약의) 1회 복용량

drab

[dræb]
주름 잡힌

ⓐ 단조로운, 우중충한   dull, flat, monotonous, dingy

The walls were painted a **drab** green.
그 벽들은 우중충한 녹색으로 칠해졌다.

[어원] 『drape(주름 잡다)의 형용사형 → 주름 잡힌, 우중충한』
[TIP] drab은 drape의 과거분사 형용사로 주름 잡힌 부분은 당연히 **우중충해**
보이게 마련이다.

drawback

[drɔ́:bæ̀k]
뒤로 잡아당김

ⓝ 결점, 단점   disadvantage, shortcoming, handicap, foible

the main **drawback** of our financial system
우리 금융시스템의 주요 결점

[어원] 『draw(당기다) + back(뒤로) → 뒤로 움츠러드는 것』
[TIP] 자꾸만 뒤로 움츠러드는 것은 결점 내지 약점 때문이다. 예를 들어 음치
(tone deaf)는 노래방에서 자꾸 뒤로 움츠러든다.

drone

[droun]
(일하지 않는) 수벌

ⓝ 게으른 사람   a lazy person; idler, loafer, lazybones

He's just one of the **drones**.
그는 단지 게으른 사람들 중 한 명일 뿐이다.

[어원] 『drone → (일하지 않는) 수벌에서 유래』
[TIP] drone은 수벌을 뜻하는데, 수벌은 일하지 않고 일벌(암벌)이 얻어오는
꿀만 먹고 살기 때문에 비유적으로 '게으른 사람'이란 뜻이 되었다.

drought

[draut]
말라비틀어진 상태

ⓝ 가뭄   a long period of dry weather⇔ flood   홍수

A **drought** has caused most of the crop to fall.
가뭄이 농사를 다 망쳤다.

[어원] 『dry(마른)의 명사형 → 말라비틀어진 상태』
[TIP] drought는 dry(마른)가 강하게 발음되어 생긴 명사이다. 단순히 마른
상태가 아니라 땅이 완전히 말라비틀어진 상태가 바로 '가뭄'이다.

dub

[dʌb]
더빙(dubbing)

ⓥⓣ 1. (이름을) 붙이다   name   2. (외국 영화 등에) 더빙하다

The dog was **dubbed** 'Charlie'. 그 개에게 '찰리'라는 이름이 지어졌다.
an American film **dubbed** into Korean 한국어로 더빙된 미국 영화

[TIP] 외국 영화 대사에 우리말을 입히는 것을 '더빙(dubbing)'이라 한다.
영화 더빙을 떠올리며 암기!

ductile

[dʌ́ktɪl, -tail]
다루기 쉬운

ⓐ (금속이) 잘 휘는, 연성이 있는   pliable, flexible, lithe, supple

n. ductility   (금속의) 연성

Many metals are malleable and **ductile**.
많은 금속들은 두들겨 펼 수 있고 잘 휜다.

[어원] 『duct(lead) + ile(하기 쉬운) → (쇠를) 다루기 쉬운』
[비교] docile (사람이) 다루기 쉬운, 유순한

 durable

[djúərəbəl]

오래갈 수 있는

ⓐ 내구성 있는, 오래가는 long-lasting, sturdy

---

n. durability 내구성

---

durable goods such as furniture and refrigerators

가구와 냉장고 같은 내구재들

[어원] 『dur(last) + able(할 수 있는) → 오래 지속될 수 있는』

[TIP] 가구를 비롯하여 자동차, 냉장고 등과 같이 한 번 사면 오래 쓰는 물건들이 'durable' 이다.

[상상⁺] **dur**ation 지속 (기간) / **dur**ing ~동안 / **dur**ess 감금, 구속
   ob**dur**ate 완고한 / **dour** 시무룩한

ecological

[èkəládʒikəl, ìːkə-]
지구를 연구하는

ⓐ 생태학적인, 환경적인 　environmental

n. ecology　생태학　　ad. ecologically　생태학적으로, 환경적으로

Global warming will cause an **ecological** disaster.
지구 온난화가 환경적 재앙을 일으킬 것이다.

[어원] 『eco(house) + logy(학문) → 집 → 지구를 연구하는 학문의』
[TIP] 옛날 서양 사람들이 우리 삶의 터전인 지구(the earth)를 하나의 큰 집으로
　　　생각한 데서 유래했다. 요즘 환경을 뜻하는 외래어로 '에코(eco)' 라는 말을
　　　많이 쓰고 있다.
[상상⁺] **eco**system 생태계 / **eco**nomy 경제

---

edible

[édəbəl]
먹을 수 있는

ⓐ 먹을 수 있는, 식용의 　eatable ⇔ inedible　먹을 수 없는

edible plants 식용 식물들
edible mushrooms 식용 버섯들

[어원] 『ed(eat) + ible(할 수 있는) → 먹을 수 있는』
[비교] potable 마실 수 있는

---

edify

[édəfài]
집을 짓다

edifice (큰 건물)

ⓥⓣ 가르치다, 교화하다　teach, instruct, enlighten

n. edification　교화　　　　a. edifying　교화시키는

the film to **edify** juvenile delinquents
비행 청소년들을 교화하기 위한 영화

[어원] 『ed(house) + ify(make) → 집을 짓다』
[TIP] edify는 edifice(큰 건물)와 밀접한 연관성이 있는데, 옛날에 큰 건물
　　　(edifice)에 사람들을 모아놓고 가르치고 교화시켰던 데서 edify의 의미가
　　　생겨난 것이다.
[상상⁺] **edifice** 큰 건물

en route

[aːn rúːt, raut]
길 위에 있는

ⓐⓓ 도중에 on the way

I met her **en route** for lunch.
나는 점심 먹으러 가는 도중에 그녀를 만났다.

[어원] 『en(on) + route(길) → 길 위에 있는』
[TIP] en route는 불어(French)이기 때문에 스펠링이 좀 특이하다.

entrepreneur

[àːntrəprənéːr]
이익을 잡으려는 사람

ⓝ 기업가 enterpriser, businessman

an **entrepreneur** who take high risks 큰 위험을 감수하는 기업가

[어원] 『entre(inter) + pren(take) + eur(사람)
          → (위험 가운데) 이익을 잡으려는 사람』
[TIP] entrepreneur는 불어이기 때문에 스펠링이 좀 특이하다.
       위험을 감수하고 일을 통해 이익을 잡아 취하는 사람이 '기업가' 다.
       한편, Bill Gates와 같은 실업계의 거물을 tycoon이라고 한다.

eschew

[istʃúː]
수줍어 피하다

ⓥⓣ 피하다 shun, circumvent, avert, get around

eschew the argument with him 그와의 말다툼을 피하다

[어원] 『e(삽입음) + schew(shy) → 수줍어 피하다』
[TIP] eschew에서 schew 부분은 shy(수줍은)에서 발음의 편의상 스펠링이
       바뀐 것임을 이해해야 외우기 쉽다. 수줍으면(shy) 자연히 나서지 못하고
       피하게(eschew) 되어 있다.

esteem

[istíːm, és-]

~에 가치를 두다

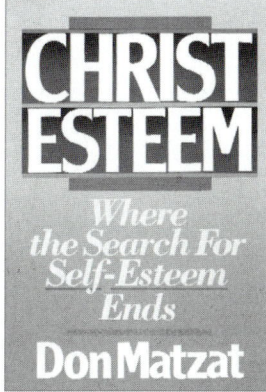

ⓥ 존경하다 respect, revere, venerate, worship

ⓝ 존경, 존중 regard, admiration, appreciation

n. self-esteem 자기 존중 self-respect

---

highly **esteemed** scholars 대단히 존경받는 학자들
The people held the leader in high **esteem**.
국민들은 그 지도자를 대단히 존경했다.

[어원] 『esteem<estim(value) → ~에 가치를 두다』

[TIP] esteem과 estimate는 같은 어원을 가진 어휘로서 밀접한 연관성이 있다.

estimate : 가치가 얼마나 되는지 따져보다 → 평가하다

esteem : ~에게 높은 가치를 두다 → 존경하다

estimate

[éstəmèit] [-mət]

가치를 따져보다

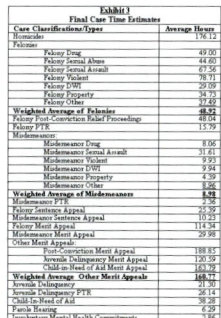

ⓥ (어림잡아) 평가하다 assess, appraise, evaluate, value

ⓝ 평가, 견적서 appraisal

n. estimation 평가, 판단 judgment

a. inestimable 평가할 수 없는

---

estimate the value of the house 그 집의 가치를 평가하다
an **estimate** for the renovation 집 수리에 대한 견적서

[어원] 『estim(value) + ate(동접) → 가치를 따져보다』

[TIP] 그림은 견적서(estimate)의 견본이다.

[출제포인트] estimate는 주로 동사 **평가하다**가 출제되나 토익에서는 **견적서**의
의미도 중요하다.

fabricate

[fǽbrikèit]
만들어내다

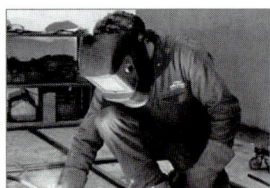

ⓥ 1. 위조[날조]하다 forge, concoct

2. 제조하다 manufacture

n. fabrication 날조; 제조

She **fabricated** his diploma from the university.
그녀는 그 대학의 학위를 위조했다.
fabricate a bomb 폭탄을 제조하다

[어원] 『fabric(make) + ate(동접) → (거짓으로) 만들어내다』
[TIP] make(만들다)의 의미 안에는 항상 '거짓'의 의미가 내포된다.
  1. 거짓으로 만들어내다 → 위조[날조]하다
  2. 물건을 만들어내다 → 제조하다
[출제포인트] fabricate는 1. **위조[날조]하다**가 출제된다.
[상상⁺] **for**ge 위조하다 / **fak**e 위조품; 위조하다 / counter**feit** 위조의
  feign ~인 체하다, 가장하다

facet

[fǽsit]
보이는 면

ⓝ 1. (보석의) 일면 one of the flat sides of a cut jewel

2. (보이는) 면, 측면 aspect, facade, phase, side

enhance every **facet** of the company 그 회사의 모든 면을 향상시키다

[어원] 『face(얼굴, 면) + t(명접) → 보이는 면』
[TIP] facet은 그림에서 보듯 깎인 보석의 한쪽 면을 의미한다.
  여기서 '보이는 면, 측면'의 의미로 발전된 것이다.
[발음주의] 패이싣(×) → 패싣(○)
[출제포인트] facet은 2. **(보이는) 면, 측면**의 뜻이 출제된다.
[상상⁺] **fac**ade (건물의) 정면; (보이는) 면 / ef**face** 지우다 / sur**face** 표면
  super**fici**al 피상적인

fad
익품공편

[fæd]
점차 사라지는 유행

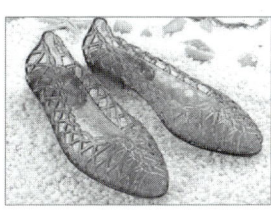

젤리 슈즈

ⓝ 일시적 유행, 변덕　a fashion for a short time; caprice

Korean Wave won't just be a passing **fad**.
한류는 단지 잠깐의 유행이 아닐 것이다.

[음원] fad - **fade**(점차 사라지다) → (잠깐 반짝했다 사라지는) **일시적 유행, 변덕**
[TIP] fad는 어원적 도움을 받을 수 없기 때문에 fade의 음원을 따서 함께 외우면 효과적이다. 잠깐 반짝했다가 점차 사라지는(fade) 일시적 유행(fad)!
[관련] '유행' 의 또 다른 어휘 vogue도 함께 외우자!

---

fathom
익품공편

[fǽðəm]
생각을 넓혀 알아내다

ⓥt 이해하다, 헤아리다　work out; understand, comprehend

fathom how much loss would incur from the accident
그 사고로 인해 얼마나 많은 손실이 초래될지 헤아려보다

[어원] 『fath(spread out) + om(동접) → (생각을) 넓혀 알아내다』
[TIP] fathom에는 '깊이(수심)를 재다' 의 뜻도 있는데 이 역시 깊이가 얼마가 되는지를 '헤아려 알아내다' 의 뜻이다.
[발음주의] 패이썸(X) → 패덤(O)

---

fatuous
익품공편

[fǽtʃuəs]
바보 같은

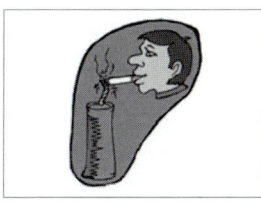

ⓐ 어리석은, 바보 같은　silly, dumb, inane, idiotic

n. fatuousness　어리석음

their **fatuous** ideas 그들의 어리석은 생각들

[어원] 『fatu(foolish) + ous(형접) → 바보 같은』
[상상+] in**fatu**ated 사랑에 빠진

---

feast
익품공편

[fiːst]
축제, 잔치

ⓝ 잔치, 연회　festival, banquet, gala

hold a Thanksgiving Day **feast** 추수감사절 잔치를 열다

[어원] 『라틴어 festa(축제)에서 유래 → 잔치』
[TIP] festa라는 라틴어에서 festival(축제)과 feast(잔치)란 어휘가 유래되었는데, 요즘 festa(페스타)라는 말이 '축제' 의 의미로 많이 쓰인다.
[뉘앙스] festival : 공연 등 볼거리가 많은 축제
　　　　 feast : 결혼이나 돌잔치 등 먹을 것이 많은 잔치
　　　　 banquet : 개업식, 송년회 등 중요 인사들을 초대하여 여는 연회
　　　　 gala : 특별한 일을 축하하는 대중 공연이나 축하 행사
[상상+] **fest**ive 축제의 / **fiesta** (종교적) 축제, 피에스타

feeble

[fíːbəl]
울기 쉬운

ⓐ 연약한, 나약한 weak, frail, fragile, tenuous, effete

vt. enfeeble 약화시키다 weaken

a **feeble** elderly woman 연약하고 나이 든 할머니

[어원] 『feeble<feble(weep) → 울기 쉬운 → 나약한』
[상상+] **foible** 약점, 결점

fertile

[fə́ːrtl / -tail]
(곡식을) 낳기 쉬운

ⓐ 비옥한 productive, fecund, prolific ⇔ infertile 불모의

n. fertility 비옥함   n. fertilizer 비료

a vast **fertile** cropland 드넓은 비옥한 경작지

[어원] 『fer(bear) + ile(~하기 쉬운) → (곡식을) 낳기 쉬운』

fervent

[fə́ːrvənt]
(열정이) 들끓는

ⓐ 열렬한 fanatic, enthusiastic, ardent, vehement

n. fervor 열정 zeal

his **fervent** supporters 그의 열렬한 지지자들

[어원] 『ferv(boil) + ent(형접) → (열정이) 들끓는』
[상상+] **ferv**id 열정적인

fiasco

[fiǽskou]
병들만 남은 상태

ⓝ 대실패 a total failure; debacle, disaster, catastrophe

The first concert of the singer was a **fiasco**.
그 가수의 첫 공연은 대실패였다.

[어원] 『fiasc(flask (담는) 병) + o(명접) → 병만 남은 상태』
[TIP] fiasco는 옛날 프랑스 시골 농장에서 유래한 어휘다. 농부들이 연초 포도의
       풍년을 예상해 포도주를 담을 병들을 많이 만들어 놓는데, 그 해 큰 흉년
       이 들어 포도주는 담지 못하고 돈을 들여 만들어놓은 병(flask)들만 남은
       상태를 일컫은 프랑스어가 바로 fiasco였다. 그 후로 fiasco는 준비는
       많이 했는데 아무런 성과를 내지 못한 '대실패' 에 많이 쓰인다.

fiat

[fíət, fíːæt]
~되도록 한 말

ⓝ (권위적) 명령   an official order; command, decree, edict

The negotiation was cancelled by presidential **fiat**.
그 협상은 대통령의 명령에 의해 취소되었다.

[어원] 『fia(become) + t(명접) → ~되도록 한 말』
[TIP] 이탈리아의 유명 차 브랜드(brand) 중에 Fiat(피아트)란 차가 있다.
이 역시 '권위적 명령' 의 뜻으로, 명령권자들이 타는 차라면 당연히 좋은
차라는 이미지를 떠올릴 수 있다.

fickle

[fíkəl]
속이는

ⓐ 변하기 쉬운, 변덕스러운   capricious, mercurial, whimsical

She is very **fickle**. 그녀는 변덕이 심하다.

[어원] 『fickle<fikol(deceitful) → 속이는』
[TIP] 날씨나 성격이 변덕스러우면 어떻게 변할지 몰라 속기 십상이다.
[음원] **변하기 쉬운**(**fickle**) 오이를 절여 놓은 **피클**(**pickles**)

fictitious

[fiktíʃəs]
만들어낸

ⓐ 허구의, 가공의   not real; false, imaginary, invented

a **fictitious** character 가공 인물

[어원] 『fiction(허구)의 형용사 → 허구의, 가짜의
fiction = fic(make) + tion(명접) → 만들어낸 이야기, 허구』
[TIP] 사진 속 주인공인 원더우먼은 슈퍼맨과 더불어 대표적인 가공 인물
(fictitious character)이다.
[비교] factitious 인위적인

filthy

[fílθi]
더러운, 불결한

ⓐ 1. 더러운, 지저분한   very dirty; sordid, squalid
　2. 음란한   obscene, indecent, lewd, lascivious, naughty

ⓝ. filth   더러움, 오물

The street was absolutely **filthy**. 그 거리는 아주 더러웠다.
He has a **filthy** mind for her. 그는 그녀에 대해 음란한 마음을 갖고 있다.

[어원] 『fil(foul) + thy(형접) → 더러운, 불결한』
[상상+] de**file** 더럽히다

finite

[fáinait]
끝이 있는

ⓐ 유한한 limited, confined ⇔ infinite 무한한

We should use well **finite** resources.
우리는 유한한 자원들을 잘 이용해야 한다.

[어원] 『fin(end) + ite(형접) → 끝이 있는』
[상상⁺] **fine** 좋은; 가는; 벌금 / de**fin**ite 명백한 / con**fine** 한정[제한]하다
　　　 re**fine** 정제[제련]하다

flagrant

[fléigrənt]
불태워 죽일 만한

ⓐ 극악한 egregious (죄가) 명백한 blatant

be charged with a **flagrant** crime 명백한 범죄로 고발되다

[어원] 『flagr(burn) + ant(형접) → 불태워 죽일 만한』
[TIP] 옛날엔 극악한 범죄를 저지른 자를 화형(불에 태워 죽임)에 처하곤 했다.
　　　여기서 유래한 어휘가 flagrant다!
　　　영어 발음 중 f-와 b-가 혼용될 수 있다는 사실도 추가로 알아두자!

――――――――[f- 스펠링과 b- 스펠링의 혼용]――――――――
flare(불타다) – **bla**ze(불길) / black 검은색(불타버린 상태)
flush(얼굴이 붉어지다) – **blu**sh(얼굴이 빨개지다)
re**but**(반박하다) – re**fute**(반박하다)

[상상⁺] **flar**e 불타오르다 / **flam**boyant 화려한, 현란한 / con**flagr**ation 대화재
　　　 in**flame** 불을 붙이다

flank

[flæŋk]
프랑크 소시지

ⓝ 옆구리, 측면 the side of an animal's or person's body

flank beef steak 옆구리 살 소고기 스테이크
attack left **flank** of the enemy 적의 좌측 측면을 공격하다

[음원] 돼지 **옆구리**(**flank**) 살로 만든 **프랑크**(**Frank**) 소시지!
[비교] frank 솔직한

fledgling

[flédʒliŋ]
깃털이 나고 있는

ⓐ 풋내기의, 신생의   inexperienced, young, green

a **fledgling** company 신생 기업

[어원] 『fledg(e)(깃털이 나다) + ling(∼하고 있는) → 깃털이 나고 있는』

[TIP] fledgling은 새의 깃털에서 유래한 어휘다. 즉, 새가 태어난 지 얼마 안 되어 '깃털이 자라고 있는' 상태가 '풋내기의, 신생의'란 뜻이 된 것이다.

[상상⁺] fully-**fledg**ed 어엿한, 다 자란

fleeting

[flí:tiŋ]
물에 떠서 흘러가는

ⓐ 잠깐 동안의, 짧은   temporary, momentary, transitory, transient

n. fleet   (해군) 함대

catch a **fleeting** glimpse of her 그녀를 잠깐 훔쳐보다

[어원] 『fleet(float) + ing(하고 있는) → 물에 떠서 흘러가고 있는』

[TIP] flow → float → fleet로 변한 것을 알면 아주 쉽다.(모음 변화)

flimsy

[flímzi]
필름같이 얇은

ⓐ 1. 얇은   thin, gauzy

　 2. 빈약한   tenuous

a **flimsy** nightgown 얇은 잠옷
a **flimsy** excuse 궁색한 변명

[어원] 『flim(film필름) + sy(형접) → 필름같이 얇은』

[TIP] **film**은 얇다! 여기서 그대로 유래한 단어가 **flimsy**(얇은)!

flippant

[flípənt]
핵 움직이는

flip a coin

ⓐ 경솔한   not being serious; rash, frivolous

a rather **flippant** remark 다소 경솔한 말

[어원] 『flip(핵 움직이다) + (p)ant(형접) → (갑자기) 핵 움직이는』

[TIP] flippant를 외우기 위해서는 먼저 flip(핵 움직이다)을 알아야 한다. 사람이 진지하게 생각하지 않고 핵핵 움직이면 그것이 바로 경솔한 태도다.

[숙어] **flip** a coin 동전을 던져 결정하다

fluctuate

[flʌ́ktʃuèit]

출렁거리다

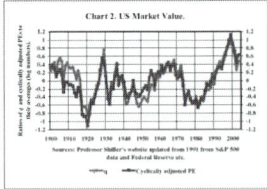

Chart 2. US Market Value.

ⓥⓘ (끊임없이) 변동하다　keep becoming higher and lower; vary, swing

n. fluctuation　(끊임없는) 변화, 변동

the **fluctuating** price of crude oil　끊임없이 변하는 원유 가격

[어원]　『flu(ct)(flow) + uate(동접) → 물이 흐르듯 출렁거리다』

[TIP]　fluctuate은 물이 흐르는 모양에서 유래한 어휘로 물은 흐를 때 그 표면 (surface)이 오르락내리락 출렁거린다. 따라서 그림과 같이 유가, 물가, 주가처럼 '끊임없이 변동한다'의 의미로 fluctuate을 쓴다.

[상상⁺]　**flu**ent 유창한 / in**flu**x 유입 / **flu**sh (얼굴의) 홍조 / af**flu**ent 풍부한 super**flu**ous 남아도는 / **flu**x 변화무쌍

fluorescent

[flùərésnt, flɔːr-]

빛을 내는 가루인

ⓐ 빛을 내는, 형광의　very bright; luminous, brilliant, radiant

n. fluorescence　빛을 냄, 형광

fluorescent lamp 형광등

[어원]　『fluor(flour가루) + escent(형접) → (빛을 내는) 가루인』

[TIP]　실제로 납유리, 시안화 백금 등의 형광 물질은 가루의 형태로 쓰이게 된다. 이 가루 형태에서 빛을 받아 발광하는 것이기 때문에 fluorescent(가루로 된 → 빛을 내는)의 의미가 된 것이다.

fodder

[fɑ́dər / fɔ́d-]

먹이, 먹잇감

ⓝ 1. (소·말의) 먹이, 사료　forage　　2. (작품의) 소재　material

The scandal made prime **fodder** for reporters.
그 스캔들은 기자들의 주요 취재 대상이 되었다.

[어원]　『fod(food) + (d)er(명접) → 먹이, 먹잇감』

[TIP]　기자들에게 먹잇감은 바로 '취재의 대상, 소재'다.

[상상⁺]　**feed** 먹을 것을 주다 / **fo**ster 기르다, 양육하다 **fo**rage (먹을 것을) 찾아다니다

folly

[fáli / fɔ́li]
바보 같음

(n) 어리석음 *stupidity, foolishness, absurdity*

It would be sheer **folly** to reduce spending on health care.
건강 관리에 쓰는 지출을 줄이는 것은 완전히 어리석은 일이 될 것이다.

[어원] 『fol(fool) + (l)y(명접) → 바보 같음, 어리석음』
[TIP] folly에서 fol-부분이 fool(바보)에서 o-가 하나 빠진 형태임을 이해하면 folly를 쉽게 외울 수 있다.

foolproof

[fú:lprù:f]
바보를 막아주는

(a) 절대 확실한 *completely safe; infallible*

a **foolproof** way of preventing credit card fraud
신용카드 사기를 막는 절대 확실한 방법

[어원] 『fool(바보) + proof(막아주는) → 바보의 (틀릴 위험도) 막아주는』
[TIP] foolproof에서 proof는 '증거'의 뜻이 아니라 '막아주는'의 의미임을 먼저 알아야 한다. 즉, foolproof는 바보가 하더라도 '틀림없이 확실한'의 뜻이다. 그림 속 상황이라면 바보가 공을 치더라도 틀림없이…
[상상+] water**proof** 방수의 / sound**proof** 방음의 / fire**proof** 불연성의

forage

[fɔ́:ridʒ]
먹이를 찾아다니다

(vt) (먹잇감을) 찾아다니다 *go around searching for food*

The refugees were forced to **forage** for food.
그 피난민들은 식량을 찾아다녀야 했다.

[어원] 『for(fodder) + age(동접) → 먹을 것을 찾아다니다』
[상상+] **for**ay 침략(raid) ; (타분야에의) 진출

formidable

[fɔ́:ɾmidəbəl]
공포감을 일으키는

(a) 무서운, 강력한 *fearful, dreadful, powerful, potent*

have a **formidable** striker 강력한 스트라이커를 보유하다

[어원] 『formid(fear) + able(할 수 있는) → 두려워할 수 있는』
[TIP] 상대가 무서워하는 존재는 강력한 존재다.

fortuitous

[fɔ:rtjú:ətəs]
운의, 우연한

ⓐ 우연한   accidental, casual, unexpected

a **fortuitous** accident 우연한 사고

[어원] 『fortuit(fortune) + ous(형접) → 운의, 우연한』
[TIP] fortune(운)이라는 것은 정해져 있지 않은 우연한(fortuitous) 것이다.

fowl

[faul]
날아다니는 동물

ⓝ 가금(류)   a bird that is used for food or hunted as game

fowl such as ducks, chickens, and turkeys
오리, 닭, 칠면조 등과 같은 가금류

[어원] 『fowl<fly(날다)에서 유래 → 날아다니는 동물』
[TIP] fowl은 fly(날다)에서 유래한 어휘로 '날아다니는 동물', 즉 새를 의미하는
데 주로 집에서 키우는 새나 가금류의 의미로 정착되었다.

fragile

[frǽdʒəl / -dʒail]
깨지기 쉬운

ⓐ 1. 깨지기[부서지기] 쉬운   delicate, frail, brittle
2. 연약한   weak, easily broken

n. fragility 연약함

a **fragile** chair 부서지기 쉬운 의자
her **fragile** body 그녀의 연약한 몸

[어원] 『frag(break) + ile(~하기 쉬운) → 깨지기 쉬운』
[TIP] fragile은 옆의 그림처럼 박스 종이 위에 일종의 경고 문구로도 많이 사용
되는 중요한 어휘다.
[상상⁺] **frag**ment 조각, 파편 / **fract**ion 소량: 분수 / **fract**ure 골절
suf**frag**e 참정권 / in**fract**ion 위반, 침해

fraternal

[frətə́ːrnəl]
형제의

ⓐ 형제의   relating to brothers; brotherly

n. fraternity   형제임

fraternal love 형제간의 우애

[어원] 『frater(bother) + nal(형접) → 형제의』
[TIP] brother의 발음이 강해져서 frater가 된 것!
[상상+] **fratr**icide 형제 살해

fraught

[frɔːt]
짐이 가득 지워진

ⓐ (문제로) 가득 찬   full, replete

Their marriage has **been fraught with** difficulties.
그들의 결혼은 어려움으로 가득 찼다.

[어원] 『fraught<freight(짐)의 과거분사형 → 짐이 가득 지워진』
[TIP] fraught는 'freight (짐, 화물)이 가득 찬'의 뜻이다.
      '짐으로 가득 찬'의 뜻이다 보니 부정적인 뉘앙스가 되는 것은 당연!
[어법] be fraught with : ～로 가득차다

frenzied

[frénzid]
정신 팔린

ⓐ 열광[열정]적인   frantic, frenetic, maniacal

n. frenzy   열광, 흥분

give a **frenzied** applause 열광적인 박수갈채를 보내다

[어원] 『fren(mind) + zied(형접) → 정신 팔린』
[TIP] frenetic과 frenzied는 모두 같은 어원에서 생겨난 어휘다.
      두 어휘 모두 '정신 팔린 → 열광적인, 열정적인'의 의미다.
[상상+] **fran**tic 미친 듯한, 몹시 분주한 / **fren**etic 열광적인

frigid

[frídʒid]
얼어버리는

ⓐ 몹시 추운, 혹한의   extremely cold; icy, frosty

n. frigidity   혹한

die in the **frigid** weather 혹한의 날씨에 죽다

[어원] 『frid(freeze) + id(～된) → 얼어버리는』
[상상+] re**frig**erator 냉장고(fridge) / **fros**t 서리; 혹한의 날씨

익플공편 **frivolous**

[frívələs]
어리석게 행동하는

ⓐ 경솔한   careless, heedless, inadvertent, flippant

I was angry for her **frivolous** conduct.
나는 그녀의 경솔한 행동에 화가 났다.

[어원] 『frivol(silly) + ous(형접) → (생각 없이) 어리석게 행동하는』

[TIP] 동의어인 flippant와 frivolous는 발음도 비슷하므로 함께 외우면 쉽다.
《개미와 베짱이》에서 개미는 부지런한(industrious) 모습이었지만 베짱이는 경솔한(frivolous) 처신을 했다.

익플공편 **frolic**

[frálik / frɔ́l-]
즐겁게 놀다

ⓥ 장난치다, 즐겁게 뛰놀다   play in an active happy way; sport

Children was **frolicking** in the playground.
아이들이 놀이터에서 장난치며 놀고 있었다.

[어원] 『fro<vro(happy) + lic(like) → 즐겁게 놀며 좋아하다』

[TIP] frolic의 시험에서의 답은 play다!

익플공편 **frown**

[fraun]
(얼굴 좀) 풀라우

ⓥ (얼굴을) 찌푸리다   wrinkle one's brow; scowl

ⓝ 찌푸린 얼굴   grimace

Mattie **frowned** at him disapprovingly.
매티는 안 된다는 표시로 그에게 얼굴을 찌푸렸다.

[음원] frown(프라운) → 찌푸린 얼굴 좀 **풀라우!**

[TIP] **frown**은 어원적 도움이 안 되므로 음원으로 외운다.

fugitive

[fjúːdʒətiv]
도망치는

ⓝ 도망자, 탈주범 runaway, escapee, absconder

ⓐ 1. 도망치는 2. 일시적인, 덧없는 temporary, fleeting, evanescent

The police is searching for the **fugitive**. 경찰은 탈주범을 찾고 있다.
make a **fugitive** visit to London 런던에 일시 방문하다

[어원] 『fugi(flee) + tive(형접) → 도망치는』

[TIP] Harrison Ford(해리슨 포드)의 영화 《The Fugitive》(도망자)의 도움을
받아 외우면 더욱 쉽다.

[출제포인트] fugitive의 형용사 **일시적인, 덧없는**이 출제된다.

[상상⁺] re**fuge** 피난처, 보호소 / subter**fuge** 속임수, 구실

furor

[fjúrɔːr, fjúrər]
분노

ⓝ 노여움, 분노 fury, anger, outrage, indignation, wrath

an international **furor** over the terror 테러에 대한 전 세계적인 분노

[어원] 『fur(rage분노) + or(명접) → 분노』

[TIP] fury에서 furor가 그대로 유래했으므로 외우기는 쉽다.
furor는 개인적인 의미보다는 '다수의 분노, 공노(共怒)'를 의미한다.

[상상⁺] **furi**ous 분개한; 격렬한 / in**furi**ate 격분시키다

[발음주의] 피로(X) → 퓨어로(O)

garner

[gáːrnər]
곡물을 모으다

ⓥ 모으다, 축적하다   gather, accumulate, amass, hoard

He has **garnered** extensive support for his theory.
그는 자신의 이론에 대해 광범위한 지지를 얻었다.

[어원] 『garn(grain곡물) + er(동접) → 곡물, 낟알을 모으다』
[TIP] garner는 옛날에 '곡물을 한 데 모아두었던' 데서 유래한 어휘다.
[상상⁺] **gran**ary 곡물 창고

gauge

[geidʒ]
게이지

ⓝ 측정; 계량기   ⓥ 측정하다   measure, calculate

gauge the patient's blood pressure 그 환자의 혈압을 재다

[TIP] gauge(계량기)는 요즘 '게이지'라는 외래어로 쓰이고 있어 외우기 쉽고,
또한 동사 '측정하다'로의 의미 변화도 어렵지 않다.
[발음주의] 고지(X) → 게이지(O)
발음과 스펠링이 다른 어휘이므로 각별한 주의를 요하는 어휘다.

gelatinous

[dʒəlǽtənəs]
반액체의

ⓐ 반 액체의, 걸쭉한   semiliquid

pour the **gelatinous** mixture in the mixer
걸쭉한 혼합물을 믹서에 붓다

[어원] 『gelatin(반액체) + ous(형접) → 반액체의』
[TIP] gel(젤)은 두부와 같은 반고체 상태를 의미하는 외래어다.
gelatinous가 결국 gel에서 유래한 어휘임을 알면 외우기 쉽다.

generic

[dʒənérik]
일반적인

ⓐ 일반적인, 포괄적인   general, common, overall, universal

prescribe **generic** drugs 일반 의약품을 처방하다

[어원] 『general(일반적인)에서 유래』
[TIP] generic은 general과 어원과 뜻이 똑같으므로 함께 외우면 쉽다.
[상상⁺] **gene** 유전자 / **gen**etic 유전자의 / **gen**ial 상냥한 / **gen**ius 천재
generate 낳다, 산출하다

genial

[dʒíːnjəl, -niəl]
새로운 탄생의

ⓐ 상냥한, 밝은   *friendly, amiable, affable, agreeable*

The meeting proceeded in a **genial** mood.
그 모임은 밝은 분위기로 진행되었다.

[어원] 『gen(birth) + (i)al(~의) → (새로운) 탄생의』
[TIP] 새로운 탄생(birth)의 이미지는 항상 밝고 생기 있는 분위기다.
genial은 이러한 탄생의 이미지에서 생겨난 어휘로 사람의 태도가 '밝고 명랑하고 상냥한' 상태를 나타낸다.

germane

[dʒəːrméin]
싹[기원]이 되는

ⓐ 관련된, 연관이 있는   *relevant, appropriate, pertinent, apposite*

an article which is **germane to** the subject
그 주제와 연관성이 있는 기사

[어원] 『germ(싹, 기원) + ane(형접) → 싹[기원]이 되는』
[TIP] 꽃이 피려면 먼저 '싹'이 난다. 결국 꽃은 싹에서 돋아나온 것이므로 싹과 꽃은 당연히 (밀접한) 연관성이 있다.
[어법] germane to : ~에 관련된, 연관성이 있는

gingerly

[dʒíndʒərli]
진저리나게

ⓐⓓ (아주) 조심스럽게, 신중하게   *carefully, cautiously, warily*

She always drives **gingerly**. 그녀는 아주 조심스럽게 운전한다.

[음원] **진저리(gingerly)**날 정도로 **조심스럽게** 운전하다
[TIP] 옆의 외줄타기 그림에서 보듯 gingerly는 '아주 조심스럽게'의 뜻.

glimmer

[glímər]
희미한 빛

ⓝ (희미한) 빛   *faint unsteady light; gleam*
ⓥⓘ 희미하게 빛나다   *shine with a light that is not bright*

a **glimmer** of hope for the future 미래에 대한 희미한 희망의 빛
[어원] 『glim(shine) + mer(명접) → 빛나는 것 → (희미한) 빛』
[TIP] gleam은 shine(빛나다)의 어원을 지닌 어휘다.
[상상⁺] **gleam** (희미한) 빛 / **gli**sten 반짝반짝 빛나다 / **gli**tter 밝게 빛나다
glint 반짝이다 / **glo**ss 윤기 / **gla**re 째려보다; 빛나다
glance 힐끗 보다 / **glim**pse 힐끗 보다

glimpse

[glimps]
잠깐 눈빛을 내다

ⓝ 힐끗 봄 glance

ⓥ 힐끗 보다 take a quick look at

catch a **glimpse** of her 그녀를 힐끗 보다

[어원] 『glim(shine) + pse(명접) → (잠깐) 눈빛을 내다』

[TIP] glance와 glimpse는 같은 어원의 동의어로, 명사와 동사 둘 다로 함께 쓰인다.

[출제포인트] TOEIC에서는 주로 glance가 출제된다.

─[뉘앙스] **보다**의 여러 가지 표현들─

stare, gaze : (계속) 쳐다보다, 응시하다 – A stranger **stared** at me. 어떤 낯선 사람이 나를 계속 쳐다봤어.

peep, peek : (몰래) 엿보다, 훔쳐보다 – **peep** into the letter 편지를 몰래 훔쳐보다

peeping Tom : 관음증 환자

peer : (잘 안 보이는 상황에서) 자세히 보다 – **peer** into the dark stage 어두운 무대를 자세히 보다

observe (주의 깊게) 관찰하다 – **observe** the insect's movements 곤충의 움직임을 관찰하다

glance, glimpse (힐끗) 봄; 힐끗 보다 – take a **glance** at her 그녀를 힐끗 보다

gloat (흡족하게) 바라보다 – **gloat** over the rival's poor performance

라이벌의 형편없는 성과를 고소하게 바라보다

gloomy

[glúːmi]
(분위기가) 어두운

ⓐ 우울한 dismal, somber, blue, despondent, melancholy

n. gloom 어두움; 우울

dismiss **gloomy** thoughts 우울한 생각들을 떨쳐내다

[어원] 『gloom(dark) + y(형접) → (분위기가) 어두운』

[TIP] gloomy(우울한)는 영화 제목 《Gloomy Sunday》(우울한 일요일)의 도움을 받아 외우면 더욱 쉽다.

gnaw

[nɔː]
(갉아먹은) 그놈

ⓥ (앞니로) 갉다, 갉아먹다 nibble, corrode, erode

a. gnawing 괴롭히는

A rat had **gnawed** a hole in my shoe.
쥐가 내 신발을 이빨로 갉아 구멍을 냈다.

[음원] 내 신발을 갉아먹은 **그노**(**gnaw**)옴!

[발음주의] gnaw(갉아먹다)는 음원으로 외우긴 하지만 발음에는 주의해야 한다.

g-는 묵음 처리되는 것에 유의하자! 그노〜(X) → 노〜(O)

goad

[goud]
창으로 가축을 몰다

ⓝ 자극제, 촉진제   stimulus, motive

ⓥⓣ 부추기다   urge, prod, incite, spur

a **goad** to economic growth 경제 발전의 자극제
Kathy **goaded** him **into** tell**ing** her the secret.
캐시는 그를 부추겨 그 비밀을 말하게 했다.

[어원] 『goad<gad(spear창) → (긴 나무) 창으로 가축을 몰다』
[TIP] 그림에서 보듯 goad는 옛날 농경사회에서 긴 나무창으로 가축을
        쿡쿡 찌르거나 때려서 밭을 갈도록 부추기고 자극한 것에서 유래되었다.
[어법] goad A into ~ing : A를 부추겨 ~하게 하다
[출제포인트] goad는 동사 '부추기다' 가 출제되었다.

gratis

[gréitis, grǽt-]
감사의 마음에서

ⓐⓐⓓ 무료인, 공짜로   free, gratuitous, on the house

Legal information is provided **gratis**.
법률정보는 무료로 제공됩니다.

[어원] 『grat(thank) + is(부접) → 감사의 마음에서』
[주의] gratis는 형용사, 부사 둘 다로 쓰일 수 있다는 점에 유의하자!
[상상⁺] **grat**itude 감사 / **grat**uity 사례금, 팁 / in**grat**itude 배은망덕
        in**grat**e 배은망덕한 사람 / in**grat**iate 환심을 사다

gratuitous

[grətʃúːətəs]
감사의 뜻으로 주는

ⓐ 1. 무료[공짜]의   free, gratis

2. 쓸데없는, 불필요한   unnecessary, unwarranted

reduce **gratuitous** expenditure 불필요한 지출을 줄이다

[어원] 『grat(thank) + uitous(형접) → 감사의 마음으로 주는』
[TIP] 내가 들인 노력이 '공짜의' 즉, 아무 대가를 가져오지 못한다면 내 노력은
        '쓸데없는, 불필요한' 노력인 것이다.
[출제포인트] gratuitous는 1. **무료[공짜]의**가 출제되었다.

greedy

[grí:di]
원하는 것이 많은

ⓐ 탐욕스러운 avaricious, covetous, rapacious, avid

n. greed 탐욕, 욕심 cupidity

a **greedy** and selfish employer 탐욕스럽고 이기적인 고용주

[어원] 『greed(want) + y(형접) → 원하는 것이 많은』

grievance

[grí:vəns]
(마음이) 무거워짐

ⓝ 불만 complaint, grumble, gripe

harbor a **grievance** for the boss 사장에게 불만을 갖다

[어원] 『griev(heavy) + ance(명접) → (마음이) 무거워져 기분 나빠짐』
[주의] 다음 세 어휘의 의미들을 명확히 구분하자!
　　　grieve : 마음이 무거워지다 → 슬퍼하다, 슬프게 하다
　　　aggrieve : 마음을 무겁게 하다 → 괴롭히다; 화나게 하다
　　　grievance : 마음이 무거워짐, 기분 나빠짐 → 불만
[상상⁺] **grave** 무덤; 심각한 / **aggravate** 가중시키다 / **aggrieved** 화난

grotesque

[groutésk]
동굴 속 (벽화) 같은

ⓐ 기괴한, 괴상한 extremely ugly; bizarre, weird, eccentric

a **grotesque** figure with a huge head 머리가 엄청 큰 기괴한 모습

[어원] 『grot<grotto(cave) + esque(형접) → 동굴 속 (벽화) 같은』
[TIP] grotesque는 '동굴'을 뜻하는 grotto에서 유래되었다. 옛날 사람들이 그린
　　　동굴 속 벽화가 하도 '기괴하고 이상한' 모습을 하고 있는 데서 grotesque
　　　라는 말이 생겨났다.
　　　grotesque는 요즘 '그로테스크'라는 외래어로 쓰이고 있으며 《반지의 제
　　　왕》에 나오는 골룸이 바로 그로테스크의 대표 주자다.

grudge

[grʌdʒ]
투덜거림

ⓝ 악의, 원한 rancor, hostility, resentment, enmity, antipathy

ⓥⓣ (몹시) 아까워하다 accept unwillingly

ad. grudgingly 마지못해 reluctantly

have a **grudge** against him 그에 대해 원한을 갖다
I don't **grudge** him his success. 나는 그의 성공을 시기하지 않는다.

[어원] 『grouch(투덜대다)에서 유래 → 투덜거림 → 악의, 원한』
[TIP] grouch(투덜대는) 모습에서 안 좋은 감정인 grudge(악의)가 나왔다.
[상상⁺] **grumble** 투덜거리다 / **grumpy** 화를 잘 내는, 까다로운

grueling

[grúːəliŋ]

벌하는

ⓐ 몹시 힘든, 지치게 만드는

exhaustive, arduous, laborious, demanding

grueling climbing 몹시 힘든 산행

[어원] 『gruel(punish) + ing(형접) → 벌하는』

[TIP] 벌로 기합을 받으면 몹시 힘들고 지치게 된다.
마라톤(marathon) 완주처럼 몹시 힘든 일이 바로 grueling이다.

[음원] **cruel(크루얼)**과 **gruel(그루얼)**이 발음이 비슷한 것을 이용해
'잔인할(**cruel**) 정도로 몹시 힘들게 하는(**grueling**)' 으로 외운다.

gruesome

[grúːsəm]

떨게 만드는

ⓐ 무시무시한, 소름 끼치는   horrible, awful, dreadful, lurid, macabre

a **gruesome** film 소름 끼치는 영화

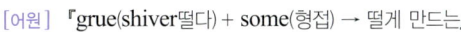

[어원] 『grue(shiver떨다) + some(형접) → 떨게 만드는』

[TIP] gruesome은 옆의 영화 포스터처럼 '사람을 덜덜 떨게 만들 정도로
무시무시한' 의 의미다.

guise

[gaiz]

다르게 보이는 것

ⓝ 위장, 변장   pretense, cloak, subterfuge, put-on

n. vt. disguise   위장[변장](하다)

borrow much money under the **guise** of friendship
우정을 가장하여 많은 돈을 빌리다

[어원] 『guis(see) + e(명접) → (다르게) 보이도록 하는 것』

[TIP] guise(위장), wise(현명한) 모두 '보다(see)' 를 어근으로 한다.
guise → (나를) 다른 모습으로 보이게 하는 것
wise → (무언가를) 제대로 보고 아는 것

[상상⁺] dis**guise** 변장(하다); 감정을 숨기다

gut

[gʌt]

구트(요구르트)

ⓝ 1. (인체의) 장 intestine

2. 직감 hunch

3. 《복수》 용기 courage

take **guts** to start a new business 새 사업을 시작하기 위해 용기를 내다
gut feeling 직감
gut instinct 직감적 본능

[음원] 요구르트 이름 중 **구트(gut)**를 활용하여 암기

[TIP] (인체의) 장은 우리 몸 가장 깊은 속에 있는 장기다. 여기서 gut의 다른 의미들이 나오는데 가장 속에서 나오는 느낌이 '직감'이고 속에서부터 우러나오는 것이 '용기'가 된다.

[발음주의] 구트(X) → 겉(O)

[출제포인트] gut의 복수형 **guts(용기)**의 의미가 출제되었다.

haggard

[hǽgərd]
헤까닥 맛이 간

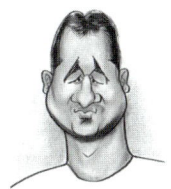

ⓐ 수척한　pale, pallid, gaunt, emaciated

He appeared thin and **haggard**. 그는 야위고 수척해 보였다.

[음원] haggard(헤가~드) → **헤까닥(haggard)** 맛 간 얼굴 → **수척한**

hail

[heil]
좋은 반응을 보이다

ⓥⓣ 환호하다　acclaim, cheer, laud, extol

ⓝ 우박　frozen rain drops which fall as hard balls of ice

His novel was **hailed** as a masterpiece.
그의 소설은 걸작으로 환호를 받았다.

[어원] 『hail(healthy) → 건강한(좋은) 반응을 보이다』
[TIP] healthy에서 heal부분이 변형되어 hail이 탄생했다. 즉, hail은 건강한
　　　(좋은) 반응을 해주는 것을 의미한다.
[상상⁺] **heal** 낫다, 고치다 / **holy** 신성한 / **hall**ow 신성하게 하다
[출제포인트] hail은 시험에 동사 **환호하다**의 의미로 출제된다.

hallmark

[hɔ́:lmà:rk]
품질보증마크

ⓝ (현저한) 특징　distinguishing characteristic; attribute, property

the **hallmark** of capitalism 자본주의의 특징

[어원] 『Goldsmiths' Hall의 품질 보증 mark → 현저한 특징』
[TIP] 금·은의 품질 보증 표시를 위해 영국 London의 Goldsmiths' **Hall**에
　　　서 찍어주던 (품질 보증) **mark**에서 유래되었다.

hangover

[hǽŋòuvər]

남아 있는 것

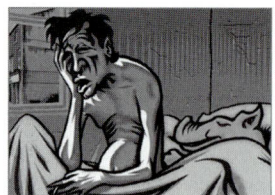

ⓝ 1. 잔존물, 유물 surviving trace

2. 숙취 a pain in your head after drinking

the lingering **hangover** of Communism 공산주의의 잔재
I had a terrible **hangover** the next day.
다음날 나는 끔찍한 숙취에 시달렸다.

[어원] 『hang(매달다) + over(위에) → (남아서) 위에 매달려 있는 것』
[TIP] 1. 이전 시대의 것이 아직 남아 있는 것 → 잔존물, 유물
　　　 2. 술 먹고 난 후 술기운이 아직 남아 있는 것 → 숙취
[출제포인트] **1. 잔존물, 유물**이 출제되었다.

---

hapless

[hǽplis]

즐겁지 못한

ⓐ 운이 나쁜, 불운한 unlucky, unfortunate, unhappy

hapless victims of the accident 그 사고의 불운한 피해자들

[어원] 『hap(py) + less(없는) → 즐겁지 못한』
[TIP] 축구에서 자책골이야말로 정말 hapless한 일이다!

---

harass

[hǽrəs, hərǽs]

토끼 잡아라~

ⓥⓣ 괴롭히다 tease, afflict, pester, badger

n. harassment 괴롭힘 　　 – sexual **harassment** 성희롱

be accused of sexually **harassing** a female employee
여직원을 성희롱한 것에 대해 고발되다

[어원] 『hara(hare산토끼) + ss(동접) → 토끼 잡아라~』
[TIP] 옛날 서양인들은 동물을 잡기 위해 사냥개(hound)를 데리고 다녔는데,
　　　 산에서 토끼가 발견되면 사냥개에게 "토끼 잡아라~"하고 외쳤던 그 말이
　　　 바로 harass다. 이러한 독특한 유래에서 '강한 자가 약한 자를 괴롭히다'
　　　 라는 뜻을 갖게 되었다.

hardship

[háːrdʃip]
어려운 상황

ⓝ 고난　adversity, predicament, plight, tribulation

suffer from economic **hardship** 경제적 어려움으로 인해 고통을 겪다

[어원]　『hard(어려운) + ship(상태) → 어려운 상황』
[TIP]　hardship(고난)은 hard(어려운)가 그대로 명사화된 말이다.

harness

[háːrnis]
군대에 제공된 식량

ⓝ 마구(馬具), 장비　a set of leather bands used to control a horse
ⓥt (동력으로) 이용하다　control, utilize, exploit

a safety **harness** 안전 장비
harness the power of wind 풍력을 이용하다

[어원]　『har(army) + nes(s)(provisions식량) → 군대에 제공되는 식량』
[TIP]　그림에서 보듯 harness는 군대에서 장거리 이동시 식량을 나르기 위해
　　　개·말 등의 동물에 채웠던 마구(a set of gear)에서 유래했다. 또한 그 동물
　　　에 마구를 채우게 되면 '교통수단(동력)으로 이용하다' 의 의미가 된다.
[출제포인트]　harness는 동사 **(동력으로) 이용하다**가 출제되었다.

harry

[hǽri]
군대를 동원하다

ⓥt 1. 괴롭히다　afflict　　　2. 공격[약탈]하다　plunder, ravage, loot

harry the enemy 적을 (공격하여) 괴롭히다

[어원]　『harr(army) + y(동접) → 군대를 동원해 공격하다』
[TIP]　harry(약탈하다) – hurry(서두르다)는 어원이 같다.
　　　둘 다 군대(army)에서 유래한 어휘로 군대에서는 당연히 신속하게 움직여
　　　야 한다. 어원과 음이 같으므로 harry – hurry를 함께 외우면 쉽다.

haughty

[hɔ́:ti]
윗사람인 척하는

ⓐ 거만한, 도도한 arrogant, supercilious, imperious, pompous

her **haughty** and arbitrary manner 그녀의 도도하고 제멋대로인 태도

[어원] 『haugh(high) + ty(형접) → 윗사람인 듯 행동하는』
[TIP] haughty에서 haugh란 부분은 high가 불어를 거치며 변한 형태다.

hazard

[hǽzərd]
주사위 게임

ⓝ 위험 risk, danger, jeopardy, peril

a. hazardous 위험한

the potential **hazards** of playing computer game
컴퓨터 게임을 하는 데 있어서의 잠재적 위험들

[어원] 『hasard(주사위 게임)에서 유래 → (돈을 잃을 수 있는) 위험』
[TIP] 옛날 서양에서는 주사위 게임을 통해 위험한 내기를 했다. 내기라는 것은
     늘 위험을 내포하고 있다. 그때부터 이 주사위 게임(hazard)은 '위험' 이라는
     의미로 쓰이게 된 것이다.

headstrong

[hédstrɔ̀:ŋ, -strὰŋ]
생각이 강한

ⓐ 완고한, 고집 센 stubborn, obstinate, tenacious, obdurate

a **headstrong** child 고집 센 아이

[어원] 『head(머리 → 생각) + strong(강한) → 생각이 강한 → 고집 센』
[TIP] headstrong에서 head가 '머리' 의 뜻에서 '생각' 이란 뜻으로 의미가
     변했음을 이해하고 접근해야 외우기 쉽다.
[비교] headlong 무모하게

hefty

[héfti]
들어올리기 무거운

ⓐ 크고 무거운, 육중한 big and heavy; ponderous, massive

a tall, **hefty** man 키가 크고 육중한 남자
a **hefty** fine 과중한 벌금

[어원] 『heft(heave) + y(형접) → 들어올리기 무거운』
[TIP] hefty는 결국 heavy의 동의어로 이해하면 쉽다.

heinous

[héinəs]
(몹시) 싫은

ⓐ 흉악한, 극악한   *flagrant, nefarious, atrocious, horrendous*

a **heinous** criminal 흉악범

[어원] 「hein(hate) + ous(형접) → (몹시) 싫은」
[TIP] 「hate + ous」가 불어화되면서 heinous로 발음이 부드러워졌다.
연쇄살인 같은 범죄가 바로 heinous crime(흉악 범죄)이다!
[비교] hideous 끔찍한

helm

[helm]
(배의) 키

ⓝ 지배적인 위치, 주도권   *controlling position; hegemony, clout*

take the **helm** at the competition 경쟁에서 주도권을 잡다

[어원] 「helm<helma(handle) → (운전하는) 손잡이」
[TIP] helm은 키(배의 운전대)인데 이것을 잡으면 배를 마음대로 움직일 수
있으므로 '주도권' 의 의미로 발전된 것이다.

henceforth

[hènsfɔ́ːrθ]
그러므로 앞으로는

ⓐⓓ 이제부터는   *from now on; hereafter*

The Korean economy **henceforth** has to focus on creating a new
industry. 그러므로 한국 경제는 새로운 산업을 창조하는 데 집중해야 합니다.

[어원] 「hence(그러므로) + forth(앞으로) → 그러므로 앞으로는」

herd

[hə:rd]
동물의 무리

ⓝ (동물의) 떼, 무리 a group of animals; flock

a **herd** of elephants 코끼리 떼

[어원] 『중세 영어 heord(동물의 무리)에서 유래』

[뉘앙스] herd (주로 큰 동물들의) 떼, 무리 – a **herd** of cattle 소 떼
flock (양 · 새들의) 떼, 무리 – a **flock** of birds 새 떼
swarm (곤충들의) 떼, 무리 – a **swarm** of bees 벌 떼
school (물고기들의) 떼, 무리 – a **school** of whale 고래 떼
crowd, throng (사람들의) 무리 – a **crowd** of protesters 시위자들의 무리

heyday

[héidèi]
기쁨을 외치는 날

ⓝ 전성기 golden age

the actress in her **heyday** 전성기에 있는 여배우

[어원] 『hey(기쁨의 외침) + day(날) → 기쁨을 외치는 날』

[TIP] heyday는 '헤이~(hey)', 즉 '기쁨을 외치는 날들'의 의미에서 '인생의 전성기'를 뜻하는 어휘가 되었다.

hiatus

[haiéitəs]
열려 있는 틈

ⓝ 틈, 공백기 a break in an activity; gap, opening

The actor is on **hiatus**. 그 배우는 공백기에 있다.

[어원] 『hia(open) + tus(명접) → 열려 있는 틈』

[TIP] hiatus는 공간적인 틈보다는 '시간적 틈, 간격'의 의미로 쓰인다.

[발음주의] 히어터스(X) → 하이**에**이터스(O)

hierarchy

[háiərɑ̀:rki]
높은 계급의 통치

ⓝ 계급 제도 a system in which people are divided into levels

a **hierarchy** according to age 나이에 따른 연공서열

[어원] 『hier(high) + archy(통치) → 높은 계급의 통치』

[TIP] hierarchy는 예를 들어 사장 – 이사 – 상무 – 부장… 등의 서열을 의미하는데 옆의 피라미드 구조가 hierarchy를 정확히 보여준다.

hinge

[hindʒ]
매달아두는 것

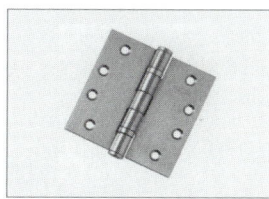

ⓝ (문에 다는) 경첩   a piece of metal fastened to a door

ⓥⓘ 달려 있다   depend, rely, lean, fall back

The future of the party **hinges on** the outcome of this election.
그 당의 미래는 이번 선거의 결과에 달려 있다.

[어원] 『hing(hang) + e(접미어) → 매달아두는 것, 매달다』
[TIP] hinge는 어원이 hang이므로 '~에 매달다'의 의미가 되는 것은 어렵지 않다.
[출제포인트] '**hinge on** ~에 달려 있다'가 출제되었다.

hitch

[hitʃ]
확 잡아당기는 것

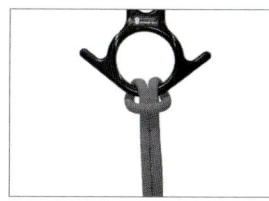

ⓝ (사소한) 문제   a small problem; trouble

ⓥⓣ (가고 있는 차에) 편승하다   get free ride from the driver

The whole program went without a **hitch**.
전체 프로그램이 아무런 문제없이 진행되었다.
hitch a ride (가고 있는 차에) 편승하다

[어원] 『hitch(jerk) → (갑자기) 확 잡아당기다』
[TIP] hitch의 원래 뜻은 '(밧줄로 잡아당겨) 매다'의 뜻이다.
　　　1. 매여, 묶여 앞으로 나아가지 못하는 상태 → 문제
　　　2. 가고 있는 차에 매달려 타다 → 편승하다
[출제포인트] hitch는 명사 (사소한) 문제가 출제되었다.

hoarse

[hɔːrs]
말에게 소리 지른

ⓐ 목쉰   in a low rough voice; husky

You sound very **hoarse**. Do you have a cold?
목이 많이 쉰 것 같다. 감기 걸렸니?

[음원] **horse**(말)한테 하도 소리를 질렀더니 **hoarse**(목이 쉰)!
[TIP] hoarse는 어원적 도움을 받지 못하는 어휘이므로 비슷한 발음의 horse(말)
　　　를 이용하여 함께 외우면 쉽다. 또한, 목이 쉬면(hoarse) → 호올스 캔디!

hobble

[hábəl / hɔ́bəl]
(빙빙) 돌다

ⓥ 절뚝거리다   limp, stumble, stagger, falter

He **hobbled** into the room. 그는 절름거리며 방 안으로 들어갔다.

[어원] 『hobbl(roll) + e(동접) → (한쪽 다리를 쓰지 못하고) 돌다』
[TIP] hobble은 한쪽 다리를 다쳐 앞으로 못 나아가고 맴도는 모습에서 유래됨.

horrid

[hɔ́:rid, hár-]
떨게 되는

ⓐ 무시무시한   appalling, hideous, ghastly, grisly

the **horrid** assassination of the former President
무시무시한 전직 대통령 암살

[어원] 『hor(r)(shiver떨다) + id(~된) → 떨게 되는』
[TIP] horror는 무서워서 떠는 의미로 '공포' 다. **hor**rid, **hor**rible, **hor**rific,
horrendous는 모두 '떨리는' 의 의미로 '무시무시한' 의 동의어들이다.
모두 어근 hor-(shiver)로 시작하는 어휘들이므로 함께 외우면 쉽다.
[상상+] ab**hor** 혐오하다

howl

[haul]
아우~ㄹ

ⓥ 1. (개 · 늑대가) 짖다   bark   2. 외치다   cry, shout, exclaim

a. howling   울부짖는; 엄청난

A wolf **howled** all night. 늑대 한 마리가 밤새 울었다.
a **howling** success 엄청난 성공

[어원] 『늑대 울음소리(아우~ㄹ)에서 유래한 의성어』
[TIP] howl은 따로 어원이 있는 것이 아니라 늑대의 울음소리에서 그대로
유래한 의성어다.

hubris

[hjú:bris]
여유부려쓰

ⓝ (지나친) 오만, 교만   too much pride; conceit, arrogance

He is filled with **hubris**. 그는 교만으로 가득 차 있다.

[음원] hubris(휴브리스) → 너무 **여유부려쓰**! → 오만, 교만
[TIP] hubris는 어원적 도움이 안 되므로 음원으로 외우자!

humdrum

[hʌ́mdrʌ̀m]
음~ 소리만 나는

ⓐ 반복적인, 지루한   repetitious, tedious, dull, monotonous

the prisoners' **humdrum** routine 죄수들의 반복적인 일상

[어원] 『hum(음~하는 소리) + drum(소리 나는) → 음~ 하는 소리만 나는』
[TIP] 입으로 음~음~ 하며 부르는 콧노래를 humming이라고 한다.
hum(콧노래를 부르다, 윙윙거리다)은 우리 입으로 음~음~ 하는 소리에서
유래한 의성어다. humdrum은 그런 음~음~, 윙~윙~ 소리만 나서 '변화
가 없고 단조로운, 지루한' 의 의미가 된 것이다.

hybrid

[háibrid]
하이브리드

ⓝ 잡종, 혼합   mixture, cross-breed

a **hybrid** of wheat of rye 밀과 호밀의 잡종
hybrid engined vehicles 하이브리드 엔진 차량들

[TIP] hybrid는 요즘 '하이브리드' 라는 외래어로 자주 쓰이는데, 일례로 기름과
전기 둘 다로 가는 자동차를 **하이브리드카**(hybrid car)라고 부른다. 외래어
하이브리드카를 이용하여 암기하자!

idiosyncrasy

[ìdiəsíŋkrəsi]
개인의 성격 안에 함께 섞인 것

ⓝ (개인의 특이한) 버릇, 특이성 peculiarity, oddity, eccentricity

the athlete's **idiosyncrasy** 그 운동선수의 특이한 버릇

[어원] 『idio(개인의) + syn(together) + cras(mixing)
→ 개인의 성격 안에 함께 뒤섞여 있는 것』

[TIP] 김흥국 아저씨는 양손을 올리며 "으아~" 하곤 하는데, '으아~' 가 바로
김흥국 아저씨만의 idiosyncrasy가 된다. idiosyncrasy는 다른 사람에게
서는 찾아볼 수 없는 그 사람만의 독특한 버릇이나 습관을 의미한다.

imperative

[impérətiv]
황제의 명령인

ⓐ 긴급한, 중요한 extremely important; urgent, crucial

ⓝ 긴급한 일 something that must be urgently; demand

It is **imperative** to meet face to face with the client.
고객과 얼굴을 마주하고 만나는 것이 중요하다.
Innovation is an **imperative** to maximize productivity growth.
혁신은 생산성 극대화를 위해 긴급한 일이다.

[어원] 『impera(emperor황제) + tive(형접) → 황제의 명령인』
[TIP] imperative는 imperial(황제의)에서 그대로 유래한 어휘다.
⇒ 황제의 명령은 긴급하며 중요한 일이다!
[상상+] **imperi**ous 오만한

infinitesimal

[infinitésəməl]
무한히 작은

ⓐ 극소의, 극미한 minute, minuscule, diminutive, tiny

infinitesimal changes in temperature 기온의 극미한 변화

[어원] 『infinite(무한한) + simal(small) → 무한히 작은』
[TIP] infinitesimal은 원래 infinite(무한한) + small(작은)의 합성어임을
다시 한 번 이해하자!

invidious

[invídiəs]

시기[질투]하는

ⓐ 불쾌한, 비위에 거슬리는

unpleasant, obnoxious, disagreeable, distasteful

invidious sexual discrimination 불쾌한 성차별

[어원] 『envy(시기하다)의 형용사형 → 시기[질투]하는』

[TIP] 남을 시기하고 질투하는 마음은 곧 '불쾌하고 비위에 거슬리는 마음을
가진'의 뜻이 된다.

[상상⁺] **envi**ous 부러워하는

irksome

[ə́ːrksəm]

일을 만들어내는

ⓐ 짜증나는, 지겨운   annoying, bothersome, irritating, vexing

irksome rules and regulations 짜증나는 규칙, 규제들

[어원] 『irk(work) + some(~을 낳는) → 일을 만들어내는』

[TIP] 얼핏 보면 irksome이 어려운 어휘 같아 보이지만 irk은 work이 변한
부분이다. 즉, 자꾸만 일을 만들어내면 그것들을 처리해야 하니까 '짜증나는,
지겨운'의 의미가 된다.

isolate

[áisəlèit, ísə-]

섬으로 보내다

ⓥ 격리[고립]시키다   insulate, sequester, segregate, quarantine

The village was **isolated** by the flood.
그 마을이 홍수에 의해 고립되었다.

[어원] 『isol<insul(island) + ate(동접) → 섬으로 보내다』

[TIP] isolate는 insulate(격리시키다)에서 유래한 어휘로서 뜻도 같다.
island(섬)의 형용사 : insular 1. 섬의 2. 편협한
insular에서 유래한 동사 : insulate = isolate 격리시키다

jaundiced

[dʒɔ́ːndist, dʒáːn-]
눈이 노랗게 된

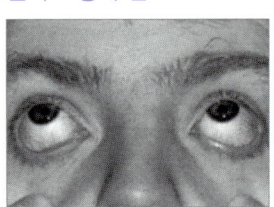

ⓐ 부정적인, 삐뚤어진   distrustful, biased, prejudiced, skeptical

look with **jaundiced** eye on the world
삐뚤어진 눈으로 세상을 보다

[어원] 『jaun(yellow) + di(eye) → 눈이 노랗게 된』
[TIP] jaundice(황달)은 어원 풀이에서 본 것처럼 '눈이 노래진', 즉 '황달이 된' 의 뜻이다. 사람이 황달에 걸리면 몸이 쇠약해지고 그로 인해 부정적인 태도로도 바뀌기 쉽다.

javelin

[dʒǽvəlin]
뽀족한 창

ⓝ 창   a long stick with a pointed end; spear

win the gold medal in the **javelin** 창던지기에서 금메달을 따다

[어원] 『javel(spear) + ine(명접) → 뽀족한 창』
[음원] 창을 잡을린(**javelin**)?

jolly

[dʒáli / dʒɔ́li]
축제 분위기인

ⓐ 즐거운, 유쾌한   pleasant, blithe, jocund, jovial

a relaxed and **jolly** mood 편안하고 유쾌한 분위기

[어원] 『jolly<joli(festival) → 축제 분위기인』
[음원] 기분 졸리(**jolly**) 좋아~ → 즐거운 *^^*

judicious

[dʒuːdíʃəs]
판단력을 지닌

ⓐ 현명한   wise, discreet, sensible, sagacious

make a **judicious** choice 현명한 선택을 하다

[어원] 『judi(judge) + (ci)ous(having) → 판단력을 지닌』
[비교] judicial 사법의, 재판의   – the **judicial** system 재판 제도
[상상+] pre**judic**e 선입견, 편견

kindle

[kíndl]

불을 붙이다

ⓥ 1. 불을 붙이다   inflame, ignite

2. 자극[흥분]시키다   stimulate, inspire

---

kindle the torch 횃불에 불을 붙이다

kindle one's curiosity 호기심을 자극하다

[어원] 『kind<cand(fire) + le(동접) → 불을 붙이다』

[TIP] candle(양초)와 kindle(불을 붙이다)은 어원이 같은 어휘이므로 함께 외운다.

     candle → 불을 붙이는 것 → 양초

     kindle → 불을 붙이다; 자극시키다

[상상⁺] **cand**id 솔직한 / **cand**idate 후보자 / in**cens**e (피우는) 향; 격분시키다

     in**cand**escent 백열의 / in**cend**iary 방화의; 격앙시키는

labyrinth

[lǽbərìnθ]
미로의 성

ⓝ 미로, 미궁   a very difficult way to find; maze

the **labyrinth** of corridors 미로 같은 복도

[어원] 『그리스어 labyrinthos(미로의 성)에서 유래』
[TIP] 그림에서 보듯 labyrinth는 그리스·로마 신화에 나오는 '미로의 성
(labyrinth)'에서 유래한 어휘다.
[발음주의] 라비린쓰(X) → **래**버린쓰(O)

laconic

[ləkánik / -kɔ́n-]
Laconia 사람들의

ⓐ 말수가 적은   taciturn, reticent, terse, curt

He's always **laconic**. 그는 언제나 말수가 적다.

[TIP] laconic은 고대 그리스의 Laconia라는 지명에서 유래했다.
이곳의 수도가 Sparta(스파르타)였는데, 이 지역 사람들은 전투적이고 절제
된 사람들로서 말을 짧게 하는 것으로 유명했다. 이러한 특성에서 유래된
어휘가 laconic(말수가 적은)이다. 우리나라에서는 경상도 남자들이 말수가
적은 것으로 유명하다!

lamentable

[ləméntəbəl]
슬퍼할 만한

ⓐ 슬픈, 실망스러운   mournful, doleful, plaintive, lugubrious

n. vi. lament   슬픔; 슬퍼하다   n. lamentation   슬픔

His command of English was **lamentable**.
그의 영어 구사력은 실망스러웠다.

[어원] 『lament(슬퍼하다)의 형용사 → 슬퍼할 만한』
[TIP] lament–grieve–mourn은 '슬퍼하다'의 기본 삼총사이므로 여기서
확실히 암기하고 넘어간다!
[발음주의] 래먼터블(X) → 러**멘**터블(O)

languish

[lǽŋgwiʃ]
느슨해지다

ⓥ 기운이 없어지다   weaken, decline, wither, enervate

a. languid   나른한, 무기력한   n. languor   나른함   lassitude

The housing market continues to **languish**.
주택 시장이 계속 침체 상태에 있다.

[어원] 『lang(u)(slack 느슨한) + ish(동접) → (몸이) 느슨해지다』
[TIP] languish에서 langu란 부분은 slack(느슨한)에서 s가 탈락되어 lack
부분이 발음하기 쉽게 langu로 바뀐 형태다.
즉, '몸의 기운이 빠져 느슨해지다'라는 의미가 languish다.

latent

[léitənt]
누워서 숨어 있는

ⓐ 숨어 있는, 잠복해 있는 present but hidden; dormant, quiescent

the **latent** period of the disease 그 병의 잠복기

[어원] 『lat(lie hidden) + ent(형접) → 누워서 숨어 있는』

[TIP] latent는 암(cancer)과 같이 처음에는 그 증세(symptom)가 숨어서 나타나지 않는 것을 의미한다. 옆의 그림처럼 수면 위에 보이는 빙산의 일각 (the tip of the iceberg) 아래에는 엄청난 빙하가 숨어 있다.

---

lateral

[lǽtərəl]
옆의

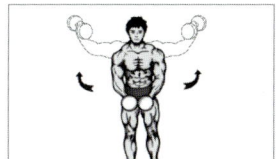

ⓐ 측면의 of side; sideways

The wall requires **lateral** support. 그 벽은 측면 지지대가 필요하다.

[어원] 『later(side) + al(형접) → 옆의, 옆면의』

[상상⁺] uni**lateral** 일방적인 / bi**lateral** 양측의 / multi**lateral** 다각적인

---

launch

[lɔːntʃ, lɑːntʃ]
론칭하다

ⓥⓣ 1. (배 · 우주선을) 진수시키다 send up

2. 시작하다 enter into

ⓝ 1. 발사　　　2. 개시, 시작 start, beginning

The space shuttle was **launched**. 그 우주왕복선이 발사되었다.
launch a campaign to raise money 성금 모금 캠페인을 시작하다
a new product **launch** 신제품의 판매 개시

[어원] 『launc(launc창) + h(동접) → 창을 던지다』

[TIP] launch는 옛날 '창을 휘두르고 던지다'에서 유래한 어휘다. 창을 던져 나아가는 모습이 우주선이 발사되는 모습과 비슷하다. 또한 launch는 요즘 '론칭하다'라는 외래어로도 잘 쓰인다.

[발음주의] 런치(X) → 론~치(O)

levy
[lévi]
올리다

ⓥ 부과[징수]하다   impose

ⓝ 과세   taxation

levy a tax **on** all drivers 모든 운전자들에게 세금을 부과하다

[어원] 『lev(raise) + y(동접) → (모금하여 액수의 크기를) 올리다』
[TIP] 정부 입장에서 세금을 거둬들여 자금을 모으는(raise money) 것이 levy다.
[어법] levy A on B : A를 B에게 부과[징수]하다
[상상⁺] **lev**er 지렛대 / **elev**ate (들어) 올리다

lewd
[lu:d]
벌거벗고 노는

ⓐ 음란한   obscene, indecent, lascivious, licentious

n. lewdness   음란함

rude and **lewd** comments 무례하고 음란한 말

[음원] **nude**(벌거벗은) − **lewd**(음란한) → 벌거벗고 노는 → 음란한
[TIP] lewd(루드)는 nude(누드)와 발음과 뜻이 비슷하므로 함께 외우면 쉽다.

libel
[láibəl]
라이벌을 비방함

ⓝ 명예 훼손, 비방   slander, asperity, defamation, denunciation

The politician sued his rival for **libel**.
그 정치가는 자신의 경쟁자를 비방 혐의로 고발했다.

[음원] **rival**(라이벌) − **libel**(비방) → 라이벌을 비방하다
[TIP] rival과 libel은 둘 다 한글 발음이 '라이벌'이므로 '라이벌(rival)을
      비방(libel)하다'로 외운다.
[발음주의] 리벨(X) → **라**이벌(O)

licentious
[laisénʃəs]
자유가 지나친

ⓐ 음란한, 방탕한   wanton, lascivious, dissolute, prurient

licentious behavior 음란한 행동

[어원] 『licenti(license) + ous(형접) → (지나친) 자유를 갖고 있는』
[TIP] licentious는 license(허가; 방종)에서 왔음을 이해하는 것이 암기의 관건!
      license → (제약을 두지 않는) 허가
      licentious → (행동에 제약을 두지 않는) 음란한, 방탕한

limp

[limp]

절름발이가 된

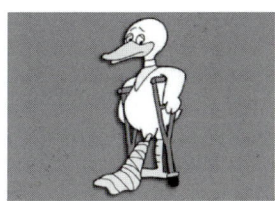

ⓐ 약한, 힘없는   frail, flimsy, tenuous, lifeless

a **limp** handshake 힘없는 악수

[어원] 『lim(lame) + p(형접) → 절름발이가 된』

[TIP] limp(약한)은 lame(절름발이의)에서 유래했다.

[비교] limpid 맑은, 투명한

liquidate

[líkwidèit]

액체로 만들다

ⓥ 1. 청산하다   pay off

2. 죽이다   kill, execute

n. liquidation   청산; 제거, 살해

The company has **liquidated** its all liabilities.
그 회사는 모든 부채를 청산했다.
He **liquidated** his rival. 그는 경쟁자를 죽였다.
liquidation sale 점포 정리 세일

[어원] 『liquid(액체) + ate(동접) → 액체로 만들다』

[TIP] liquid(액체)는 형체가 없다. liquidate는 '액체로 만들다'에서
'형체를 없애다'의 의미가 된 것이다.
1. 빚의 형체(존재)를 없애다 → 청산하다
2. 사람의 형체(존재)를 없애다 → 죽이다

listless

[lístlis]

욕망이 없는

ⓐ 무기력한, 나른한   languid, lethargic, sluggish, torpid

He grew **listless** by the heat. 그는 무더위에 무기력해졌다.

[어원] 『list(lust) + less(없는) → (하고자 하는) 욕망이 없는』

[TIP] listless에서 list는 lust(욕망)에서 변형된 스펠링(모음변화)이다.
즉, listless는 아무것도 하고자 하는 욕망이 없는 상태로서 '무기력한,
나른한'의 의미가 된 것이다.

 litter

[lítər]

쓰레기(봉투) 몇 리터?

ⓝ 쓰레기   trash, refuse, rubbish, garbage

ⓥⓣ 흩뜨리다, 어지르다

People who drop **litter** will be fined.
쓰레기를 버리는 사람들은 벌금을 부과 받게 된다.
Clothes **littered** the floor. 마룻바닥에 옷들이 널려져 있다.

[음원] **litter**(쓰레기) － **liter**(리터)
　　　→ 니네 집 **쓰레기**(litter) 봉투 몇 **리터**(liter)짜리 쓰니?

---

 litigate

[lítigèit]

법적 절차를 행하다

ⓥⓘ 소송을 제기하다   file a suit; sue, accuse, charge, indict

n. litigation 소송　　　　　n. litigant 소송 당사자

If we have to **litigate**, we will.
만일 우리가 소송을 제기해야 한다면 하겠습니다.

[어원] 『lit(law) + ig(drive) → 법적 절차를 행하다』

---

 livid

[lívid]

파랗게 된

ⓐ 1. 격노한   furious, frantic, enraged, rabid

　　2. (얼굴이) 파랗게 질린, 창백한   pale, blanched

He was **livid** that she had lied.
그는 그녀가 거짓말을 했다는 사실에 격노했다.
Her lips was **livid** with fear.
그녀의 입술은 공포로 파랗게 질렸다.

[어원] 『liv(blue) + id(~된) → (얼굴이) 파랗게 된』
[TIP] livid는 '파랗게 된'이 기본 의미로서,
　　　1. 분노로 얼굴색이 검푸르게 변한 → 격노한
　　　2. 공포로 입술이 파랗게 변한 → 질린, 창백한
[출제포인트] 시험에는 **1. 격노한**의 의미가 출제되었다.

loathe

[louð]
짐 지는 것을 싫어하다

ⓥ 아주 싫어하다   hate, detest, abhor, abominate

n. loathing 강한 혐오 strong hatred   a. loath 싫어하는

I absolutely **loathe** climbing. 나는 등산을 아주 싫어한다.

[음원] **load**(짐) – **loathe**(아주 싫어하다) → 짐 지는 것을 아주 싫어하다
[TIP] loathe는 어원적 도움이 안 되는 어휘다.
　　　따라서 비슷한 음의 load와 연관시켜 함께 외우면 쉽다.
[출제포인트] 형용사 loath와 명사 loathing이 함께 출제되었다.

locomotion

[lòukəmóuʃən]
장소의 이동

ⓝ 이동   movement or the ability to move

study forms of animal **locomotion** 동물의 이동 형태들을 연구하다

[어원] 『loco(local) + motion(이동) → 장소의 이동』
[상상⁺] **locomot**ive 기관차
[출제포인트] 시험에서 locomotion의 답은 movement다!

loophole

[lúːphòul]
(벽의) 엿보는 구멍

ⓝ 허점, 빠져나갈 구멍   means of escape

a **loophole** in the tax law 세법상의 허점

[어원] 『loop<lup(watch) + hole(구멍) → (벽의) 엿보는 구멍』
[TIP] loophole은 원래 벽에 생긴 작은 구멍을 뜻한다. 벽에 구멍이 생기면 곧
　　　'허점'이 생긴 것이고 그 구멍은 '빠져나갈 수 있는 구멍'이 된다. 그림에
　　　서 벽에 난 구멍은 쏙 빠져나갈 수 있어 보인다.

loquacious

[loukwéiʃəs]
말 많은

ⓐ 수다스러운   talkative, garrulous, verbose

n. loquacity 수다스러움

my **loquacious** aunt 수다스러운 우리 이모

[어원] 『loqua(speak) + (ci)ous(가지고 있는) → (많은) 말을 가지고 있는』

lubricate

[lú:brikèit]
미끄럽게 하다

ⓥ 미끄럽게[매끄럽게] 하다   oil, grease, wax, slick

n. lubricant 윤활유   n. lubrication 매끄럽게 함

Oil is used to **lubricate** machinery.
기름은 기계를 매끄럽게 하기 위해 사용된다.

[어원] 『lubric(slippery) + ate(동접) → 미끄럽게 하다』

lucid

[lú:sid]
(밝게) 빛나는

ⓐ 명료한, 이해하기 쉬운   clear, apparent, distinct, definite, patent

a clear and **lucid** writing 명확하고 이해하기 쉬운 글

[어원] 『luc(light) + id(~된) → (밝게) 빛나는』
[상상+] e**luc**idate 설명하다 / il**lumin**ate 조명하다; 명백히 하다
luminous 빛을 내는, 형광의 / **lus**ter 광택

ludicrous

[lú:dəkrəs]
놀며 시간 보내는

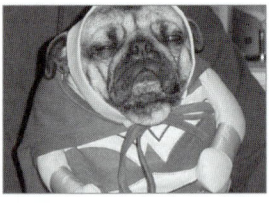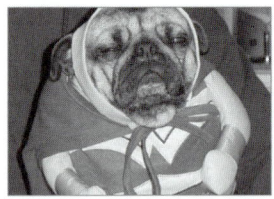

ⓐ 어리석은, 우스운   absurd, ridiculous, preposterous, inane

n. ludicrousness 어리석음

a **ludicrous** attempt 어리석은 시도

[어원] 『ludi(play) + crous(형접) → 놀면서 시간 보내는』
[TIP] ludicrous는 아무일도 하지 않고 그저 놀면서 시간을 허비하고 있는 모습
에서 유래한 어휘다.

lunatic

[lú:nətik]
달로 인해 정신 나간

ⓐ 미친   insane, demented, deranged, maniacal

ⓝ 미친 사람   a crazy person

lunatic behavior 미친 행동   **lunatic** asylum 정신병원
a dangerous **lunatic** 위험한 정신병자

[어원] 『luna(moon) + tic(형접) → 달로 인해 정신 나간』
[TIP] 달(moon)이 사람을 미치게 한다는 옛날 사람들의 믿음에서 lunatic의
뜻이 '미친' 이 된 것이다.
[상상+] **luna**r 달의

makeshift

[méikʃìft]
임시변통으로 만든

ⓐ 임시변통의, 일시적인 suitable as a temporary substitute; expedient

The refugees fled in a **makeshift** raft.
피난민들은 임시로 만든 뗏목을 타고 도망쳤다.

[어원] 『make(만들다) + shift(임시변통) → 임시변통으로 만든』
[TIP] makeshift는 '급한 대로 임시로 만들어 쓰는'의 의미다.
또한 makeshift에서 shift의 의미가 '임시변통'이라는 것을 다시 한 번 알아두자!

maniacal

[mənáiəkəl]
미치광이의

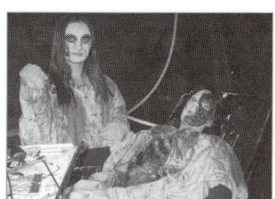

ⓐ 미친, 제정신이 아닌 demented, lunatic, insane, deranged

n. maniac 미치광이

a **maniacal** killer 제정신이 아닌 살인마

[어원] 『maniac(미치광이) + al(형접) → 미치광이의』
[비교] mania 열광자, 매니아(zealot)
[발음주의] 매니어컬(X) → 머**나**이어컬(O)

manipulate

[mənípjəlèit]
손으로 작동하다

ⓥ 1. 조종하다 handle   2. 조작하다, 속이다 deceive, delude, beguile

n. manipulation 조작 maneuvering

manipulate the steering wheel (자동차의) 핸들을 조종하다
manipulate stock prices 주가를 조작하다

[어원] 『mani(hand) + pul(full) + ate(동접) → 손으로 작동시키다』
[상상⁺] **manu**al 수동의 / **manu**script 원고
maneuver (조종하여) 움직이다; 교묘한 방법을 쓰다
[출제포인트] 명사 **manipulation**(조작)이 출제되었다.

maritime

[mǽrətàim]
바다의

ⓐ 바다의, 해양의 relating to the sea or ships; marine

research in **maritime** biology 해양 생물학에 대한 연구

[어원] 『mari(sea) + time(형접) → 바다의』
[주의] maritime에서 접미어 -time은 시간과 전혀 상관없는 형용사 접미어일 뿐이다.
[상상⁺] **mar**sh 습지, 갯벌 / **mer**maid 인어

masquerade

[mæ̀skəréid]
가면을 쓰는 것

ⓝ 가장무도회; 가면, 위장 faking, pretense, guise, put-on

ⓥⓣ 사칭하다, 가장하다 pretend

Her love for him was the **masquerade** for money.
그에 대한 그녀의 사랑은 돈을 위한 위장이다.
He **masqueraded** as a doctor. 그는 의사를 사칭했다.

[어원] 『masque(mask) + rade(명접) → 가면을 쓰는 것』
[TIP] masquerade는 가면(mask)을 쓰고 하는 파티를 의미하는데, 가면을 썼다
는 것은 얼굴을 가린 것이므로 '가장, 위장'의 뜻이 되었다.

matriarch

[méitrià:rk]
여성 지도자

ⓝ 여자 가장 a woman leader ⇔ patriarch (男) 가장

the **matriarch** of the village 그 마을의 여자 족장

[어원] 『matri(mother) + arch(rule) → 어머니(여성) 지도자』

meddle

[médl]
(남의 일에) 섞다

ⓥⓘ 참견[간섭]하다 interfere, intrude, intervene, butt in

a. meddlesome 참견하기 좋아하는 nosy

The administration will no longer **meddle in** university affairs.
정부는 더 이상 대학의 일에 간섭하지 않을 것이다.

[어원] 『meddl<miscer(mix) + e(동접) → (남의 일에 자신을) 섞다』
[음원] **middle**(중간) − **meddle**(참견하다) → 중간에서 이래라 저래라 참견하다
[어법] meddle in[with] : ~에 참견[간섭]하다

mediate

[mí:dièit]
중간 역할을 하다

ⓥ 중재[조정]하다 arbitrate, intercede

n. mediation 중재   n. mediator 중재자 arbiter

mediate dispute between the company and the investors
회사와 투자자들 간의 분쟁을 중재하다
[어원] 『medi(middle) + ate(동접) → 중간에서 역할을 하다』
[비교] meditate 숙고하다
[상상+] **medi**um 매개체 / **medi**ocre 보통의, 평범한 / **medi**eval 중세의
      inter**medi**ate 중간(급)의

meditate

[médətèit]

치료법을 고민하다

ⓥⓘ 숙고[명상]하다 contemplate, ponder, muse, reflect on

n. meditation 숙고

a. meditative 숙고하는, 생각에 잠긴 pensive

meditate on the purpose of life 인생의 목적에 대해 숙고하다

[어원] 『medi(t)(heal) + ate(동접) → 치료법(해결책)을 고민하다』
[TIP] medical → 의학의, 치료의
　　　meditate → 치료법(해결책)을 고민하다 → 숙고하다
[어법] meditate on : ~에 대해 숙고하다
[상상⁺] **medi**cine 약; 의학 / **medi**cation 투약, 약물치료 / re**medy** 치료

meek

[miːk]

(성격이) 부드러운

ⓐ 유순한 docile, compliant, submissive, tractable

The baby always **meek** and mild. 그 아기는 늘 유순하고 온화하다.

[어원] 『meek(soft) → (성격이) 부드러운』
[TIP] meek는 스펠링이 짧아 외우기 쉽다.

menace

[ménəs]

튀어나온 것

ⓝ 위협, 협박 something that is dangerous; threat

ⓥⓘ 위협[협박]하다 threaten, frighten, terrify

military **menace** to the country 그 나라에 대한 군사적 위협
Terrorism **menaces** social security. 테러 행위는 사회 안전을 위협한다.

[어원] 『men(project 내밀다) + ace(명접) → (날카롭게) 튀어나온 것』
[TIP] 날카롭게 튀어나온 것은 위험한 것이다. menace는 원래 '위험한 것'의
　　　의미에서 '상대방에게 위험을 가하는 것'의 의미로 '위협, 협박'이 된 것이다.
[음원] 그 자식이 **협박**하려고 나를 의자에 **메나써**(**menace**)!

menial

[míːniəl, -njəl]
집안일의

ⓐ 비천한, 허드렛일의   relating to servants; lowly

do low paid **menial** jobs 돈을 얼마 못 받는 허드렛일을 하다

[어원] 『men(mansion 대저택) + ial(형접) → 대저택 안의 일의』
[TIP] menial에서 men-은 mansion(대저택)을 의미하는 말이다. 따라서
menial은 mansion을 깨끗하게 유지하기 위해 청소하고, 빨래하고,
잔디를 깎는 등의 허드렛일을 의미한다.
[비교] chore 허드렛일 / drudgery 고된 일

mercurial

[məːrkjúəriəl]
수은처럼 잘 변하는

ⓐ 변덕스러운   capricious, fickle, whimsical, temperamental

n. mercury   수은;《M-》수성

an actress noted for her **mercurial** temperament
변덕스런 성격으로 유명한 여배우

[어원] 『mercury(수은)의 형용사형 → 열에 민감하게 잘 변하는』
[TIP] 수은(mercury)이 열에 의해 잘 변하는 것처럼 사람 마음이 주변 상황에
따라 시시각각 잘 변하는 것이 mercurial!

messy

[mési]
뒤죽박죽인

ⓐ (몹시) 어질러진, 불결한   lousy, filthy, upside-down, disheveled

n. mess   지저분함; 어려움

a **messy** office 몹시 어질러진 사무실
What a **mess**! 너무 지저분하다!

[어원] 『mess(혼란) + y(형접) → (뒤죽박죽이어서) 혼란스러운』
[TIP] messy는 기본 어휘 mess(혼란)의 형용사형이다.

milestone

[máilstòun]
거리 표시 이정표

ⓝ 이정표, 획기적인 사건   a very important event; landmark

the most important **milestone** in history
역사상 가장 중요하고 획기적인 사건

[어원] 『mile(마일) + stone(돌) → 몇 마일인지를 나타내는 돌』
[TIP] 그림에서 보듯 milestone은 거리를 나타내주는 이정표를 의미하는데,
이 뜻이 비유적인 표현으로 쓰여 '획기적인 사건' 이 된 것이다.

milk

[milk]
우유를 짜내다

ⓥ 착취하다   obtain benefits in a dishonest way; exploit

milk human labor 인간의 노동력을 착취하다

[어원] 『milk(우유를 짜내다) → 착취하다』
[TIP] milk가 동사로 쓰이면 '(우유를) 짜내다'의 뜻이다.
　　　이것이 '(노동력을) 짜내다 → 착취하다'의 의미로 쓰이게 된 것이다.
[상상+] pro**mulg**ate 선포[공포]하다

---

mired

[maiərd]
늪에 빠진

ⓐ 곤경에 빠진, 난관에 부딪친   stuck in a bad situation; bogged

The country has been **mired** in chaos. 그 나라는 혼돈에 빠졌다.

[어원] 『mire(늪) + ed(~된) → 늪에 빠진』
[TIP] 우리말에서도 늪에 빠졌다고 하면 곧 '곤경에 처한' 상황을 의미한다.
　　　동의어 bogged에서 bog은 '진흙탕, 습지'라는 뜻이다.

---

miserly

[máizərli]
구두쇠의

ⓐ 인색한, 구두쇠의   stingy, parsimonious, niggardly

n. miser   구두쇠

He is **misery** with his money. 그는 돈에 인색하다.

[어원] 『miser(구두쇠) + ly(형접) → 구두쇠의』
[비교] misery 불행, 고통

---

mite

[mait]
작은 동전

ⓝ 1. 소량, 조금   bit, particle

2. 진드기   a very small creature

She's **a mite** shy. 그녀는 약간 수줍음을 탄다.

[어원] 『mite(작은 동전) → 소량, 조금』
[TIP] 작은 동전은 액수가 '소량, 조금'이고, 조그맣고 작은 것의 의미에서
　　　'진드기'의 뜻까지 나왔다.
[어법] a mite : 약간, 조금(a bit)
[출제포인트] mite는 1. 소량, 조금의 의미로 출제된다.

monetary

[mάnətèri, mʌ́n- / mʌ́nitəri]
돈의, 화폐의

ⓐ 화폐의, 통화의 relating to money; pecuniary, fiscal

n. monetarism 통화주의

the central bank's **monetary** policy 중앙은행의 통화 정책

[어원] 『monet(money) + ary(형접) → 돈의, 화폐의』
[TIP] monetary는 결국 money의 형용사라고 이해하면 쉽다.
International **Monetary** Fund 국제 통화 기금(IMF)

monumental

[mὰnjuméntl / mɔ̀n-]
기념비적인

ⓐ 기념비적인, 불후의 highly significant; outstanding

his **monumental** contribution to the field of biology
생물학 분야에 대한 그의 기념비적인 기여

monument

[어원] 『monument(기념비) + al(형접) → 기념비적인』
[TIP] '기념비적인'이란 역사에 길이 남을 만한 훌륭한 것을 의미한다.

moody

[múːdi]
기분에 따라 변하는

ⓐ 1. 우울한 unhappy, depressed, gloomy, dismal

2. 변덕스러운 capricious, fickle, mercurial, temperamental

Jenny had seemed **moody** all day. 제니는 하루 종일 우울해 보였다.
His mother is very **moody**. 그의 엄마는 아주 변덕스럽다.

[어원] 『mood(기분) + y(형접) → 기분에 따라 변하는』
[출제포인트] moody는 1. 우울한이 출제되었다.

moribund

[mɔ́(ː)rəbʌ̀nd, mάr-]
죽어가는

ⓐ 죽어가는, 쇠퇴하는 no longer active or effective; dying

revive the **moribund** economy 쇠퇴하는 경제를 되살리다

[어원] 『mori(die) + bund(형접) → 죽어가는』
[상상⁺] **mur**der 살인 / **mort**al 죽을 운명의; 치명적인 / im**mort**al 불멸의
mortify 굴욕감을 주다

motley

[mátli / mót-]
티끌들이 모인

ⓐ 잡다한, 뒤섞인   diverse, miscellaneous, heterogeneous, sundry

a **motley** collection of coins 잡다한 동전들 모음

[어원]「mot(mote티끌) + ley(형접) → 여러 티끌들이 모인 → 잡다한」

muggy

[mΛgi]
이슬비에 옷이 젖는

ⓐ 후텁지근한, 무더운   hot and extremely humid; sticky, sultry

It was **muggy** and overcast. 날씨가 후텁지근하고 흐렸다.

[어원]「mug(g)(dizzle) + y(형접) → 이슬비에 옷이 젖는」
[TIP] 이슬비(dizzle)가 내려 옷이 젖듯이 날씨가 덥고 습기가 많아 옷이 몸에
달라 붙는 불쾌한 날씨가 muggy!

mumble

[mΛmbəl]
혼자서 말하는 소리

ⓥ 중얼거리다   mutter, murmur, grunt

Her grandmother **mumbled** in her sleep.
그녀의 할머니가 잠꼬대로 중얼거렸다.

[의성어] 혼자서 말하는 소리(멈블)에서 유래됨.
[뉘앙스] mumble / mutter / murmur 중얼거리다
stammer / stutter (말을) 더듬거리다
– Peter **stammered** out an apology. 피터는 더듬거리며 사과했다.

┌─[주제별 어휘] **꼭 알아야 할 의성어들**─┐

bark (개가) 짖다 / howl (늑대가) 울다 / growl 으르렁거리다(snarl)
rustle 바스락거리다 / rattle 딸랑[덜그럭]거리다
flap (날개를) 퍼덕거리다

 muse

[mjuːz]
음악 들으며 숙고하다

ⓥ 숙고하다   ponder, contemplate, meditate, ruminate

She **mused on** her future. 그는 자신의 미래에 대해 숙고했다.

[음원]　**music** – **muse** → 좋은 음악을 들으며 생각에 잠기다
[TIP]　music과 muse는 스펠링이 비슷하므로 연결시켜 외우면 잘 외워진다.
　　　　한편, Muse는 그리스·로마 신화에 나오는 음악의 여신이다.
[어법]　muse on[over] : ~에 대해 숙고하다

 muster

[mʌ́stər]
눈에 보이게 하다

ⓥⓣ 모으다, 소집하다   gather, assemble, convoke, congregate

The general **mustered** his troops. 그 장군은 자신의 병력들을 소집했다.
muster up courage 용기를 내다

[어원]　『muster(show) → (흩어져 있던 병사들을) 눈에 보이게 하다』
[TIP]　monster : (눈에) 보이는 것 → 괴물
　　　　muster : (눈에) 보이게 하다 → 소집하다
[상상⁺]　de**monstr**ate 시위운동하다; 실증하다 / re**monstr**ate 항의하다

 mutiny

[mjúːtəni]
(반대하는) 움직임

ⓝ 반란, 반역   rebellion, revolt, uprising, insurrection

n. mutineer 반역자   insurgent   a. mutinous 반항적인

the leader of the failed **mutiny** 실패한 반란의 지도자

[어원]　『mut<mot(move) + iny(명접) → (반대하는) 움직임』
[TIP]　mutiny는 움직임의 의미가 강해져 '반대하는 움직임 → 반란' 의 의미가
　　　　된 것이다.
[상상⁺]　re**mote** 먼 / de**mote** 강등시키다 / com**mot**ion 소란, 소동

 mutual

[mjúːtʃuəl]
입장이 서로 바뀌는

ⓐ 상호간의   shared in common; reciprocal, bilateral

work for **mutual** benefit 상호 이익을 위해 일하다

[어원]　『mut(change) + ual(형접) → 입장이 서로 바뀌는』
[상상⁺]　**mut**ation 변화, 변천 / **mut**able 바뀌기 쉬운 / im**mut**able 불변의
　　　　com**mut**e 통학[통근]하다

nascent

[nǽsənt, néi-]
탄생의

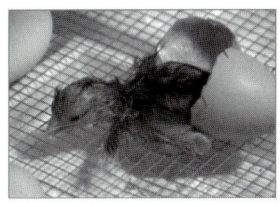

ⓐ 초기의, 태동의   incipient, embryonic

Korea's **nascent** space industry 초기 단계에 있는 한국의 우주 산업

[어원] 『nasc<nat(birth) + ent(형접) → 탄생의, 초기의』
[상상⁺] **nat**ion 국가 / **nat**al 출생의 / in**nat**e 타고난 / cog**nat**e 동족의
renais**s**ance 중흥, 르네상스

nepotism

[népətìzəm]
조카를 생각함

ⓝ 연고 등용주의   favoritism toward relatives

enact the bill to root out **nepotism**
연고 등용주의를 근절시키기 위한 법안을 제정하다

[어원] 『nepot(nephew) + ism(doctrine) → 조카(친척)를 생각하는 것』
[TIP] nepotism에서 nepot은 nephew(조카)에서 발음이 변형되어 정착된 부분
이며, 연고 등용주의란 왕이나 대통령이 자신의 형제나 친척들을 요직에
두루 기용하는 것을 말한다.

niggardly

[nígərdli]
구두쇠 같은

ⓐ 인색한   stingy, miserly, parsimonious ⇔ extravagant   낭비하는

a **niggardly** pay increase 인색한 임금 인상

[어원] 『niggard(구두쇠) + ly(형접) → 구두쇠 같은』
[TIP] niggard(구두쇠)는 어원적으로 별 도움이 안되므로 옆의 그림을 보고
연상하여 외운다.

nocturnal

[naktə́:rnl / nɔk-]
밤의

ⓐ 밤의, 야간의   active in night; nightly ⇔ diurnal 주간의

Owls are **nocturnal** creatures. 올빼미는 야행성 동물이다.

[어원] 『noct(night) + urnal(형접) → 밤의, 야간의』
[TIP] 그리스·로마 신화의 Nyx(밤의 여신)에서 noct(night)라는 어근이 탄생
되었으며 발음의 편의상 Nyx가 noct로 바뀐 것이다. 이러한 유래를 알면
nocturnal을 외우기 쉬워진다.

nominal

[námənl / nɔ́m-]
이름만 있는

ⓐ 이름뿐인, 명목상의　titular, powerless

the **nominal** head of the company 그 회사의 명목상 회장
nominal wages 명목 임금(화폐 액수로서의 임금)

[어원] 『nomin(name) + al(형접) → 이름만 있는(힘은 없는)』
[TIP] 우리말에서 "그 회장은 허수아비야!" 하면 이름만 회장이지 실권이 없는
　　사람, 즉 nominal을 의미한다.
[상상+] **nomin**ate 지명하다 / de**nomin**ate 명명하다 / re**nown** 명성
　　ig**nomin**y 치욕, 불명예 / mis**nomer** 잘못된 이름

novice

[návis / nɔ́v-]
새롭게 해보는 사람

ⓝ 초보자　beginner, rookie, neophyte, tyro, apprentice

a manual for **novice** users 초보 사용자들을 위한 사용 설명서

[어원] 『nov(new) + ice(명접) → 처음 새롭게 해보는 사람』
[상상+] in**nov**ate 쇄신[혁신]하다 / re**nov**ate (건물을) 수리하다
　　novel 새로운; 소설

noxious

[nákʃəs / nɔ́k-]
독을 갖고 있는

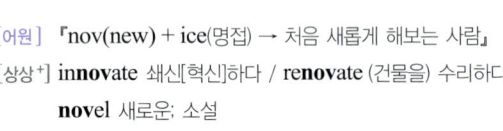

ⓐ 유독한　harmful, toxic, pernicious, detrimental, deleterious

emit **noxious** fumes 유독 가스를 배출하다

[어원] 『nox<noc(poison) + ious(having) → 독을 갖고 있는』
[상상+] in**noc**uous 무해한 / per**nic**ious 유해한 / ob**nox**ious 불쾌한
[출제포인트] **noxious**뿐만 아니라 **innocuous**도 시험에 빈출되는 어휘이므로
　　두 어휘 모두 확실하게 암기해야 한다!

nullify

[nʌ́ləfài]
무효로 만들다

ⓝ 무효화하다　invalidate, abolish, abrogate, repeal

n. nullification　무효화

file a suit to **nullify** the election result
선거 결과를 무효화하기 위한 소송을 제기하다

[어원] 『null(nothing) + ify(make) → 무효로 만들다』
[상상+] an**nul** 무효화하다 / an**nihil**ate 완전히 파괴하다

nurture

[nə́ːrtʃər]
자양분을 주다

ⓥ 기르다, 육성하다 foster, rear, cultivate, bring up

ⓝ 양육, 육성 education, upbringing

plants **nurtured** in the greenhouse 온실에서 길러진 식물들
spiritual **nurture** 영적 양육

[어원] 『nourish(자양분을 주다)의 변형 → 영양분을 주어 기르다』

[TIP] nurture는 'nutriment(영양분)을 주다' 의 의미

[상상⁺] **nutri**ent 자양분 / **nutri**ment 영양분(nourishment)
　　　 nutrition 영양(분) ⇔ mal**nutri**tion 영양실조

nutty

[nʌ́ti]
nut를 마구 먹는

ⓐ 1. 미친, 정신 나간 crazy

2. 고소한 tasting like nuts

I think she got slightly **nutty**. 내 생각에 그 여자 좀 미친것 같아.

[어원] 『nut(견과류)를 마구 먹는 → 미친』

[TIP] nutty는 nut(견과류)에서 그대로 유래한 단어인데, nut가 고소하고 맛있다
　　　보니 사람들이 정신없이 먹는 데서 유래했다.
　　　nutty는 속어(slang)로 친구들 간에 쓸 수 있는 말이다.

offhand

[ɔ́(:)fhǽnd, áf-]
손에서 떨어져나가

ad 즉시, 바로 *immediately, impromptu, extemporaneously, at once*

I can't remember **offhand** what his name is.
난 그의 이름이 무엇인지 바로 기억할 수가 없다.

[어원] 『off(떨어져) + hand(손) → 손에서 바로 떨어져나가』
[TIP] 옆의 그림처럼 사격에서 목표물이 나타나면 '즉시, 바로' 방아쇠를 당겨 총알이 나가게 되는데 이것이 바로 offhand다!

officious

[əfíʃəs]
임무를 갖고 있는

a 참견하기 좋아하는 *meddlesome, obtrusive*

an **officious** traffic warden 참견하기 좋아하는 불법주차 단속원

[어원] 『offici(임무) + ous(having) → 임무를 갖고 있는』
[TIP] 보통 수위아저씨나 형사들처럼 임무(office)를 갖고 있는 사람들이 꼬치꼬치 캐묻고 다른 사람의 일에 참견하는 데서 유래됨.
[비교] official 공식적인; (정부) 관리

onset

[ánsèt, ɔ́(:)n-]
~의 시작

n 시작, 개시 *beginning, commencement, outset*

the **onset** of spring 봄의 시작

[어원] 『on(접촉) + set(놓다) → (~일에) 놓인 것 → ~의 시작』
[TIP] onset은 원래 『set A on B : A를 B하게 하다』의 명사형으로 '~하는 것, ~의 시작'의 의미다.

ooze

[uːz]
위! 즈~며 나온다

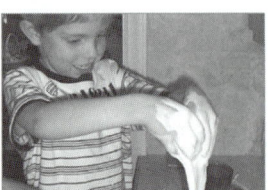

v 스며 나오다, 발산하다 *drip, exude*

Blood was **oozing** from the wound. 상처에서 피가 나고 있었다.

[어원] 『ooze<wose(sap수액) → (나무에서) 수액이 스며 나오다』
[음원] 위! 즈(**ooze**)며 나온다!

optimum

[áptiməm / ɔ́pt-]

옵티마(차)

ⓐ 최적의   the best suitable for

vt. optimize   최적화하다

optimum weather conditions for growth
성장을 위한 최적의 기후 조건

[어원] 『optim(best) + um(명접) → 최고의』

[TIP] optimum이 '최적의'라는 뜻이므로 옆 그림 optima는 '(운전하기에) 최적의 차' 정도로 이해하면 된다.

[상상⁺] **optim**istic 낙관적인 ⇔ pessimistic 비관적인

---

ornamental

[ɔ̀ːrnəméntl]

장식용의

ⓐ 장식(용)의   decorative, cosmetic

n. vt. ornament   장식(하다)

The door is purely **ornamental**. 그 문은 순전히 장식용이다.

[어원] 『orna(decorate) + ment(명접) + al(형접) → 장식용의』

[상상⁺] ad**orn** 장식하다 / **orn**amental 장식(용)의

---

ornate

[ɔːrnéit]

장식된

ⓐ 장식된, 화려한   elaborate, splendid, gorgeous

an **ornate** gold mirror 금으로 만든 화려한 거울

[어원] 『orn(decorate) + ate(형접) → 장식된』

[TIP] ornamental(장식용의)과 ornate(장식된, 화려한)는 같은 어원이지만 약간의 의미 차이가 있으니 잘 살펴보자!

---

oscillate

[ɑ́səlèit / ɔ́s-]

흔들리다

ⓥ 요동치다, 갈팡질팡하다   sway, fluctuate, vacillate, waver

n. oscillation   요동, 변동

The stock market is **oscillating** at the moment.
주식 시장이 현재 요동치고 있다.

[어원] 『oscill(swing) + ate(동접) → (가만있지 못하고) 흔들리다』

[TIP] 영어로 그네가 swing이다. oscillate는 그네처럼 마음이 왔다갔다 흔들리는 것을 말한다. oscillate와 vacillate는 스펠링이 비슷하고 뜻이 같으므로 함께 외운다.

 ostracize

[ástrəsàiz / ɔ́s-]

(vt) 추방하다, 퇴출시키다   expel, banish, deport, oust

- -

n. ostracism 추방, 퇴출   eviction

The dictator was **ostracized** by the people.
그 독재자는 국민들에 의해 추방되었다.

[어원] 『ostra(potshred)도자기 조각 + (c)ize(동접) → 도자기 조각에 이름을 적다』
[TIP] 고대 그리스에서는 독재자가 될 가능성이 있는 인물을 도자기 조각에
       그 이름을 적어 추방하는 '도편추방제' 라는 제도가 있었다. 옆의 그림에서
       보듯 ostracize는 '도자기 조각에 이름을 적다' 라는 어원적 의미에서 결국
       '추방하다' 라는 뜻이 된 것이다.

 oust

[aust]
내보내다

(vt) 내쫓다, 축출하다   expel, banish, deport, ostracize

The dictator were finally **ousted** from power.
그 독재자는 결국 권력에서 축출되었다.

[어원] 『oust<out(밖으로) → 밖으로 내보내다』
[TIP] out이 그대로 동사로 변한 단어가 oust!

page

[peidʒ]

아이의 이름을 부르다

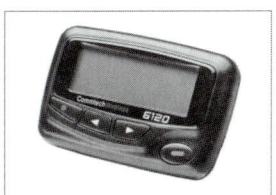

ⓥ (이름을 불러) 사람을 찾다   *call a person by name; summon*

ask him to **page** her child 그에게 (방송으로) 아이를 찾아달라고 부탁하다

[어원] 『paggio(child) → 아이(시종)의 이름을 불러 오게 하다』

[TIP] pager를 호출기(삐삐)라고 하는데 사람을 불러 찾기 위한 기계다.
page(사람을 불러 찾다)는 pager(호출기)를 통해 외우면 쉽다.

[주의] page(쪽, 페이지)와는 어원이 다른 어휘임에 주의하자!

palliative

[pǽliətiv]

천으로 덮어두는

ⓐ 경감[완화]시키는   *relieving, alleviating*

ⓝ (임시적) 미봉책   *something done to make bad situation seem better*

vt. palliate   (일시) 완화시키다

the national **palliative** care service
(말기 환자들의 고통을) 덜어주는 고통 완화 의료기관
short-term economic **palliatives**
단기적인 경제 미봉책들

[어원] 『pall(덮는 천) + iative(형접) → 천으로 덮어두는』

[TIP] palliate는 원래 상처에 임시로 천(붕대)을 덮어 둔 것에서 유래하며 완치는
아니더라도 일시적으로 완화시켜주는 것이다.

palpable

[pǽlpəbəl]

만질 수 있는

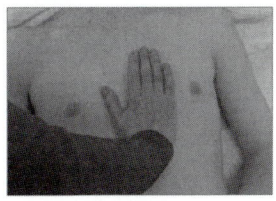

ⓐ 뚜렷한, 명백한   *obvious, tangible, manifest, distinct*

⇔ impalpable 만져서 알 수 없는

a **palpable** sense of disappointment 명백한 실망의 감정

[어원] 『palp(touch) + able(할 수 있는) → 만질 수 있는』

[TIP] palpable은 원래 '만질 수 있는'의 뜻에서 '확연히 알 수 있는'의 뜻으로
발전되었다. palp의 뜻이 touch라는 것을 아는 게 암기의 관건!

parsimonious

[pὰːrsəmóuniəs]
적은 돈만 있는

ⓐ 인색한 stingy, miserly, niggardly

a **parsimonious** old man 인색한 영감

[어원] 『parsi(sparse) + moni(money)
　　　　　→ (돈이 많아도) 항상 적은 돈만 갖고 다니는』
[TIP] 옆의 그림처럼 돈 많아 보이는 사장이 동전 하나를 던져 줄 정도면
　　　 엄청 'parsimonious(인색한)' 사람이다.
[상상⁺] patri**mony** 세습 재산

pastoral

[pǽstərəl]
양치기의

ⓐ 전원의, 목가적인 rustic, rural, bucolic

n. pastor 목사 priest

an inviting **pastoral** scene 매력적인 전원 풍경

[어원] 『pastor(양치기) + al(형접) → 양치기의』
[TIP] pastor(양치기)가 있는 모습은 당연히 '전원의, 목가적인' 으로 연상된다.

pathetic

[pəθétik]
고통을 겪고 있는

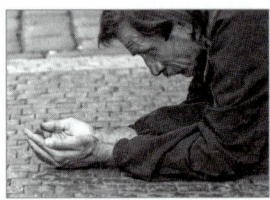

ⓐ 불쌍한, 애처로운 pitiful, miserable, wretched, heartbreaking

n. pathos 애처로움

the **pathetic** love story between two musicians
두 음악가 사이의 애처로운 사랑 이야기

[어원] 『path(suffer) + etic(형접) → 고통을 겪고 있는』

pecuniary

[pikjúːnièri / -njəri]
돈의, 화폐의

ⓐ 금전[화폐]의 monetary, fiscal

sustain heavy **pecuniary** losses 엄청난 금전적 손실을 입다

[어원] 『pecun(money) + iary(형접) → 돈의, 화폐의』
[상상⁺] im**pecuni**ous 가난한

pedagogical

[pèdəgádʒikəl, -góudʒ-]
아이들을 이끌어가는

ⓐ 교육상의, 교수법의 relating to teaching methods; educational

n. pedagogy 교수법(가르치는 방법)

n. pedagogue (엄격한) 선생

new **pedagogical** methods 새로운 교육 방법들

[어원] 『ped(child) + agog(lead) → 아이들을 이끌어가는』
[상상⁺] **ped**iatrician 소아과의사 / **ped**iatrics 소아과

penchant

[péntʃənt]
(무엇에) 매달리는 것

ⓝ 경향, 애호 tendency, inclination, proclivity, propensity

He has a **penchant** for sports cars.
그는 스포츠카에 대한 애호를 갖고 있다.

[어원] 『pench<pend(hang) + ant(명접) → (무엇엔가) 매달리는 것』
[TIP] 우리말에도 '사소한 것에 매달린다' 라는 말이 있다. 사람이 무언가에 매달린다는 것은 집착하거나 좋아한다는 의미로서 '경향, 애호'란 의미가 되었다.
[발음주의] 펜쳔트(X) → 펜션트(O) : 발음기호의 t는 거의 묵음

penetrate

[pénətrèit]
깊이 파고들다

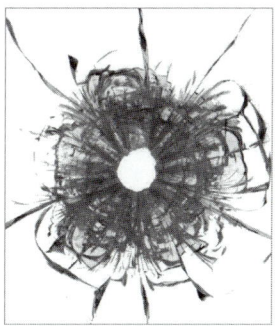

ⓥ 1. 꿰뚫다, 관통[침투]하다 pierce

2. 간파[이해]하다 understand

n. penetration 관통; 간파

a. penetrating 꿰뚫는; 간파하는

The company tried to **penetrate** the Chinese market.
그 회사는 중국 시장에 진입하려고 노력했다.
Scientists try to **penetrate** the mysteries of nature.
과학자들은 자연의 미스터리들을 이해하기 위해 노력한다.

[어원] 『penet<penit(deeply) + ate(동접) → 깊이 파고들다』
[상상⁺] im**penet**rable 꿰뚫을 수 없는; 알 수 없는

pester

[péstər]
해충들이 괴롭히다

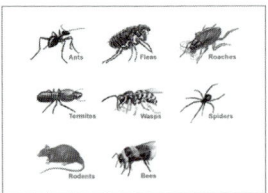

ⓥ 괴롭히다   annoy, bother, harass, afflict, badger

The actress has been **pestered** by reporters.
기자들이 그 여배우를 괴롭혔다.

[어원] 『pest(해충) + er(동접) → 해충들이 괴롭히다』
[TIP] pest는 파리, 모기, 쥐 등 해를 주는 곤충이나 동물을 뜻한다.
따라서 pester는 해충이나 해로운 동물들이 '해를 주어 괴롭히다' 의
뜻이 된 것이다.

philanthropy

[filǽnθrəpi]
인간을 사랑함

ⓝ 박애주의, 자선

charity, benevolence, humanitarianism, contribution

n. philanthropist 박애주의자   a. philanthropy 박애의

She devoted herself to international **philanthropy**.
그녀는 전 세계적인 자선 사업에 헌신했다.

[어원] 『phil(love) + anthrop(human) → 인간을 사랑함』
[상상⁺] **anthrop**oid 유인원의 / **anthrop**ology 인류학

phony

[fóuni]
가짜 소리를 낸

ⓐ 가짜의, 거짓의   fake, sham, spurious, counterfeit

a **phony** ID card 가짜 ID 카드

[어원] 『phon(e)(소리, 음) + y(형접) → 가짜 소리를 낸』
[TIP] phony는 입으로 어떤 소리를 내는 것에서 유래한 어휘다.
예를 들어, 전화가 온 것처럼 입으로 '따르르릉~' 하는 것이다.
영국에서는 **phoney**라는 스펠링으로 쓴다.

pioneer

[pàiəníər]
앞서 나아가는 사람

ⓝ 개척자, 선구자   path-finder, vanguard

Walt Disney is a **pioneer** of animation.
월트 디즈니는 애니메이션의 선구자다.

[어원] 『pion<ped(foot) + eer(사람) → 앞서 나아가는 사람』
[TIP] 원래 pioneer는 군대에서 발로 걸어다니는 병사(foot soldier)를 의미하는
어휘로서, '새로운 길을 개척하는 사람' 으로 쓰인 것이다.

P

plagiarism

[pléidʒiərìzəm]

도둑질

ⓝ 표절 imitation

vt. plagiarize 표절하다

accuse the writer of **plagiarism** 그 작가를 표절 혐의로 고발하다

[어원] 『plagiar(thief) + ism(명접) → (남의 작품에 대한) 도둑질』
[TIP] 남의 작품을 '도둑질' 하다가 자기 것인 양 쓰는 것이 표절이다!

plaintive

[pléintiv]

슬퍼하는

ⓐ 구슬픈 mournful, lamentable, melancholy, doleful, lugubrious

the **plaintive** cry of the dog 개의 구슬픈 울음소리

[어원] 『plaint(lament) + ive(형접) → 슬퍼하는』
[상상⁺] com**plaint** 불평

plausible

[plɔ́ːzəbəl]

박수 받을 수 있는

ⓐ 그럴듯한, 정말 같은 reasonable, probable, believable

⇔ implausible 믿기 어려운

Her proposition certainly sounds **plausible**.
그녀의 제안은 분명 그럴듯하게 들린다.

[어원] 『plaus(clap) + ible(될 수 있는) → 박수 받을 수 있는』
[TIP] 박수 받을 수 있을 만큼 '그럴듯한' 것이 plausible!
[상상⁺] **plaud**it 박수 / ap**plause** 박수갈채

pledge

[pledʒ]

약속하다

ⓝ (공식적) 약속, 서약 covenant, promise, oath, commitment

ⓥ (중대한) 약속을 하다 make a solemn promise

the government's **pledge** to deregulate the realty market
부동산 시장의 규제를 풀겠다는 정부의 약속
The new President **pledged** to revive the economy.
새 대통령은 경제를 되살리겠다는 약속을 했다.
[어원] 『ple(d)ge(engage) → 약속하다』
[TIP] **Pledge** of Allegiance to the Flag 국기에 대한 맹세

plutocracy

[plu:tákrəsi / -tɔ́k-]
부[돈으]로 통치하는 것

ⓝ 금권정치 government of the rich

n. plutocrat (권력을 지닌) 부자

the government under **plutocracy** 금권정치 하의 정부

[어원] 『pluto(부) + cracy(통치) → 부[돈으]로 통치하는 것』
[TIP] 돈으로 정치하려는 것이 바로 금권정치다.
[상상+] demo**cracy** 민주주의 / aristo**cracy** 귀족계급, 부유층
　　　　 auto**cracy** 독재정치 / bureau**cracy** 관료주의[제도]

ply

[plai]
오가다

ⓥⓣ 1. (길에서) 노점하다　　　2. (왕복) 운항하다 travel regularly

Vegetable sellers **ply** their trade on the street.
야채를 파는 사람들이 길에서 물건을 판다.
The ferry **plies** between Busan and Jeju island.
그 여객선은 부산과 제주도를 왕복 운항한다.

[어원] 『ply<apply의 줄임말 → ~에 갖다 대다』
[TIP] 길에서 사람들에게 물건을 갖다 대다 → 노점하다
　　　　 두 지역 사이에 왔다갔다 하는 배를 대다 → (왕복) 운항하다

poignant

[pɔ́injənt]
(마음을) 찌르는

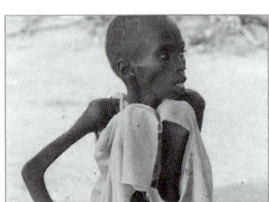

ⓐ 가슴 아픈, 애절한 pitiful, moving, touching, heartbreaking

n. poignancy 애절함

a **poignant** love story 가슴 아픈 러브스토리
[어원] 『poign(prick) + ant(형접) → (마음을) 마구 찌르는』
[음원] 이 애비 가슴 찢어지는 거 **보이냐 이년**(poignant)!
[발음주의] 포이그넌트(X) → 포이넌트(O) : g 묵음
[상상+] **pung**ent 신랄한 / **punct**ual (시간을) 엄수하는
　　　　 com**punct**ion 양심의 가책 / ex**punge** 지우다

poll

[poul]
머릿수를 세는 것

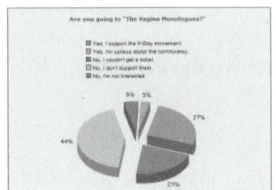

ⓝ (여론) 조사 survey

ⓥⓣ 1. 여론 조사하다　　　2. 투표[득표]하다 vote

the public opinion **poll** 여론 조사
Labor **polled** just 4% of the vote.
노동당은 총 투표수 중 겨우 4퍼센트를 득표했다.
[어원] 『pol(l)(head) → 머릿수를 세는 것』
[TIP] 여론 조사와 투표 모두 머릿수를 세는 것.
[숙어] go to the polls 투표하다

ponder

[pándər / pón-]
무게를 재보다

ⓥ 숙고하다 consider, meditate, contemplate, cogitate

He continued to **ponder** the problem.
그는 계속해서 그 문제를 고민했다.

[어원] 『pond(weight) + er(동접) → (뭐가 중요한지) 무게를 재보다』
[상상⁺] **pound** 파운드(영국의 화폐·무게 단위) / **pond**erous 무거운

ponderous

[pándərəs / pón-]
무게가 나가는

ⓐ 1. 무거운, 육중한 heavy, hefty, massive

2. 지루한 boring, dull, humdrum, monotonous

n. ponderousness 육중함

an elephant's **ponderous** body 코끼리의 육중한 몸
a **ponderous** and difficult book 주제가 무겁고 어려운 책

[어원] 『pond(er)(weight) + ous(having) → 무게가 나가는』
[상상⁺] pre**ponderous** 더 무거운, 비중이 더 큰

postulate

[pástʃəlèit / pós-]
물어서 가정하다

ⓥt 가정하다 presume, assume, presuppose

He **postulated** that our temperament is inherited.
그는 우리의 기질이 유전된다고 가정했다.

[어원] 『postul(ask) + ate(동접) → 물음으로써 가정하다』
[TIP] '～라면 어떻겠는가?' 라고 묻는 것은 곧 가정하는 것이다.
[상상⁺] ex**postul**ate 훈계하다(admonish)

potable

[póutəbəl]
마실 수 있는

ⓐ 마실 수 있는 suitable for drinking; drinkable

potable water 마실 수 있는 물

[어원] 『pot(drink) + able(할 수 있는) → 마실 수 있는』
[비교] portable 휴대용의 / edible 먹을 수 있는 / audible 들을 수 있는

pragmatic

[prǽgmǽtik]
실제 행동의

ⓐ 실제[실용]적인   practical, realistic, down-to-earth

ad. **pragmatically**   실제[실용]적으로

take a **pragmatic** approach for a foreign policy
외교 정책에 대해 실용적으로 접근하다

[어원] 『pragma(deed) + tic(형접) → 실제 행동의』
[TIP] practical과 pragmatic 둘 다 어근이 do(행동하다)로 같다.
즉, practical(실제적인)을 통해 pragmatic(실용적인)을 외우면 쉽다.

predator

[prédətər]
먹이를 먹는 자

ⓝ 약탈자, 포식자   plunderer

a. **predatory**   포식성의, 약탈하는

A lion is a typical **predator**. 사자는 대표적인 포식자다.

[어원] 『pred(prey) + (a)tor(행위자) → 먹이를 잡아먹는 자』
[TIP] 아놀드 슈왈제네거 주연의 《PREDATOR》라는 영화도 있었다.
[상상+] de**predat**ion 약탈 / **plund**er 약탈하다

probity

[próubəti, práb-]
검증된 상태

ⓝ 정직, 성실   sincerity, integrity, uprightness, veracity

The suspect asserted his innocence and **probity**.
그 용의자는 자신의 결백함과 정직을 주장했다.

[어원] 『probi(prove) + ty(명접) → (진실함이) 검증된 상태』
[TIP] probi가 prove의 변형임을 이해하면 쉽게 외울 수 있다.
사진 속의 Mother Teresa는 전 세계에서 가장 '정직하고 성실'하신 분들
중 한 분이니 함께 연상하여 probity를 외우자!
[상상+] **prob**ation 보호관찰; 수습 기간 / ap**prob**ation 승인, 인가
probe 탐구[조사]하다

prop

[prɑp / prɔp]
멈추게 하는 것

ⓥt 떠받치다, 지탱하다   support, buttress, bolster

He was trying to **prop up** the crumble walls.
그는 무너져 내리는 벽을 지탱하려 노력하고 있었다.

[어원] 『prop(stopper) → (쓰러지려고 하는 것을) 멈추게 하는 것』
[어법] prop up : 떠받치다, 지탱하다

prosaic

[prouzéiik]
산문체의

ⓐ 지루한   dull, tedious, monotonous, humdrum

a somewhat **prosaic** novel 다소 지루한 소설

[어원] 『prosa(prose) + ic(형접) → 산문체의』
[TIP] prose(산문)는 형식에 구애받지 않고 자유롭게 쓴 글인데, 대개 글이
길기 때문에 지루하게 느껴진다.

prowl

[praul]
여기저기 움직이다

ⓥ 어슬렁거리다, 배회하다   move around an area quietly; wander

juvenile delinquents **prowling** the streets
거리 곳곳을 배회하고 있는 비행 청소년들

[어원] 『prowl<prolle(move about) → 여기저기 움직이며 다니다』
[음원] 호랑이가 **으르렁거리며(growl) 어슬렁거리다(prowl)**
[숙어] on the prowl 어슬렁거리고 있는

proximity

[prɑksíməti / prɔ́k-]
가까움

ⓝ 근접, 부근   nearness, closeness, vicinity, propinquity

a. proximate   가까운, 근접한

geographical **proximity to** fast-growing China
빠르게 성장하는 중국과의 지리적 근접성

[어원] 『proxim(near) + ity(명접) → 가까움』
[어법] proximity to : ~에 가까움, 근접성
[상상⁺] ap**proxim**ately 대략 / **proxy** 대리(인)

prying

[práiŋ]

캐묻는

ⓐ 꼬치꼬치 캐묻는 inquisitive, nosy, meddlesome, officious

v. pry (남의 사생활을) 캐내다

reporters **prying into** the affairs of others
다른 사람들의 사생활을 캐내는 기자들

[음원] 상대의 사생활을 **프라이(fry)**해서 먹는 → 꼬치꼬치 캐묻는(**prying**)
[어법] pry into : ~을 꼬치꼬치 캐내다

punctilious

[pʌŋktíliəs]

콕콕 찌르는

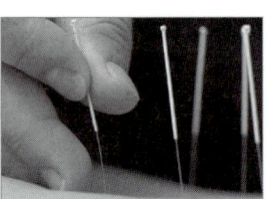

ⓐ 세심한, 꼼꼼한 meticulous, careful, heedful, attentive

n. punctiliousness 세심함, 꼼꼼함

make **punctilious** effort to identify the criminal
범인의 신원을 알아내기 위해 세심한 노력을 기울이다

[어원] 『punct(prick) + ilious(형접) → (정확히) 콕콕 찌르는』
[TIP] 옆의 사진처럼 침술(acupuncture)은 올바른 혈 자리를 찾아 정확히 콕콕
찔러야 하는 가장 '세심하고 꼼꼼한' 의술이다.

puritanical

[pjùɹətǽnikəl]

청교도의

puritan(청교도)

ⓐ 청교도적인, 금욕적인 abstinent, ascetic, austere, stoical

their **puritanical** attitude for pleasure 즐거움에 대한 그들의 금욕적인 태도

[어원] 『puritan(청교도) + ical(형접) → 청교도의』
[TIP] 청교도(Puritan) – 16세기 후반 영국에서 생겨난 기독교의 한 교파로,
모든 쾌락을 죄악시하고 철저한 금욕주의를 주장하였다.
[상상+] **pure** 맑은, 순수한 → **puri**ty 맑음, 청정, 순수
puritan 맑음을 추구하는 사람 → 청교도
purge 깨끗이 하다; 숙청하다 / ex**purg**ate (불온한 부분을) 삭제하다

putative

[pjúːtətiv]

생각되는

ⓐ 추정상의 supposed, presumptive

North Korea's **putative** nuclear weapons
존재한다고 추정되는 북한의 핵무기들

[어원] 『puta(think) + tive(형접) → 생각되는, 여겨지는』
[상상+] re**puta**tion 평판, 명성 / dis**pute** 토론[논쟁]하다
im**pute** ~의 탓으로 돌리다

quaint

[kwéint]

(이미) 잘 알려진

ⓐ (예스러워) 독특한, 진기한 unusual, old-fashioned

a **quaint** little village in the country

그 시골에 있는 독특하고 작은 마을

[어원] 『quain<cogni(know) + t(형접) → (이미) 알려진』

[TIP] quaint는 '이미 잘 알려진 예스러운 분위기'를 뜻한다. 그렇기 때문에 현대적인 분위기와 비교해봤을 때 '독특하고 진기한'의 뜻으로 쓰이게 되는 것이다. 우리나라의 지리산 청학동은 quaint의 아주 좋은 예다.

[상상⁺] ac**quaint** 익숙하게 하다, 잘 알게 하다

qualm

[kwɑːm, kwɔːm]

꺼멓게 타들어감

ⓝ 불안, 걱정 misgiving, anxiety, apprehension, jitters

Despite my **qualm**, I acquiesced in their decision.

걱정스러웠음에도 불구하고 난 그들의 결정을 따랐다.

[음원] qualm(쿼~엄) → 불안, 걱정으로 속이 **꺼멓**(qualm)게 타들어감

[발음주의] 퀠름(X) → 쿼~엄(O)

quandary

[kwándəri / kwɔ́n-]

관두리?

ⓝ 곤경, 고난 plight, hardship, predicament, dilemma

Kate was **in a quandary** over whether to go or not.

케이트는 가야할지 말아야할지 곤경에 처해 있었다.

[음원] quandary(콴더리) → **곤경**에 처했다고 하던 일을 **관두리?**

[어법] in a quandary : 곤경에 처한

quiver

[kwívər]

빠르게 움직이다

ⓥⁱ 떨다 tremble, shudder, shiver

ⓝ (몸의) 떨림 a slight trembling

The child was **quivering** with fear.

그 아이는 공포로 떨고 있었다.

She felt a **quiver** of excitement.

그녀는 흥분으로 인한 떨림을 느꼈다.

[어원] 『quiv(quick) + er(동접) → (몸이) 빠르게 움직이다』

rabid

[rǽbid]
격노한

ⓐ 맹렬한, 과격한 *frantic, furious, ferocious, vehement*

Two residents in the area were killed by **rabid** dogs.
그 지역 주민 두 명이 맹견들에게 물려 사망했다.

[어원] 『rab(rage) + id(~된) → 격노한』
[TIP] rab가 rage(격노)의 변형임을 이해하면 쉽게 외울 수 있다.
[상상⁺] en**rage** 격분시키다

rampant

[rǽmpənt]
기어올라 퍼지는

ⓐ 만연된 *flourishing, prevalent, widespread, uncontrolled*

weed out **rampant** corruption
만연된 부패를 척결하다

[어원] 『ramp(기어오르다) + ant(형접) → 기어올라 전체로 퍼지는』
[TIP] rampant는 옆의 담쟁이넝쿨(ivy)처럼 식물이 벽을 타고 기어오르며
      '벽 전체로 퍼져 나가는' 에서 유래되었다.
[뉘앙스] prevalent 널리 퍼진, 보급된 : 좀 더 포괄적인 의미
        – the **prevalent** software piracy
          널리 퍼진 소프트웨어 불법 복제
        rampant (질병 · 범죄 등이) 만연된 : 부정적 의미
        – Sexism is **rampant** in our society.
          성 차별은 우리 사회에 만연되어 있다.

rancid

[rǽnsid]
썩은 냄새가 나는

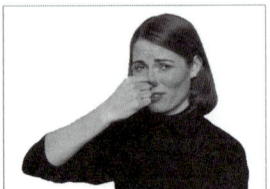

ⓐ 악취가 나는 *stinky, spoiled, malodorous, smelly*

rancid laundry 악취가 나는 세탁물

[어원] 『ranc(rot) + id(~된) → 썩은, 썩은 냄새가 나는』
[상상⁺] **ranc**or 원한
[TIP] **ranc**id 음식이 상한 → 악취가 나는
      rancor 마음이 상함 → 원한

ransack

[rǽnsæk]
집 안을 찾아보다

ⓥ 샅샅이 뒤지다 search a place very thoroughly; rummage

Police **ransacked** the house. 경찰들이 그 집을 샅샅이 뒤졌다.

[어원] 『ran(house) + sack(seek) → 집 안을 다 찾아보다』
[TIP] sack이 seek(찾다)의 변형임을 이해하자!
[상상+] for**sake** 버리다

ration

[rǽʃən, réi-]
비율대로 주는 것

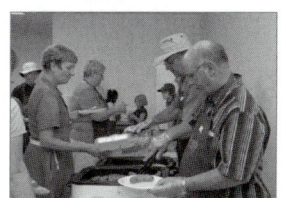

ⓝ 배급(량) a fixed amount of something

ⓥ 배급하다 allot, apportion, allocate, distribute

the weekly food **ration** 매주 식량 배급
Oil was **rationed** during the war. 전쟁 기간 동안 기름이 배급되었다.

[어원] 『rati(rate) + on(명접) → 비율대로 주는 것』
[TIP] 그림에서 보듯 식당에서 배식하는 것이 딱 ration이다!

rave

[reiv]
횡설수설하다

ⓥ 1. (정신없이) 격찬하다 talk in an excited way; enthuse

2. 마구 지껄이다 talk in uncontrolled or crazy way; rant

ⓐ 격찬하는 highly praising

rave about the movie 그 영화를 정신없이 격찬하다
He started **raving** at me. 그는 나에게 마구 지껄이기 시작했다.
earn **rave** reviews from critics 비평가들로부터 격찬의 평가를 얻다
[어원] 『rav(wander) + e(동접) → (말이) 횡설수설하다』
[음원] 자기가 **crave**(열망하다)하는 것을 **rave**(지껄이다)하다.

reckless

[réklis]
올바르지 못한

ⓐ 무분별한, 무모한 irresponsible, indiscreet, headlong

reckless drunk driving 무분별한 음주운전

[어원] 『reck<reg(right) + less(없는) → 올바르지 못한』
[상상+] **rect**itude 정직 / **rect**ify 수정하다 / **rect**angle 직사각형
correct 정확한; 바로잡다 / **erect** 직립한; 세우다

rectify

[réktəfài]

올바르게 하다

ⓥ 고치다, 바로잡다   correct, amend, redress, revise

n. rectification   정정

rectify public misunderstanding of bird flu
조류 독감에 대한 대중의 오해를 바로잡다

[어원]『rect(right) + ify(make) → (틀린 것을) 올바르게 하다』

relentless

[riléntlis]

누그러지지 않는

ⓐ 1. 가차 없는, 단호한   cruel, determined, inexorable

　　2. 끊임없는   endless

He was **relentless** in prosecution of his dissidents.
그는 반대자들을 박해하는 데 있어 가차 없었다.
his **relentless** endeavor to succeed
성공을 위한 그의 끊임없는 노력

[어원]『relent(누그러지다) + less(없는) → 누그러지지 않는』

reptile

[réptil, -tail]

기어다니는 것

ⓝ 파충류   an animal that crawls on its belly or on small legs

Lizards and snakes are typical **reptiles**.
도마뱀과 뱀은 대표적인 파충류다.

[어원]『rep(creep기다) + tile(명접) → 땅에서 기어다니는 동물』
[TIP] reptile에서 rep 부분이 creep(기다)에서 c-가 탈락되어 축약된 형태로서
　　　'기어다니는 것' 정도의 의미로 파악하면 된다.
[참고] mammal 포유류 / amphibian 양서류 / rodent 설치류

rigorous

[rígərəs]

뻣뻣한

ⓐ (매우) 엄격한   strict, stern, stringent, thorough

n. rigor   엄격함　　　　　a. rigid   엄격한; 딱딱한

meet **rigorous** international safety standards
엄격한 안전 기준들을 충족시키다

[어원]『rig(stiff) + or(명접) + ous(형접) → 뻣뻣해서 휘지 않는』

rip-off

[ríp-ɔ̀(ː)f]
뜯어내는 것

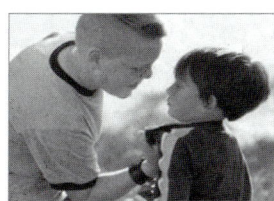

ⓝ 착취, 바가지요금

something that is unreasonably expensive; exploitation

The meal was a **rip-off** and the service was appalling.
그 식사는 너무 비쌌고 서비스는 형편없었다.

[어원] 『rip(찢다) + off(떨어져) → (돈을) 뜯어내는 것』
[TIP] rip-off는 우리말의 '(돈을) 뜯어내다' 와 딱 맞는 의미!
[숙어] rip off 1. ~에게 바가지 씌우다(overcharge) 2. 훔치다(steal)

riveting

[rívitiŋ, -vətiŋ]
리벳이 박히는

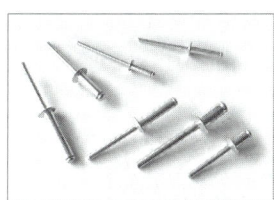
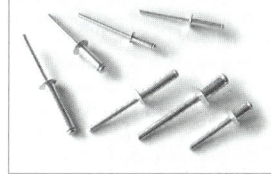

ⓐ 매력적인, 매혹시키는 fascinating, inviting, engaging, winning

her **riveting** performance 그녀의 매력적인 공연

[어원] 『rivet(리벳, 대갈못) + ing(형접) → 리벳이 박히는』
[TIP] rivet(리벳)은 그림에서 보듯 대갈못을 뜻하는데, 이 리벳이 나무에
딱 박히듯 사람이 어디에 딱 꽂히게 되는 것이 riveting(매력적인)이다.

robust

[roubʌ́st, róubʌst]
강한

ⓐ 강한, 튼튼한 strong, sturdy, sinewy

n. robustness 튼튼함

China is making **robust** growth. 중국은 튼튼한 성장을 지속하고 있다.

[어원] 『rob(strong) + ust(형접) → 강한, 튼튼한』
[상상⁺] cor**rob**orate (증거를 통해) 확증하다

rookie

[rúki]
성장할 사람

ⓝ 신병, 신인 선수 novice, neophyte, apprentice, tyro

rookie soldiers 신병들

[어원] 『roo<cru(grow) + kie(사람) → (앞으로) 성장할 사람』
[TIP] rookie(루키)는 스포츠에서 '신인 선수' 라는 의미의 외래어로 쓰인다.
[상상⁺] re**cru**it 신병을 충원하다; 신참 / ac**cru**e 증가하다

rowdy

[ráudi]
말다툼이 일어난

ⓐ 난폭한, 시끄러운 boisterous, vociferous, clamorous, raucous

n. rowdiness 난폭한[시끄러운] 행동

a lot of **rowdy** fans 시끄럽게 떠드는 많은 팬들

[어원] 『row(말다툼) + dy(형접) → 말다툼이 일어난』
[TIP] rowdy는 row(말다툼)에서 파생된 형용사다. 즉, 말다툼이 일어난
상황이므로 '난폭하고 시끄러운' 의 의미가 되었다.

rugged

[rΛgid]
거친

ⓐ 울퉁불퉁한 rough, harsh

massive **rugged** rocks 울퉁불퉁하고 커다란 바위들

[어원] 『rug(rough) + (g)ed(~된) → 거친』
[TIP] rugged를 rough에서 유래한 단어로 이해하면 쉽다.
[비교] ragged 누더기의, 다 헤진

rummage

[rΛmidʒ]
방 안을 찾다

ⓥ 마구 뒤지다 search hurriedly; ransack, comb

rummage in the room 방 안을 마구 뒤지다

[어원] 『rum(room) + (m)age(동접) → 방 안을 찾아보다』
[TIP] 미국에서 바자회(bazaar)와 비슷한 것으로 중고 장난감이나 옷을 파는
행사를 rummage sale이라 하는데, 많은 물건을 쌓아놓고 사람들이
필요한 물건을 마구 뒤져 찾아내 사 가기 때문에 붙여진 이름이다.

run-down

[rΛn-daun]
아래로 달려 내려간

ⓐ 1. (건물이) 낡은 decrepit, beat-up

2. (사람이) 지친 tired, exhausted, worn out

an old and **run-down** building 오래되고 낡은 건물
You look a bit **run-down**. 너 좀 지쳐 보인다.

[어원] 『run(달리다) + down(아래로) → (상태가) 아래로 달려 내려간』
[TIP] run-down은 우리말의 '몸이 처진다' 라는 말과 딱 들어맞는다.

rustic

[rʌ́stik]

시골의

ⓐ 시골의, 전원의 rural, pastoral, bucolic

the charm of **rustic** life 전원 생활의 매력

[어원] 『rus(rural) + tic(형접) → 시골의』
[TIP] rustic은 rural에서 약간 변형된 어휘다.

---

rustle

[rʌ́səl]

바스락거리다

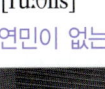

ⓥ 바스락거리다

ⓝ 바스락거리는 소리 soft sound, scathing

the **rustle** of leaves in the breeze
산들바람에 나뭇잎들이 바스락거리는 소리

[어원] 『rustle → 바스락거리는 소리에서 유래』
[TIP] rustle은 귀에 들리는 소리가 단어로 표기된 의성어다.

---

ruthless

[rúːθlis]

연민이 없는

ⓐ 무자비한, 잔인한 merciless, pitiless, relentless, scathing

ruthless oppression of the independence movement
독립 운동에 대한 무자비한 탄압

[어원] 『ruth(연민) + less(없는) → 연민이 없는』
[TIP] 눈물(rue)을 흘리며 슬퍼하는 것이 연민(ruth)이다.
우리말에도 무자비하고 잔인한 사람에게 '피도 눈물도 없는' 이라고
말하는데 여기에 딱 들어맞는 어휘가 'ruthless' 다.

sag

[sæg]

아래로 내려가다

ⓥ 축 처지다　flag, droop, slack

a. sagging　축 늘어진

The skin of my eyes is starting to **sag**.

눈가의 피부가 처지기 시작하고 있다.

[어원] 『sag(sink) → 아래로 내려가다』

[TIP] sag은 sink(가라앉다)의 발음이 축약되어 생겨난 단어다.

[출제포인트] 형용사 **sagging**이 출제되었다.

[비교] sap 약화시키다 / sip 조금씩 마시다

---

sagacious

[səgéiʃəs]

(답을) 알고 있는

ⓐ 현명한, 영리한　wise, shrewd, astute, ingenious

n. sage　현명한 사람　a wise man

a **sagacious** leader 현명한 지도자

[어원] 『saga(know) + cious(형접) → (답을) 알고 있는』

[상상⁺] pre**sag**e 전조, 조짐 / **sav**or 맛, 풍미 / **sav**vy 영리한
　　　　savant 석학(pundit) / **sap**ient 현명한

---

salient

[séiliənt, -ljənt]

튀어 오르는

ⓐ 현저한, 두드러진　noticeable, remarkable, phenomenal

the **salient** result of global warming 지구 온난화의 두드러진 결과

[어원] 『sal<sult(leap) + ient(형접) → 위로 확 튀어 오르는』

[TIP] 위로 확~ 튀어 오르니 → 눈에 잘 띌 수밖에 없다.

---

salutary

[sæljətèri / -t∂ri]

건강에 좋은

ⓐ 유익한　useful, beneficial

a new and **salutary** experience 새롭고 유익한 경험

[어원] 『salu(t)(health) + ary(형접) → 건강에 좋은』

[상상⁺] **salu**te 인사[경례]하다 / **salu**brious 쾌적한

[TIP] salute '인사하다' 는 원래 상대방의 건강과 안녕을 묻는 것이다.
　　　salutary는 '건강에 좋은, 유익한' 의 의미다.

sanction

[sǽŋkʃən]
신성하게 함

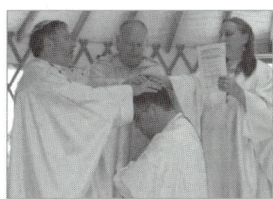

ⓝ 1. 승인   approval, approbation, endorsement

2. 《복》 제재   embargo

ⓥⓣ 승인하다   approve, endorse, ratify

The official acted without government **sanction**.
그 관리는 정부 승인 없이 행동했다.
U.S. imposed economic **sanctions** on North Korea.
미국은 북한에 경제적 제재를 가했다.
Gambling will not be **sanctioned** in any form.
도박은 어떤 형태로든 용인될 수 없다.

[어원] 『sanc(sacred) + tion(명접) → 신성하게 하는 것』
[TIP] sanction은 원래 '(피로) 성스럽게 하는 것'의 의미다. 따라서
　　　1. 성스러운 것에 대한 → 승인
　　　2. (죄에 대해) 성스럽게 만들기 위한 → 제재

sanctuary

[sǽŋktʃuèri / -əri]
성스러운 장소

ⓝ 성스러운 장소, 피신처   shelter, refuge

a **sanctuary** for wildlife 야생 생물의 피신처

[어원] 『sanct(sacred) + (u)ary(place) → 성스러운 장소』
[TIP] 그림에서 보듯 교회의 예배당은 대표적인 sanctuary(성소)다.
[상상⁺] **sanct**ify 성스럽게 하다; 승인하다 / **saint** 성인(聖人)
　　　　sanctimonious 경건한 체하는

sanctum

[sǽŋktəm]
성스러운 곳

ⓝ (개인) 서재   a private place

the inner **sanctum** in his office 그의 사무실의 개인 서재

[어원] 『sanct(sacred) + um(place) → 성스러운 곳』
[TIP] sanctum → 사악한 것이 침범할 수 없는 성스러운 곳
　　　　　　　 → 다른 사람이 침범할 수 없는 곳 → (개인) 서재

saunter

ⓥ (느릿느릿) 거닐다   stroll, roam, amble, ramble

[sɔ́:ntər, sá:n-]
생각하며 걷다

The couple **sauntered** through the woods. 그 커플은 숲을 거닐었다.

[어원] 『saunter<sauntr(muse) → 생각을 하며 걷다』
[TIP] 생각을 하며 천천히 걷는 것이 saunter!

savvy

ⓐ 현명한, 영리한   sagacious, sapient, intelligent, perceptive

[sǽvi]
(답을) 알고 있는

savvy consumers 영리한 소비자들

[어원] 『sav(know) + vy(형접) → (답을) 알고 있는』
[TIP] **sag**acious–**sap**ient–**savvy**는 모두 같은 어원(know)에서 나온 동의어
이므로 모두 함께 외우자!

scathing

ⓐ 냉혹한, 가차 없는   relentless, ruthless, inexorable, trenchant

[skéiðiŋ]
스케이팅 날로 때린

a **scathing** attack on the government 정부에 대한 가차 없는 공격

[어원] 『scath(harm) + ing(형접) → (심한) 해를 주는』
[음원] **scathing**(스케이딩) → 스케이팅 날로 때리다니… **냉혹한**!

segment

ⓝ 조각, 부분   part, fragment, section

[séɡmənt]
잘려진 것

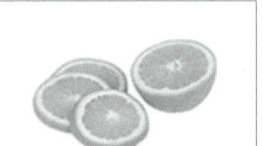

decorate with orange **segments**
오렌지 조각들로 장식하다

[어원] 『seg<sect(cut) + ment(명접) → 잘려진 것』
[상상⁺] **sect**ion 부분, 조각 / **sect**or 분야, 영역 / dis**sect** 해부하다; 분석하다
inter**sect** 가로지르다

screen

[skri:n]

방패(로 가리다)

ⓥ 1. 가려내다 filter, winnow, sift　　2. 상영[방영]하다 show

ⓝ 화면, 스크린 the part where the picture appears

n. screening 상연; 검사 test

screen out applicants motivated only by money
돈만 보고 지원한 사람들을 가려내다
The match will be **screened** live on television.
그 경기는 TV로 생중계될 것이다.
screening for breast cancer 유방암 검사

[어원] 『screening(shield) + en(명접) → 방패, 방패로 가리다』

[TIP] 방패처럼 앞에 있는 것 → 스크린(화면) → 상영하다
　　　 (적의 창을) 방패로 막다 → 걸러내다, 가려내다

[어법] screen out : 가려내다

sedentary

[sédəntèri / -təri]

앉아 있는

ⓐ 1. (오랜 시간) 앉아서 일하는 spending a lot of time sitting down

　　2. (타 지역으로) 이주하지 않는 immobile

Korean students are too **sedentary**.
한국의 학생들은 앉아 있는 시간이 너무 많다.
a **sedentary** population living in Seoul
서울에 살면서 다른 곳으로 이주하지 않는 인구

[어원] 『sed<sid(sit) + entary(형접) → (계속) 앉아 있는』

[상상+] **sed**ate 고요한, 진지한; 느린 / **sed**ative 진정제

[출제포인트] **2. 이주하지 않는**이 출제되었다.

setback

[sétbæ̀k]
뒤로 놓여지는 것

ⓝ 방해, 좌절　frustration, downfall, recession, retrogression

The team suffered a **setback** last night.
그 팀은 지난 밤 좌절을 겪었다.

[어원] 『set(놓다) + back(뒤로) → (앞으로 못 가고) 뒤로 놓여지는 것』
[TIP] setback은 숙어 set back(방해하다, 좌절시키다)의 명사형이다.
그림처럼 팀의 주전 선수가 부상으로 실려 나오면 팀 승리의 방해와 좌절로
이어진다.

sever

[sévər]
(잘라서) 나누다

ⓥⓣ 잘라내다, 절단하다　disconnect, split, cut off

a **severed** rope 잘려진 끈

[어원] 『sev(separate) + er(동접) → (잘라서) 나누다』
[TIP] sever는 separate에서 separ의 발음이 부드럽게 축약된 형태!
[상상⁺] **sever**al 몇몇의 : 각각 나누어진

shading

[ʃéidiŋ]
그늘진 상태

ⓝ 근소한 차이　small variation

understand the subtle **shading** of the two words
두 단어들의 미묘한 차이를 이해하다

[어원] 『shad(e)(그늘) + ing(명접) → 그늘진 상태』
[TIP] 그림에서 보듯 밝은 곳과 그늘(shade)진 곳은 근소한 차이가 난다.

sheen

[ʃiːn]
눈부쉰~ 광택

ⓝ 광택, 윤기　light, luster

Her hair had a beautiful **sheen**.
그녀의 머리는 아름다운 윤기가 흘렀다.

[어원] 『sheen(shine) → 빛나는 것』
[TIP] sheen은 shine의 명사로 '빛나는 것'의 의미지만 다음의 음원으로
외우는 것이 보다 효과적이다.
[음원] sheen(쉰~) → 눈부**쉰**~(**sheen**) 광택!

shrub

[ʃrʌb]
관목

ⓝ 키 작은 나무, 관목 bush

He trimmed **shrubs** neatly.
그는 관목들을 깔끔하게 다듬었다.

[어원] 『shrub(scrub덤불) → (덤불을 이루는) 관목』
[TIP] 관목이란 키는 작고 뻣뻣한 가지를 지닌 나무를 뜻하는데, 어원을 외우는 것보다 그림을 통해 바로 암기하는 것이 좋다.

shudder

[ʃʌdər]
(몸을) 흔들다

ⓥⓘ (몸을) 떨다 tremble, quiver, shiver

I **shudder** with fear whenever I think about it.
나는 그것을 생각할 때마다 공포로 몸서리친다.

[어원] 『shud(d)(shake) + er(동접) → (몸을) 흔들다, 떨다』

sibling

[síbliŋ]
(가장 가까운) 친척

ⓝ 형제, 자매 a brother or sister

little distinction between **siblings** and cousins
형제와 사촌들 간의 약간의 차이

[어원] 『sib(relative친척) + ling(명접) → (가장 가까운) 친척』
[TIP] 집에 가서 형이나 언니한테 "어이~ 씨블링(형제여)"이러면 얻어맞겠죠? ^^;
[비교] fraternal 형제의

sidestep

[sáidstèp]
옆으로 가서 피하다

ⓥⓣ 피해가다, 빗겨가다 shun, eschew, circumvent, get around

sidestep the sensitive question
민감한 질문을 피해가다

[어원] 『side(옆) + step(발걸음) → 발걸음을 옆으로 해 피하다』

simulate

[símjəlèit]

똑같이 해보다

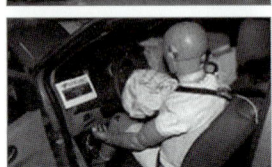

Ⓥ 1. 흉내 내다, 가장하다   imitate, feign, affect, pretend, put on

⇔ dissimulate (감정을) 숨기다

2. 모의실험하다, 똑같이 해보다   make something in imitation for

n. simulation   가장; 모의실험, 시뮬레이션

She **simulated** interest. 그녀는 관심 있는 척했다.
computer equipment that **simulates** conditions in space
우주의 상황을 모의 실험하는 컴퓨터 장비

[어원] 「simul(same) + ate(동접) → 똑같이 해보다」
[TIP] 현재 simulation은 똑같이 해보는 '모의실험'이란 의미의 외래어
　　　'시뮬레이션'으로 흔히 쓰이고 있다.

skim

[skim]

찌꺼기를 걷어내다

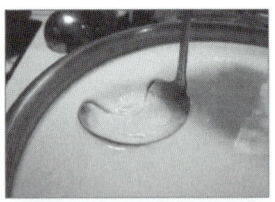

Ⓥ 1. (물 위의) 찌꺼기[기름]를 걷어내다; (수면을) 스치고 지나가다

2. (빠르게) 훑어보다   look at quickly; scan

skim the fat from the surface 표면으로부터 기름을 걷어내다
Jason **skimmed** the sports page. 제이슨은 스포츠 면을 빠르게 훑어봤다.

[어원] 「skim<scum(찌꺼기) → (물 위에 뜬) 찌꺼기를 걷어내다」
[TIP] skim은 scum(찌꺼기)에서 유래한 단어로 scum을 '걷어내다'의 뜻!
[참고] 우유 종류 중 skim milk가 있는데 지방이 없는 우유를 뜻한다.
[출제포인트] **2. (빠르게) 훑어보다**가 출제되었다.

skinny

[skíni]

피부만 있는

ⓐ 몹시 마른 very thin

her **skinny** body 그녀의 몹시 마른 몸

[어원] 『skin(피부) + ny(형접) → (살은 없고) 피부만 있는』
[TIP] 흔히 여자들이 많이 입는 청바지 중 몸에 딱 달라붙는 청바지를
　　　skinny jean(스키니 진)이라고 부른다.
[뉘앙스] lean (군살 없이) 날씬한
　　　　slender, slim (보기 좋게) 날씬한, 늘씬한

slacken

[slǽkən]

늦추다

ⓥ 늦추다, 진정되다 slow up, loosen, retard, subside

a. slack 느슨한 loose

The heavy rain **slackened** off. 폭우가 진정되었다.

[어원] 『slack<lax(loose) → (속도·정도를) 늦추다』
[TIP] 옆의 그림처럼 브레이크(brake)에 발을 갖다 대면 자동차의 속도가
　　　늦춰지는 것을 연상하여 외우자!
[상상⁺] **rel**ax (느슨하게) 쉬다 / **rel**ease 내보내다; 발표하다
　　　　relish 맛(을 느끼다) / **lang**uid 나른한, 노곤한

slander

[slǽndər]

스캔들을 내다

ⓥⓣ 중상[비방]하다 libel, malign, traduce, vilify

ⓝ 중상, 명예훼손 curse, defamation

The official **slandered** a specific religion.
그 관리는 특정 종교를 비방했다.
I accused him of **slander**. 나는 그를 명예훼손으로 고발했다.

[어원] 『slander(scandal) → 스캔들을 내서 상대를 비방하다』
[TIP] slander는 흔히 쓰이는 외래어 scandal에서 유래했다. slander는
　　　'scandal(추문, 스캔들)을 내는 말' 이란 뜻으로 근거 없는 주장을 퍼뜨려
　　　상대방을 '비방, 명예훼손' 하는 것을 의미한다.

slipshod

[slípʃàd / -ʃɔ̀d]

신발을 질질 끄는

ⓐ 졸속의, 급속히 행해진 unthorough, hurried

a **slipshod** piece of work 졸속으로 행해진 일

[어원] 『slip(미끄러지다) + shod(신발을 신은) → 신발을 질질 끌며 뛰어나가는』
[TIP] slipshod는 너무 급할 때 신발을 신는 둥 마는 둥 질질 끌며 뛰어나가는
　　　모습에서 연상되어 '졸속의, 급속히 행해진' 의 뜻이 된 것이다.

sloppy

[slápi / slɔ́pi]
엎지르는

ⓐ 1. 단정치 못한, 지저분한   slovenly, untidy, unkempt, disheveled

   2. 부주의한   careless, inadvertent, neglectful

a **sloppy** old sweater 너덜너덜하고 오래된 스웨터
a **sloppy** investigation 부주의한 수사

[어원] 『slop(엎지르다) + (p)y(형접) → (음식물을) 엎지르는』
[TIP] sloppy는 slop(엎지르다)의 형용사로 그림에서 보듯 옷에 음식이 묻어 있는
지저분하고 부주의한 모습이다.

smack

[smæk]
손바닥으로 때리다

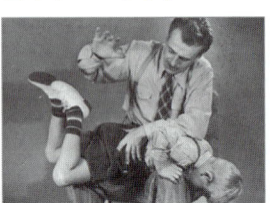

ⓥⓣ (손바닥으로) 때리다   bash, slap, spank

the debate about whether parents should **smack** their children
부모가 아이들을 때려야 하는지에 대한 토론

[어원] 『smack<smash(세게 치다) → (아이를) 손바닥으로 때리다』
[TIP] 테니스에서 강하게 후려치는 것을 smash(스매쉬)라고 한다.
smack은 smash에서 그대로 유래한 단어로 그림에서 보듯 아이를 손바닥
으로 세게 때리는 행위를 뜻한다.

smudge

[smʌdʒ]
(공기를) 더럽히다

ⓥⓣ 번지다, 더럽히다   smear, soil, defile, besmirch

ⓝ 더러움, 얼룩   spot, stain, blot

Your lipstick is **smudged**. 네 립스틱 번졌어.
a **smudge** of lipstick on the cup 컵에 묻은 립스틱 자국

[어원] 『smudg(smog) + e(동접) → 스모그가 공기를 더럽히다』
[TIP] smog(스모그)는 하늘을 뿌옇게 더럽히는 공기를 뜻하는데 여기서 발음이
변형되어 생긴 어휘가 smudge!

sneer

[sníər]
거칠게 숨 쉬다

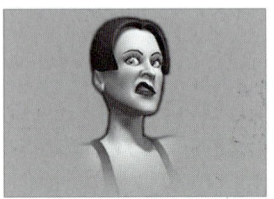

ⓥⓘ 비웃다, 코웃음 치다   scoff, mock, despise

"Is that your best outfit?" she **sneered**.
"이게 니 최고의 외출복이란 말이니?" 그녀는 코웃음을 쳤다.

[어원] 『sneer(breathe heavily) → 거칠게 숨쉬다』
[TIP] sneer(코웃음 치다), snore(코를 골다), snort(콧김을 내뿜다), sneeze(재채
기 하다) 이 네 단어들은 모두 '숨을 거칠게 내쉬다'란 의미의 의성어들로서
뜻도 비슷하므로 함께 묶어서 외우면 효과적이다.
[상상+] **snee**ze 재채기하다 / **snor**t 콧방귀 끼다

solace

[sάləs / sɔ́l-]
편안함을 주는 것

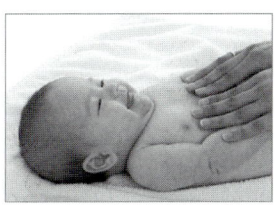

ⓝ 위로, 위안　comfort, consolation, relief

Music is an only **solace** to me. 음악이 나의 유일한 위안이었다.

[어원] 『sol(comfort) + ace(명접) → 편안함을 주는 것』
[TIP] 옆의 그림처럼 엄마의 손길은 아기에게 가장 큰 편안함을 주는 '위로, 위안'이다.
[상상⁺] con**sol**ation 위로, 위안 / discon**sol**ate (매우) 슬픈

---

somnolent

[sάmnələnt / sɔ́m-]
잠이 오는

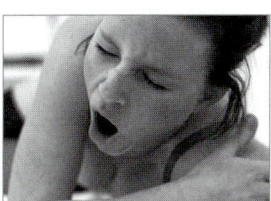

ⓐ 졸리는　sleepy, drowsy, soporific

a **somnolent** summer's afternoon 졸리는 여름 오후

[어원] 『somn(sleep) + (ol)ent(형접) → 잠이 오는』
[상상⁺] in**somn**ia 불면증
[관련] hypnotic 최면의 / hypnotize 매혹시키다

---

soothe

[suːð]
고요하게 하다

ⓥⓣ 달래다, 진정시키다　calm, appease, pacify, mitigate

a. soothing　진정시키는

The government tried to **soothe** public resentment.
정부는 대중의 분노를 진정시키려고 했다.

[어원] 『sooth(calm) + e(동접) → 고요하게 하다』
[TIP] 화, 불안감, 거친 피부 등을 고요하게 진정시키는 것이 soothe!

---

sophisticated

[səfístəkèitid]
많은 것을 아는

ⓐ 1. 경험 많은, 교양 있는　cultured, experienced, urbane

2. 정교한, 세련된　elaborate ⇔ unsophisticated 순진한; 단순한

a **sophisticated**, witty Korean 교양 있고 재치 있는 한국인
a highly **sophisticated** mechanism 고도로 정교한 기계 장치

[어원] 『sophi(wise) + st(사람) + icated(형접) → 많은 것을 알고 있는』
[TIP] 1. 사람이 많은 것을 알고 있는 → 경험 많은, 교양 있는
　　　2. 기계에 많은 지식이 투입된 → 정교한, 세련된
[상상⁺] philo**sophy** 철학 / **soph**omore (대학) 2학년

soporific

[sàpərífik, sòupə-]
잠들게 만드는

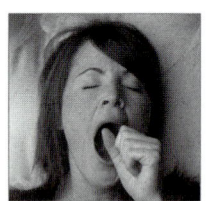

ⓐ 졸리는   sleepy, drowsy, somnolent, hypnotic

The professor's voice had an almost **soporific** effect.
그 교수님 목소리는 거의 수면제다.

[어원] 『sopor(i)(sleep) + fic(making) → 잠들게 만드는』

spawn

[spɔːn]
(개체수를) 확장하다

ⓝ (알을) 낳다, 산란하다   generate, engender, produce, yield

Computer technology has **spawned** new business opportunities.
컴퓨터 기술은 새로운 사업 기회들을 낳았다.

[어원] 『spawn<expand(확장하다) → (개체수를) 확장하다』
[TIP] spawn은 expand에서 e - 가 탈락되고 span → spawn으로 변한 형태.
《스타크래프트》 저그 종족 중에도 spawning pool이 있다.

specify

[spésəfài]
눈에 보이게 하다

ⓥ (자세히) 말하다, 열거하다   state explicitly or in detail; enumerate

a. specific   특정한; 자세한

n. specification   상세한 설명, 열거

The governor **specified** his financial holdings.
그 주지사는 자신의 금융 보유 자산들을 조목조목 말했다.

[어원] 『spec(look) + ify(make) → 눈에 훤히 보이게 만들어주다』
[TIP] specify는 눈에 훤히 다 보이도록 '무엇 무엇이 있는지 조목조목 짚어 일일이 말하는 것'을 의미한다.
[출제포인트] 동사 **specify** 뿐만 아니라 형용사 **specific**도 아주 중요하다.

specimen

[spésəmən]
보여주는 것

ⓝ 견본   sample, example, instance

the **specimen** of the rare species 희귀종의 견본

[어원] 『spec(look) + (i)men(명접) → 눈에 보여주는 것』
[상상⁺] **spec**ify (자세히) 말하다 / **spec**ious (겉만) 그럴듯한
         spectrum 전 범위 / **spec**ulate 추측하다; 투자하다

---

spectrum

[spéktrəm]
눈에 보이는 범위

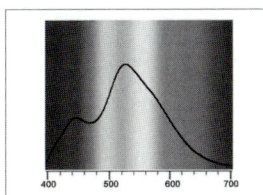

ⓝ 전 범위   a complete range; gamut

the ethnic **spectrum** of America 미국의 전 인종

[어원] 『spec(t)(look) + rum(명접) → 눈에 보이는 범위』
[TIP] 원래 spectrum은 prism(프리즘)을 통해서 볼 수 있는 빛의 전 범위를
        뜻하는데 이것이 일반적인 의미의 '전 범위'로 쓰인다.
        자동차 중에도 스펙트라(spectra)라는 이름의 차가 있는데 spectrum의
        복수형이다.

---

spiral

[spáiərəl]
스프링 모양의

ⓐ 나선형의   helical, screwed

ad. spirally   나선형으로

a **spiral** stair 나선형 계단

[어원] 『spir(spring) + al(형접) → 스프링 모양의』
[TIP] spiral은 spring(스프링)에서 파생된 형용사로 스프링 모양이 바로
        '나선형의'라는 뜻이다.
[비교] spire (지붕의 끝이 뾰족한) 첨탑

---

splice

[splais]
잘린 부분을 잇다

ⓥⓣ (분리된 것을) 합쳐 잇다, 연결시키다   join, connect

splice the rope (끊긴) 줄을 합쳐 잇다

[어원] 『spli<split(쪼개다) + ce(동접) → 쪼개진(잘린) 부분을 잇다』
[TIP] splice는 split에서 유래한 어휘로 **분리된 두 줄을 합쳐 잇다**의 의미다.

spurious

[spjúəriəs]

사생아인

ⓐ 1. 가짜[거짓]의   fake, sham, bogus, counterfeit

2. 부정한   dishonest, insincere

n. spuriousness   거짓; 부정

The judge rejected the **spurious** evidence.
그 판사는 거짓 증거를 채택하지 않았다.
a **spurious** smile 부정한 미소

[어원] 『spuri<spurius(사생아) + ous(형접) → 사생아인』
[TIP] spurious는 spurius(사생아)라는 고어(古語)에서 유래한 어휘다.
사생아(서자)는 본부인의 정통의 혈통이 아니기 때문에 spurious에
'가짜의, 부정한' 이라는 의미가 생긴 것이다.
참고로, 현대 영어에서 사생아를 뜻하는 어휘는 bastard이다.

spurn

[spə:rn]

발로 차버리다

ⓥ 거절하다 reject, refuse, rebuff, snub, turn down

He **spurned** all offers of help.
그는 도움에 대한 모든 제안들을 거절했다.

[어원] 『spur(kick) + n(동접) → (제안을) 발로 차버리다』
[TIP] spurn과 spur는 모두 kick(차다)의 어원을 가진 어휘다.
spur(박차) → 말을 달리게 하기 위해 신발에 쇠를 달아 말의 옆구리를 차서
자극을 주는 것
spurn → (상대의 제안을) 발로 차버리다 → 거절하다

squander

[skwándər / skwɔ́n-]

돈을 흩어지게 하다

ⓥ 낭비하다, 헛되이 쓰다 waste, dissipate

He **squandered** his much money.
그는 많은 돈을 헛되이 썼다.

[음원] **scatter** − **squander** → 돈을 흩어지게 하여 낭비하다
[관련] extravagant, prodigal, profligate 낭비하는

stack

[stæk]
말뚝처럼 세워둔 것

ⓝ (쌓아 올린) 더미　heap, pile

a **stack** of books 책 더미

[어원] 『stack<stake(말뚝) → 말뚝처럼 위로 쭉 세워둔 것』
[상상+] **stick** 막대기; 찌르다; 붙이다

stalemate

[stéilmèit]
서 있는 상태

ⓝ 정체[교착] 상태　deadlock, impasse, standstill, standoff

an effort to break the **stalemate** 정체 상태를 깨려는 노력

[어원] 『sta(stand) + le(형접) + mate(명접) → 서 있는 상태』
[TIP] stale → (물이 움직이지 않고) 서 있는 → 상한
　　　 stalemate → (전진하지 못 하고) 서 있는 상태 → 정체 상태
[상상+] **sta**ble 안정된 / **sta**le 상한 / **sta**tic 정적인 / **sta**gnant 정체된

standoff

[stǽndɔ̀(:)f, -ὰf]
떨어져 서 있는 상태

ⓝ 대치[교착] 상태　stalemate, deadlock, standstill, impasse

a long-running political **standoff** 장기적인 정치적 대치 국면

[어원] 『stand(서다) + off(떨어져) → (서로 맞서) 떨어져 있는 상태』
[TIP] standoff는 그림에서 보듯 싸움에서 서로 맞서 떨어져 있는 상태다.
　　　 따라서 싸움의 두 당사자 모두 이득을 취할 수 없는 '대치[교착] 상태'가 된다.

staple

[stéipəl]
쌓아올린 것

ⓝ 주요한　main, principal

ⓝ 주식, 주산물　the main product

Korean people live on a **staple** diet of rice.
한국인들은 쌀을 주식으로 한다.
Coffee is the **staples** of Brazil. 커피는 브라질의 주산물이다.

[어원] 『sta(stand) + ple(명접) → (대량으로) 쌓아올린 것』
[TIP] '주식, 주산물'은 많은 사람들이 섭취하는 것이므로 대량 생산한 후 쌓아
　　　 올려둔다. 이러한 유래에서 '(대량으로) 쌓아올린 것 → 주식 → 주요한'의
　　　 의미가 된다.
[비교] stapler 스테플러 : 우리가 흔히 쓰는 '호치케스'의 올바른 표현

stark

[stɑːrk]
뻣뻣한 모습 그대로인

ⓐ 1. 순전한, 있는 그대로의 sheer, pure, complete

2. 거친, 삭막한 harsh, severe, tough, grim

a **stark** face (화장 안 한) 맨 얼굴
the **stark** reality of life 거친 삶의 현실

[어원] 「star(stiff) + k(형접) → (꾸미지 않아) 뻣뻣한 모습 그대로인」
[상상⁺] **star**e 응시하다 / **star**ch 녹말

starry-eyed

[stɑ́ːri-aid]
눈이 별처럼 빛나는

ⓐ 공상적인, 비현실적인 visionary, unrealistic, romantic

a **starry-eyed** young actress 비현실적인 젊은 여배우

[어원] 「starry(별처럼 빛나는) + eyed(눈의) → 별처럼 빛나는 눈의」
[TIP] starry-eyed는 사람이 무언가 공상에 빠지면 허공을 쳐다보며 '눈빛이
별처럼 빛나게 되는' 데서 유래한 어휘다.

starvation

[stɑːrvéiʃən]
죽음에 이른 것

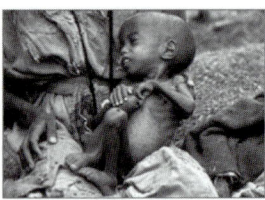

ⓝ 굶주림, 기근 suffering or death caused by lack of food; famine

vi. starve 굶주리다

children dying of **starvation** 굶주림으로 죽어가는 아이들

[어원] 「starv(die) + ation(명접) → 죽음에 이른 것」
[TIP] starvation은 굶어서 결국 죽게 되는 아사(餓死)를 의미한다.

stationary

[stéiʃənèri / -nəri]
서 있는

ⓐ 움직이지 않는, 정지된 motionless, immobile, static, stagnant

a long queue of **stationary** vehicles 정지해 있는 차량들의 긴 행렬

[어원] 「stat(stand) + ion(명접) + ary(형접) → 서 있는, 정지해 있는」
[상상⁺] **stan**ce 자세; 입장 / **stat**us 상태, 지위 / **stat**ue 조각상 / **stat**ute 법령
stature 신장
[비교] stationery 문구류

statute

[stǽtʃuːt]

(기강을) 세우는 것

ⓝ 법령, 법규   act, ordinance, decree, edict, fiat

Protection for the consumer is laid down by **statute**.
소비자 보호는 법령으로 규정되어 있다.

[어원] 『stat(stand) + ute(명접) → (국가의 기강을) 세우는 것』
[TIP] 우리말에서 입법(立法)이란 말도 '법을 세운다' 는 뜻이다.

---

stifling

[stáifliŋ]

(입을) 틀어막는

ⓐ 숨막힐 듯한, 질식시키는   stuffy, suffocating, breathless

vt. **stifle**   숨막히게 하다, 질식시키다   choke

the **stifling** heat of the tropics 열대 지방의 숨막힐 듯한 더위

[어원] 『stif(stuff 틀어막다) + le(동접) → (입을) 틀어막는』

---

stocky

[stáki / stóki]

두꺼운 나무줄기의

ⓐ 땅딸막한, 작고 다부진   stout, stubby, stumpy

a **stocky** build 작고 다부진 체격

[어원] 『stock(나무줄기) + y(형접) → 두꺼운 나무줄기(몸통)의』
[TIP] stocky는 두꺼운 나무줄기(stock)의 모습으로부터 키는 작으면서 다부진
사람의 모습으로 연결된 어휘다.
그림에서 보듯 불독(bulldog)이 딱 stocky의 이미지!

---

strained

[stréind]

세게 묶인

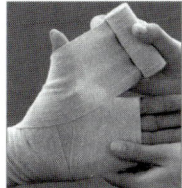

ⓐ 1. 긴장한   tense   2. 부자연스런   unnatural, fictitious, feigned

n. **strain**   압박(감)

strained relations between South and North 남북 간의 긴장 관계

[어원] 『str(세게 묶다) + rain(명접) + ed(~된) → 세게 묶인』
[TIP] strained는 세게 묶여 압박을 받는 상태를 의미한다.
따라서 당연히 '긴장되고 부자연스런' 상황이 될 수밖에 없다.
[상상⁺] **strict** = **stern** = **string**ent 엄격한 / **stress** 스트레스
con**strict** 수축하다: 제한하다 / re**strict** 제한하다
con**strain** 제한하다 / re**strain** 제지하다, 억누르다

streamline

[stríːmlàin]

시내물이 흐르는 선

ⓥ 효율적으로 하다, 간소화하다　simplify ⇔ complicate 복잡하게 하다

ⓐ. streamlined　효율적인　efficient

The company **streamlined** its business structure.
그 회사는 사업 구조를 간소화했다.

[어원] 『stream(시냇물) + line(선) → 시내물의 모양으로 만들다』

[TIP] 시냇물(stream)은 가장 흐르기 좋은 유선형의 선(line)으로 흐르게 마련이다.
따라서 불필요한 부분들을 줄여 가장 좋은 상태로 만든다는 의미다.

strenuous

[strénjuəs]

(강도가) 센, 강한

ⓐ 1. 힘든　arduous, laborious, grueling, demanding

　　2. 격렬한　vehement, intense, fierce, ferocious

the **strenuous** task of clearing the big log 큰 통나무를 치우는 힘든 일
make a **strenuous** effort to lose weight
살을 빼기 위해 엄청난 노력을 기울이다

[어원] 『stren(strong) + (u)ous(형접) → (강도가) 센, 강한』

[TIP] strenuous에서 stren 부분이 strong의 변형임을 이해하면 외우기가
쉬워진다.

striking

[stráikiŋ]

(시선을) 확 때리는

ⓐ 눈에 띄는, 현저한

remarkable, conspicuous, outstanding, phenomenal

ⓐⅆ. strikingly　눈에 띄게, 현저하게

build a **striking** edifice in the city
그 도시에 눈에 띄는 큰 건물을 세우다

[어원] 『striki(strike) + ing(형접) → (시선을) 확 때리는 → 눈에 확 띄는』

[비교] stricken 고통 받는, poverty-stricken 가난으로 고통 받는

stringent

[stríndʒənt]

세게 묶어놓은

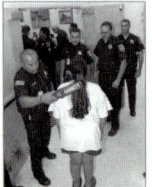

ⓐ 엄격한　strict, rigid, rigorous

take **stringent** security measures 엄격한 안전 조치를 취하다

[어원] 『str(in)(stern) + (g)ent(형접) → 세게 묶어놓은』

[TIP] stringent는 stern에서 한 번 더 파생된 어휘로 이해하면 쉽다.

[상상⁺] **stern** 엄격한 / **astrin**gent 수렴성의; 신랄한

stroke

[strouk]

strike 치다

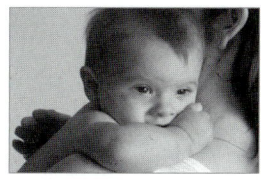

ⓝ 1. 타격, 때리기 blow, beat　　2. 뇌출혈 apoplexy

ⓥt 쓰다듬다 caress, pet

She looked after her father after he suffered a **stroke**.
그녀는 뇌출혈을 앓은 아버지를 돌봐드렸다.
She **stroked** her baby tenderly. 그녀는 아기를 부드럽게 쓰다듬었다.

[어원] 『stroke<strike(치다) → 1. 때리기 → 뇌출혈
　　　　　　　　　　　　　　2. 부드럽게 두드리다 → 쓰다듬다』
[출제포인트] stroke의 동사 의미(쓰다듬다)가 출제되었으므로 꼭 알아두자!

stubby

[stʌbi]

그루터기 같은

ⓐ 땅딸막한 thick and short; stout, stocky, stumpy

his **stubby** fingers 그의 짧고 뭉툭한 손가락

[어원] 『stub(그루터기) + by(형접) → (나무의) 그루터기 같은』
[TIP] stub은 (나무의) 그루터기, (연필의) 토막, (담배의) 꽁초 등 원래 길었던
　　　 것이 잘려서 짧아진 '밑동'을 뜻한다. 여기서 유래한 키가 작고 뚱뚱한
　　　 이미지가 stubby!

stuck-up

[stʌ́k-ʌ́p]

몸을 위로 뻗은

ⓐ 자만심이 강한, 우쭐해 하는 conceited, vainglorious, overweening

She was a bit **stuck-up**. 그녀는 약간 우쭐댔다.

[어원] 『stuck(붙은) + up(위로) → (몸을) 위로 뻗어 올린』
[TIP] stuck은 stick(붙다)의 과거분사로서 stuck-up은 몸을 '위로 뻗어 올린'
　　　 정도의 의미로 파악하면 쉽다.

stultify

[stʌ́ltəfài]

멍하게 만들다

ⓥt 멍하게 하다, 아무것도 할 수 없게 하다 stupefy, spoil

a. stultifying 멍하게 하는

a **stultifying** office environment
(너무 어질러져서) 아무것도 할 수 없게 하는 사무실 환경

[어원] 『stult(stupid) + ify(make) → 멍하게 만들다』
[TIP] stultify에서 stult가 stupid의 변형임을 먼저 이해하면 아무 생각할 수
　　　 없이 '바보로[멍하게] 만드는 것(make stupid)'의 의미로 연결된다.
[상상⁺] **stol**id 둔감한

stupefy

[stjúːpəfài]
멍하게 하다

ⓥ 멍하게 하다, 망연자실하게 하다　stun, stultify

He looked **stupefied** by the result of the test.
그는 그 시험 결과에 망연자실한 듯 보였다.

[어원] 『stup(stupid) + efy(make) → (바보처럼) 멍하게 하다』
[TIP] stupefy는 stupid에서 유래한 어휘로 바보처럼 멍하게 만드는 것을
　　　의미한다.

stupendous

[stjuːpéndəs]
멍하게 하는

ⓐ 엄청난, 어마어마한　staggering, stunning, colossal, tremendous

make a **stupendous** success 엄청난 성공을 거두다

[어원] 『stupend(stupid) + ous(형접) → 멍하게 하는』
[TIP] stupendous 역시 stupid에서 유래한 어휘로 그 정도가 너무나 엄청나
　　　'정신이 멍해질 정도' 라는 표현이다.

stymie

[stáimi]
나쁜 스타 이미지

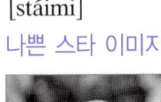

ⓥ 좌절시키다, 방해하다　frustrate, thwart, prevent, obstruct

Such regulations by the government may **stymie** foreign investment.
그러한 정부 규제들이 외국 투자를 막을지도 모른다.

[음원] stymie(스타이미) → '**스타**의 **이미**(**stymie**)지' 가 나쁘면 성공이 **좌절**된다.
[TIP] stymie는 어원이 밝혀지지 않은 어휘이므로 음원을 통해 외운다.

succulent

[sʌ́kjələnt]
빨아먹을 것이 많은

ⓐ 즙이 많은, 맛있는　juicy and good to eat

Enjoy a **succulent** steak. (육)즙이 많은 스테이크를 맛있게 드세요.

[어원] 『succ(suck) + (ul)ent(형접) → 빨아먹을 것(즙)이 많은』
[TIP] succulent에서 succ 부분이 suck(빨다)의 변형임을 이해하면 쉽다.
　　　또한 고기든 과일이든 즙이 많아야 맛있다.
[상상⁺] **suc**tion 빨아들이기 / **soak** 흠뻑 적시다

sumptuous

[sʌ́mptʃuəs]
가지려고 하는

ⓐ 매우 비싼, 화려한   very expensive, luxurious, deluxe, prohibitive

predilection for luxurious and **sumptuous** foreign products
화려하고 값비싼 외국 제품들에 대한 선호

[어원] 『sum(p)(take) + (u)ous(형접) → (사람들이) 가지려고 하는』
[TIP] 무엇이든 사람들이 가지려고 하는 물건의 값은 당연히 비싸게 마련이다.
명품, 좋은 차, 저택 등이 그러한 것들이다.
[상상⁺] **assume** 떠맡다; 추측하다 / **presume** 추정하다; 감히 ~하다
presumptuous 건방진

swarthy

[swɔ́:rði, -θi]
거무스레한

ⓐ 까무잡잡한   dark, dusky

swarthy skin in Southeast Asian people
동남아시아 사람들의 까무잡잡한 피부

[어원] 『swart(black) + hy(형접) → 거무스레한』
[상상⁺] **sord**id 더러운, 지저분한

swoon

[swu:n]
숨막혀 기절하다

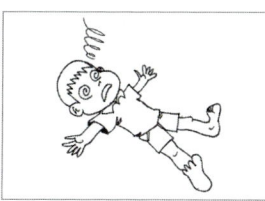

ⓥ 1. 기절[졸도]하다   faint, pass out, black out

2. 넋을 잃다, 황홀해 하다   enrapture

teenage girls **swooning** over pop stars
팝스타들에 넋을 잃는 10대 여학생들

[어원] 『swoon(suffocate) → 숨이 막혀 기절하다』
[출제포인트] 시험에는 2. **황홀해지다**가 출제되었다.
[비교] **swoop** 급습하다

tacit

[tǽsit]
조용히 있는

ⓐ 암묵적인, 무언의   unspoken, implied, implicit

a mutually **tacit** agreement 상호간의 암묵적 합의

[어원] 『tac(silent) + it(형접) → 조용히 있는』
[발음주의] 테이싣(X) → 테싣(O)
[상상⁺] **tac**iturn 말이 없는 / **retic**ent 과묵한

taciturn

[tǽsitə̀ːrn]
(말없이) 조용한

ⓐ 말수가 적은   speaking very little; reserved, mute

the two **taciturn** men 말수가 적은 그 두 남자

[어원] 『tac(silent) + iturn(형접) → (말없이) 조용한』
[TIP] taciturn은 tacit(무언의)에서 그대로 유래한 어휘이므로 tacit만 알면 외우기 쉽다!
[발음주의] 택씨턴(X) → 태시턴(O)

tainted

[téintid]
손대어진, 만져진

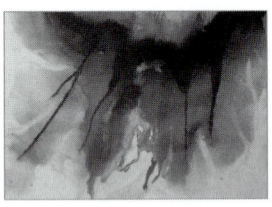

ⓐ 더럽혀진, 얼룩진   contaminated, impaired, defiled, fouled

n. taint   더럼, 얼룩   stain

politicians **tainted** with bribery and corruption
뇌물과 부패로 더럽혀진 정치인들

[어원] 『tain<tang(touch) + ed(~된) → 손대어진, 만져진』
[상상⁺] **tang**ible 만질 수 있는 / in**tact** 손대지 않은, 완전한

tamper

[tǽmpər]
기분대로 하다

ⓥⁱ (함부로) 간섭하다, 망쳐놓다   interfere, meddle, intervene

He always **tampers with** my affairs.
그는 항상 내 일에 간섭한다.

[어원] 『tamper<temper(기분) → 기분 내키는 대로 하다』
[TIP] tamper는 temper(기분)에서 유래한 말로 남의 일에 함부로 끼어들어 '자기 기분 내키는 대로 하다'의 뜻이다.
[어법] tamper with : 간섭하다, 망쳐놓다

tantalize

익공편

[tǽntəlàiz]

Tantalus 왕처럼 만들다

ⓥ 감질나게 하다, 애타게 하다   tease, bug

the **tantalizing** smell of fried bacon
애타게 하는 프라이드 베이컨 냄새

[어원] 『tantal(Tantalus 왕) + ize(동접) → Tantalus 왕처럼 되게 하다』
[TIP] 그리스·로마신화에서 Tantalus 왕이 신들의 음식을 훔쳐 인간들에게
나누어준 죄로 평생 늪 속에 잠겨 목마름(thirst)의 벌을 받았다는 전설에서
tantalize(감질나게 하다)라는 어휘가 탄생되었다.

tardy

[tá:rdi]

느린, 늦은

ⓐ 늦은   late   느린   slow, sluggish

We apologize for our **tardy** reply. 답장이 늦은 점 사과드립니다.

[어원] 『tard(slow) + y(형접) → 느린, 늦은』
[상상⁺] re**tard** 늦추다, 더디게 하다

tattered

[tǽtərd]

누덕누덕해진

ⓐ (오래되어) 해진, 너덜너덜해진   ragged, frayed, worn out, beat-up

The boy was dressed in a **tattered** knit sweater.
그 소년은 너덜너덜해진 니트 스웨터를 입고 있었다.

[어원] 『tatter<tater(rag) + ed(~된) → (옷이 오래되어) 누덕누덕해진』

taunt

[tɔ:nt, tɑ:nt]

약 올리며 부추기다

ⓥ 비웃다, 놀리다   tease, despise, ridicule, sneer

ⓝ 비웃음, 조롱   insult, indignity

The other children **taunted** him about his obesity.
다른 아이들이 그의 비만을 놀렸다.
He has to endure endless **taunts**. 그는 끝없는 조롱을 견뎌야 했다.

[어원] 『taunt(tempt부추기다) → 상대방을 약 올리고 부추기며 놀리다』
[TIP] taunt는 그림에서 보듯 '따라올 수 있으면 따라와봐~'하는 식으로 상대를
약 올리고 부추기며(tempt) 놀리는 모습에서 유래.

teem

[ti:m]
많은 자식들을 낳다

Ⓥ ~로 가득 차다 be crowded with

The beach was **teeming with** tourists.
그 해변은 관광객들로 가득 차 있었다.

[어원] 『teem<tem(bear) → (많은 자식들을) 낳다』

[음원] 우리 **팀(team)**원들로 **가득 차다(teem)**!

[TIP] team(팀)과 teem(가득 차다)은 둘 다 어원적으로 '(많은 자식을) 낳다' 의
　　　의미다. 같은 어원적 의미와 비슷한 스펠링을 이용하여 함께 묶어 외우면
　　　효과적이다. 명절 때 고향집은 일가 친척들로 가득 차고(teem) 그들은
　　　모두 한 팀(team) 이다.

temerity

[təmérəti]
경솔한 움직임

ⓝ 무모함, 만용 audacity, effrontery, brass

The country had the **temerity** to justify the ruthless killing.
그 나라는 무자비한 살인 행위를 정당화하려는 만용을 부렸다.

[어원] 『temer(rash) + ity(명접) → 경솔한 움직임』

[TIP] 원래 temerity는 깜깜한 어둠(darkness) 속에서 이리저리 부딪치며
　　　부주의하게 움직이는 것을 뜻한다.

[발음주의] 테머러티(X) → 터**메**러티(O)

temperament

[témpərəmənt]
기질의 상태

ⓝ 기질, 성격 disposition, personality, individuality, character

a. temperamental 감정적인, 변덕스러운

My girlfriend has such a lovely relaxed **temperament**.
내 여자친구는 아주 사랑스럽고 편안한 성격이다.

[어원] 『temper(기분, 기질) + (a)ment(명접) → 기분, 기질의 상태』

[출제포인트] 형용사 temperamental이 출제되었다.

temperate

[témpərit]
부드러운

ⓐ (기후가) 온화한 mild, clement ⇔ intemperate 무절제한

temperate weather throughout the year 1년 내내 온화한 날씨

[어원] 『temper(부드럽게 하다) + ate(형접) → 부드러운』

[TIP] 원래 temper의 어근은 mix(섞다)다.
　　　temper → 기분들이 섞여 이루어진 것 → 기질, 성격
　　　temperate → 차가운 것과 더운 것이 섞인 → 부드러운

[비교] temporal 시간의, 일시적인; 속세의

tenable

[ténəbəl]
유지할 수 있는

ⓐ 조리 있는, 유효한   logical, reasonable, defensible

⇔ untenable   (주장을) 방어할 수 없는, 부조리한

Their preposterous claims can no longer be **tenable**.
그들의 터무니없는 주장들은 더 이상 유효할 수 없다.

[어원] 『ten(hold) + able(할 수 있는) → (자기 의견을) 유지할 수 있는』
[상상⁺] **ten**acious 고집 센, 완고한 / **ten**et 주의, 교리 / **ten**ant 세입자
tenure 보유(권), 보유 기간 / **ten**or 방침, 취지

tenant

[ténənt]
보유하는 자

ⓝ 세입자   occupant ⇔ landlord   집주인

The **tenant** gave the landlord a large deposit.
그 세입자는 집주인에게 많은 액수의 보증금을 냈다.

[어원] 『ten(hold) + ant(사람) → (집을 일정 기간) 보유하는 자』

tenement

[ténəmənt]
세 들어 사는 집

ⓝ (빈민가의) 연립주택   slum

construct a lot of **tenement** houses for the poor
가난한 사람들을 위해 많은 연립주택들을 건설하다

[어원] 『ten(hold) + (e)ment(명접) → (일정 기간) 세 들어 사는 집』
[TIP] tenement는 tenant와 밀접한 연관성이 있다.
즉, 집을 살 돈이 없는 tenants(세입자들)가 적은 돈을 주고 모여 사는 집이
tenement(연립주택)다.

tenor

[ténər]
견지해가는 것

ⓝ 방침, 취지, 대의   the general meaning; tone, nature

the general **tenor** of the book 그 책의 전반적인 대의

[어원] 『ten(hold) + or(명접) → (계속적으로) 견지해가는 것』
[TIP] tenor(테너)는 성악에서 '남성의 가장 높은 음역'이란 뜻의 음악 용어로도
잘 알려져 있다.

terminate

[tə́:rmənèit]
끝내다

ⓥ 끝내다, 종결시키다   end, conclude, wind up, wrap up

n. termination   종결; 낙태   abortion

a mutual agreement to **terminate** all military action
모든 군사적 행동을 종결시키기로 하는 상호 협정

[어원] 『termin(end) + ate(동접) → 끝내다』
[TIP] terminate는 영화 《Terminator》(종결자)로도 너무 익숙하다.
[상상⁺] in**termin**able 끝없는 / **term** 기간; 말; 《복》 조건, 관계

terse

[tə:rs]
깨끗해진

ⓐ 간결한   concise, succinct, pithy ⇔ verbose 장황한

His reply was **terse** and resolute.   그의 대답은 간결하고 단호했다.

[어원] 『ters<terg(clean) + e(동접) → (불필요한 말들을 빼고) 깨끗해진』
[상상⁺] de**terg**ent 세제

testify

[téstəfài]
증언하다

ⓥ 증언[증명]하다   attest, witness, verify, substantiate

Samuel has agreed to **testify** at the trial.
사무엘은 그 재판에서 증언하는 데 동의했다.

[어원] 『test(witness) + ify(동접) → 증언하다』
[TIP] witness ⓝ 목격자; 증인   ⓥ 목격하다
[상상⁺] at**test** 증언[입증]하다 / **test**imony 증언; 입증 / **test**ament 증명, 입증

thoroughfare

[θə́:roufɛ̀ər]
완전히 뚫린 길

ⓝ (큰) 도로   a main road; street

a major **thoroughfare** congested with heavy traffic
많은 교통량으로 혼잡한 큰 도로

[어원] 『thorough(완전한) + fare(가다) → 완전하게 뚫린 큰 길』
[TIP] 서울의 강변북로와 올림픽대로가 대표적인 thoroughfare다.
[비교] boulevard (양쪽에 가로수가 있는) 넓은 도로

threshold

익플공편

[θréʃhòuld]
문 앞에 두는 돌

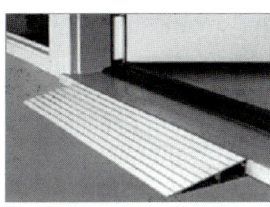

ⓝ 1. 문턱, 입구의 발판 entrance   2. 발단, 시초 embryo, inception

He arrived at the **threshold** of the station.
그는 그 역의 입구에 도착했다.
at the **threshold** of the new year 새해 벽두에

[어원] 『thresh(탈곡하다)＋(h)old(잡아두는 곳) → 탈곡할 때 (곡식을) 잡아두는 돌』
[TIP] threshold는 원래 옛날 영국에서 곡식을 탈곡할 때 문 앞에 놔두었던 돌을 뜻하는 말이다. 곡식을 내리쳐 탈곡을 하면 가루, 겨 등이 많이 날렸기 때문에 이 돌을 문밖에다 두었다.
이러한 유래로 threshold가 집 안과 밖을 구분하는 '문턱, 입구의 발판'이 되었고 비유적으로 '발단, 시초'의 뜻이 된 것이다.
[상상⁺] **thrash** 때리다; 마구 움직이다

thwart

익플공편

[θwɔːrt]
가로질러 가다

ⓥ 방해하다, 좌절시키다 prevent, frustrate, baffle, foil

Fierce opposition **thwarted** the government's plans.
격렬한 반대가 정부 계획을 좌절시켰다.

[어원] 『thwart<thwert(across) → 가로질러 가다』
[TIP] 일의 진행이 내가 원하는 쪽으로의(toward) 방향이 아니라 나를 가로질러 가는(thwart) 것이라면 결과는 '좌절'이다.
[상상⁺] **traverse** 가로지르다

titanic

익플공편

[taitǽnik, ti-]
거인의

ⓐ 거대한, 엄청난 huge, immense, enormous, colossal, gigantic

a **titanic** struggle for success 성공을 위한 엄청난 노력

[어원] 『titan(거인)＋ic(형접) → 거인의』
[TIP] titans는 그리스·로마 신화(mythology)에 나오는 거인족을 뜻한다.
여기서 형용사형 titanic이 나왔고 그 뜻은 '거대한'이 되었다.
우리에게는 1912년 침몰한 타이타닉호를 배경으로 한 영화 《타이타닉》으로도 잘 알려진 어휘이다.

VOCA MASTER

titter

[títər]

킥킥대다

ⓥⁱ 킥킥대며 웃다 laugh quietly in a high voice; giggle

At the word fool, some of the class **tittered**.
'바보' 라는 단어에 교실의 몇몇 학생이 킥킥댔다.

[어원] 『titter → '킥킥' 대는 소리에서 유래』
[TIP] titter, giggle은 모두 우리말의 '킥킥대다, 낄낄대다' 와 같이 웃는 소리에서
유래된 의성어다.
[비교] guffaw 크게 웃다, 박장대소하다

topple

[tápəl / tɔ́pəl]

꼭대기를 쓰러뜨리다

ⓥ 쓰러지다, 전복시키다 overthrow, capsize, subvert, fall over

The rebel forces **toppled** the current autocracy
반란군이 현 독재정권을 전복시켰다.

[어원] 『top(꼭대기) + (p)le(동접) → 꼭대기를 아래로 쓰러뜨리다』
[TIP] 옆의 그림에서 보듯 topple은 꼭대기(머리 부분)를 아래로 쓰러뜨리는
행위에서 유래되었다.

toxic

[táksik / tɔ́k-]

독(성)의

ⓐ 유독성의, 유독한 noxious, detrimental, deleterious, venomous

the **toxic** fumes released by rubbish fires
쓰레기 소각에서 방출되는 유독 가스

[어원] 『tox(poison) + ic(형접) → 독(성)의, 유독한』
[상상⁺] in**toxic**ate 술 취하게 하다 / non-**toxic** 무독성의

tractable

[trǽktəbəl]

이끌어 갈 수 있는

ⓐ 유순한, 처리하기 쉬운 obedient, compliant, docile, amenable

⇔ intractable 말을 안 듣는

The job was less **tractable** than expected.
그 일은 예상했던 것보다 쉽지 않았다.

[어원] 『tract(draw) + able(할 수 있는) → (맘대로) 끌어갈 수 있는』
[TIP] 그림에서 보듯 쉽게 끌어갈 수 있는 말이라면 '순한' 말이다.

trait

[treit]

이끌려 나오는 것

ⓝ 특색, 특성 characteristic, attribute, feature, property

a unique **trait** of Korean society
한국 사회의 독특한 특성

[어원] 『trait<tract(draw) → (~에서) 이끌려 나오는 것』

[TIP] 특색, 특성이라고 하는 것은 어떤 것에서 이끌려져 나오는 특별한 성질을 말한다. 예를 들어 대나무(대쪽)에서 이끌려 나오는 특성은 '지조와 절개, 곧음' 이다.

trample

[trǽmpəl]

발을 구르다

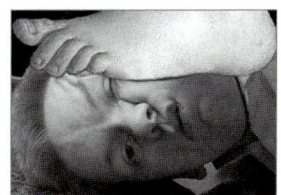

ⓥ 짓밟다 crush, stamp, stomp on

Their human rights had been **trampled** underfoot.
그들의 인권은 발아래 짓밟혔다.

[어원] 『tramp<stamp(발을 구르다) + le(동접) → (마구) 발을 구르다』

[TIP] tramp(터벅터벅 걷다)는 stamp(발을 구르다)에서 s − 가 탈락하고 tamp 에서 r − 이 첨가된(강하게 발음된) 형태의 어휘다. tramp에서 좀 더 강한 의미로 파생된 어휘가 trample(짓밟다)이다. 따라서, stamp(도장 찍다) → tramp(터벅터벅 걷다) → trample(짓밟다) 순으로 외운다.

trauma

[trɔ́:mə, tráu-]

(살갗이) 문질러짐

ⓝ 1. (큰) 충격 extreme shock   2. 외상 injury

ⓐ. traumatic 충격이 큰 deeply shocking

the mental **trauma** of rape 강간으로 인한 정신적 충격
the hospital's **trauma** unit 그 병원의 부상 치료팀

[어원] 『trau<trit(rub) + ma(명사형 접미어) → (살갗이) 문질러진 것』

[TIP] trauma는 원래 살갗이 땅에 문질러져 까진 '외상' 의 의미에서 '심한 (정신적)충격' 의 의미로 발전되었다.

[발음주의] 트라우마(X) → 트로머(O)

travail

[trəvéil, trǽveil]

걸어서 가는 먼 길

ⓝ 고역, 곤경 labor, toil, drudgery

the **travails** of the soaring price of oil 치솟는 유가로 인한 곤경

[어원] 『travail<travel(여행) → 먼 길을 걸어서 가야 했던 길』

[TIP] travail(고역)은 travel(여행)과 같은 어원 trouble(고통)에서 유래된 어휘다. 지금이야 여행이 즐거운 일이겠지만 옛날에는 바리바리 짐을 싸들고 걸어서 오랜 길을 떠나는 일이었으니 여간 '고역' 이 아닐 수 없었다. trouble(고통) → travel(여행) → travail(고역)의 순으로 암기하자.

[주의] travail은 주로 복수 travails로 쓰인다.

treachery

익공 / 출편

[trétʃəri]
속이는 행위

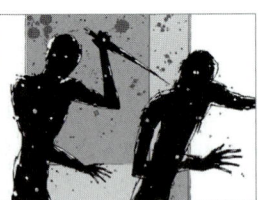

ⓝ 배반, 반역 disloyalty, betrayal, perfidy, treason

a. treacherous 불충한, 믿을 수 없는

He was executed for **treachery**. 그는 반역죄로 처형되었다.

[어원] 『treach(trick) + ery(명접) → (윗사람을) 속이는 행위』
[TIP] treachery에서 treach 부분은 trick이 불어(French)화 되면서 부드럽게 발음이 변형된 형태로, 부하가 두목을 속이는(**trick**) 것은 곧 배반 행위(**treachery**)다.

trenchant

익공 / 출편

[tréntʃənt]
마구 잘라버리는

ⓐ 통렬한, 예리한 incisive, biting, pungent, acrimonious

His writing contains **trenchant** criticism of politics.
그의 글은 정치에 대한 통렬한 비판을 담고 있다.

[어원] 『trench(cut) + ant(형접) → 마구 잘라버리는』
[TIP] trench → (땅을 길게 파서) 갈라놓은 것 → 참호
trenchant → 마구 잘라버리는 → 통렬한, 예리한
[상상⁺] en**trench** 확립하다(establish) / **trunc**ate (짧게) 자르다
re**trench** (비용을) 절감하다 / **trunk** (나무의) 줄기, 몸통

trepidation

익공 / 출편

[trèpədéiʃən]
(무서워) 떠는 것

ⓝ 공포, 두려움 fear, terror, horror, panic

She was weeping silently with great **trepidation**.
그녀는 커다란 두려움으로 숨죽여 울고 있었다.

[어원] 『trepid(tremble) + ation(명접) → (무서워서) 떠는 것』
[상상⁺] in**trepid** 용감한(audacious)

trickle

익공 / 출편

[tríkəl]
(물이) 흘러내리다

ⓥⁱ (주르르) 흐르다, (졸졸) 흘러내리다 flow slowly in a thin stream

The tears **trickled** down her cheeks.
눈물이 그녀의 뺨 아래로 흘러내렸다.

[어원] 『trickle(트릭클) → 물이 주르르 흘러내리는 소리에서 유래』
[TIP] trickle은 그림에서 보듯 물이 졸졸 흘러내리는 소리에서 유래한 의성어이므로 소리를 연상하면서 외워야 잘 외워진다.
[비교] drip (물이 한 방울씩) 똑똑 떨어지다

익플공편 trigger

[trígər]
(총의) 당기는 부분

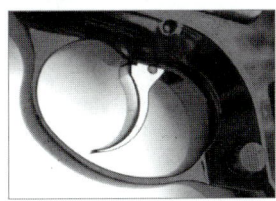

ⓥ 유발[촉발]하다   generate, activate, bring about, touch off

His death **triggered** massive resistance.
그의 죽음은 엄청난 저항을 유발하였다.

[어원] 『trig(pull) + (g)er(명접) → (총의) 당기는 부분 → 방아쇠』
[TIP] trigger는 총에서 총알을 발사시키는 '방아쇠' 라는 뜻인데, 이 뜻이 어떤 '사건을 일으키다' 의 의미로 발전되었다.
[상상⁺] **trigger**-happy 총 쏘기 좋아하는

익플공편 trifling

[tráifliŋ]
속여도 되는 양의

ⓐ 사소한, 하찮은   trivial, petty, paltry, picayune

n. trifle   하찮은 것

quarrel about a **trifling** matter 사소한 문제에 관해 다투다

[어원] 『trifl(e)(deception) + ing(형접) → 속여도 될 만큼의 양인』
[TIP] trifling은 돈이라면 1원, 2원 정도로 속여도 될 만큼의 아주 적은 액수(양)를 의미하기 때문에 '사소한, 하찮은' 의 뜻이 되었다.
[숙어] trifle with : ~을 소홀히 대하다, 홀대하다

익플공편 truncate

[trʌ́ŋkeit]
잘라내다

ⓥ (짧게) 자르다   cut, shorten, curtail, abridge

a **truncated** version of the novel 그 소설의 축약판

[어원] 『trunc<trunk(cut) + ate(동접) → 잘라내다』
[TIP] trunk → (가지가 잘려진) 나무의 몸통 → 줄기
truncate → (잔가지를) 자르다 → 짧게 자르다
trenchant → (상대의 사지를 잘라내듯) 통렬한

익플공편 turbulent

[tə́ːrbjələnt]
혼란스러운

ⓐ 격렬한, 요동치는   wild, furious, ferocious, rabid

n. turbulence   혼란   turmoil

The author depicted Korea's **turbulent** modern history.
그 작가는 격렬한 한국 근대사를 묘사했다.

[어원] 『turb(confusion) + (ul)ent(형접) → (몹시) 혼란스러운』
[상상⁺] **turb**id 흐린, 혼탁한 / **turp**itude 부도덕함
dis**turb** 방해하다, 어지럽히다 / per**turb** 불안[동요]하게 하다

tumble

[tʌ́mbəl]

공중제비를 돌다

ⓥt 1. (아래로) 꼬꾸라지다, 급락하다 fall down quickly; plummet

2. (생각이) ~까지 미치다, 깨닫다 understand, catch on

Interest rates **tumbled to** their lowest rate for 30 years.
이자율이 30년 간 최저치로 급락했다.
He didn't **tumble to** the seriousness of the problem.
그는 그 문제의 심각성을 깨닫지 못했다.

[어원] 『tumb(dance) + le(동접) → 서커스에서 공중제비를 하다』
[TIP] tumble(공중제비를 돌다)
 1. 머리가 거꾸로 내려가다 → 갑자기 내려가다, 급락하다
 2. 생각이 돌고 돌아 어떤 생각에까지 미치다 → 깨닫다
[어법] tumble to : ~로 급락하다; (생각이) ~까지 미치다
[출제포인트] 시험에 2. **(생각이) ~까지 미치다, 깨닫다**가 출제되었다.

tyranny

[tírəni]

폭정에 튀려니…

ⓝ 폭정, 횡포 autocracy, despotism, dictatorship, domination

n. tyrant 폭군   a. tyrannical 폭정의

condemn the **tyrannies** of the government
정부의 폭정을 강력히 비난하다

[음원] tyranny(티뤄니) → **폭정**에 **튀려니(tyranny)** 맞서겠다!!
[TIP] tyranny는 어원적으로 도움이 안 되는 어휘이므로 음원으로 암기하자!
 그림의 주인공 네로(Nero) 황제(로마의 5대 황제)는 폭정(tyranny)의 대명
 사인 인물이다.

tyro

[táirou]

신병

ⓝ 초보자 beginner, novice, neophyte, apprentice

a **tyro** photographer 초보 사진작가

[어원] 『tyro<tiro(young soldier) → 신병』
[음원] tyro(타이로우) → 첫 해외여행을 **타이로(tyro)** 가는 여행 **초보자**
[발음주의] 티로(X) → **타**이로우(O)

usher

[ʌ́ʃər]

문지기

ⓝ 안내인   doorkeeper, conductor

ⓥⓣ 안내하다   guide

I worked as a **usher** at a theater. 나는 극장의 안내원으로 일한다.

He **ushered** her into the office. 그는 그녀를 사무실 안으로 안내했다.

[어원] 『ush(door) + er(사람) → 문지기, 문 앞에 서 있는 사람』

[음원] usher(어셔~) → 문 앞에서 **어서옵셔**(**usher**) 하는 안내인

[TIP] 미국의 유명 가수 중에는 Usher(어셔)도 있다.

vacuous

[vǽkjuəs]
비어 있는

ⓐ 빈, 공허한 vain, stupid, unintelligent

a **vacuous** mind 공허한 마음

[어원] 『vacu(empty) + ous(형접) → 비어 있는』
[상상＋] **vac**ant 비어 있는 / **vacu**um 진공 / **vaca**tion 휴가
e**vacu**ate 대피[피난]시키다

vagary

[véigəri, vəgɛ́əri]
떠돌아다님

ⓝ 변덕 caprice, whim, quirk

the **vagaries** of the English weather 변덕스러운 영국 날씨

[어원] 『vag(wander) + ary(명접) → (갈피를 못 잡고) 떠돌아다님』
[TIP] 마음이 갈피를 못 잡고 왔다 갔다 떠돌아다니는 것이 곧 '변덕' 이다.
[어법] vagary 는 주로 복수 vagaries로 쓰임!

vague

[veig]
떠돌아다니고 있는

ⓐ 애매한, 모호한 ambiguous, equivocal, hazy, indefinite

vague promises for support 지원에 대한 모호한 약속

[어원] 『vag(wander) + ue(형접) → 떠돌아다니고 있는』
[TIP] 여기저기 떠돌아다니고 있는 것은 어디가 목적지(목표)인지 정해져 있지
않은 '애매한, 모호한' 상태다.
[비교] vogue 유행(fashion)
[상상＋] **vag**rant 방랑자, 부랑자(**vag**abond) / **vag**ary 변덕
vacillate 망설이다 / **wag** (꼬리를) 흔든다

valiant

[vǽljənt]
강한, 용감한

ⓐ 용감한 audacious, dauntless, intrepid, gallant

n. valor 용기 courage   a. valorous 용감한

a **valiant** effort to save a child in the water
물속의 아이를 구하기 위한 용감한 시도

[어원] 『val(strong) + (i)ant(형접) → 강한, 용감한』
[TIP] valiant는 얼마 전 animation 영화의 제목으로도 쓰였다.
[출제포인트] valiant와 함께 명사 valor도 출제되었다.
[상상＋] **val**id 근거 있는; 유효한 ⇔ in**val**id 무효인; 병약한
con**val**esce (병에서) 회복하다 / pre**vail** 우세하다; 널리 퍼지다

valid

[vǽlid]
강한

ⓐ 1. 근거 있는   logical, coherent

2. 유효한   legally or officially acceptable

⟺ invalid   무효인; 병약한

n. validity   타당성, 유효함

vt. validate   유효하게 하다, 확인하다

The theory has many **valid** reasons.
그 이론은 많은 근거 있는 이유들을 갖고 있다.
This passport is **valid** for five years.
이 여권은 5년 동안 유효합니다.

[어원] 『val(strong) + id(형접) → 강한』
[TIP] 강한 것은 곧 힘이 있다는 것이다. 내가 무엇을 주장함에 있어 근거를 갖고
있다면 그 말에는 힘이 실릴 것이다.
valid는 그러한 이유로 **1. 근거 있는**의 뜻이 되고, 법적으로 근거가 있는 것은 곧
2. 유효한의 의미가 된다.
[출제포인트] 동사 **validate(유효하게 하다)**가 출제되었음을 알아두자!

vapid

[vǽpid]
김빠진

ⓐ 김빠진, 맛없는   insipid, unpalatable, uninteresting

a **vapid** soccer game 김빠진 축구 경기

[어원] 『vap(steam) + id(~된) → 김이 빠진』
[TIP] 콜라 뚜껑을 열어 놓고 다음날 마셔보면 바로 vapid가 느껴질 것이다.
[상상⁺] **vap**or 증기 / **evap**orate 증발하다

venal

[víːnl]
판매되는

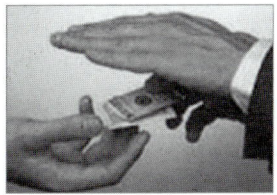

ⓐ (돈으로) 매수할 수 있는   bribable, mercenary

n. venality   매수 가능함

our **venal** politicians 우리가 돈으로 매수할 수 있는 정치인들

[어원] 『ven(d)(sell) + al(형접) → 팔리는, 판매되는』
[TIP] 사람이 돈에 쉽게 팔린다는 것은 곧 부정한 목적을 위해 매수할 수 있다는
뜻이다. 이것이 바로 venal이다.
[발음주의] 베널(X) → **비**-늘(O)

venomous

[vénəməs]
독을 갖고 있는

ⓐ 1. 유독한 detrimental   2. 악의에 찬 malicious, spiteful

n. venom 독(주로 동물의 독을 뜻함)

a **venomous** snake 독사
Lisa shot him a **venomous** glance.
리사는 그를 악의에 찬 눈으로 쏘아봤다.

[어원] 『venom(독) + ous(having) → 독을 갖고 있는』
[발음주의] 비너머스(X) → **베**너머스(O)
[출제포인트] 시험엔 2. **악의에 찬**이 출제되었다.

verbal

[və́:rbəl]
말의, 구두의

ⓐ 말[구두]의 relating to using words; linguistic

a **verbal** promise 구두 약속

[어원] 『verb(word) + al(~의) → 말의, 구두의』
[상상⁺] ad**verb** 부사 / pro**verb** 속담 / **verb**atim 말 그대로

verbatim

[vərbéitəm]
말한 그대로

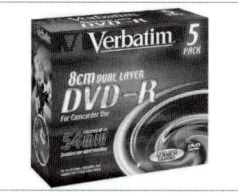

ⓐⓓ 말 그대로 word-for-word

The newspaper printed the President's speech **verbatim**.
그 신문은 대통령 연설 전문을 그대로 실었다.

[어원] 『verb(word) + atim(부접) → 말한 그대로』
[TIP] 옆의 그림은 연설자의 '말 그대로'를 녹음하는 디스크(DISC) 상표 Verbatim이다.
[주의] verbatim은 품사가 부사라는 것에 주의!
[비교] literally 글자 그대로 / to the life 실물 그대로

verge

[və:rdʒ]
바뀌는 지점

ⓝ 가장자리 border, edge, brink, fringe

ⓥⓘ ~에 가깝다, 근접하다 be very close to; approach

Wild Tigers are **on the verge of** extinction.
야생 호랑이들이 멸종 위기에 놓여 있다.
a comment that **verges on** an insult 모욕에 가까운 말

[어원] 『verg(turn) + e(명접) → 바뀌는 지점』
[어법] on the verge of + (동)명사 : 막 ~하려고 하는
　　　 verge on : ~에 가깝다, 근접하다
[상상⁺] con**verge** 한 점에 모이다 / di**verge** 갈라지다

verify

[vérəfài]
진실로 만들다

ⓥ 입증[증명]하다   *confirm, substantiate, corroborate, vindicate*

n. verification   입증, 증명   　　a. verifiable   증명될 수 있는

His statements was **verified** by several witnesses.
그의 진술들은 몇몇 증인들에 의해 입증되었다.

[어원]『ver(true) + ify(make) → 진실로 만들다』

versatile

[vɔ́ːrsətl / -tàil]
능력이 잘 바뀌는

ⓐ 1. 다재다능한   *having many different skills; all-around, protean*

2. 다용도의   *having many different uses; multipurpose*

n. versatility   다재다능함; 다용도

a very **versatile** actress 아주 다재다능한 여배우
a **versatile** table 다용도 테이블

[어원]『vers(turn) + (at)ile(~하기 쉬운) → (능력이) 여러 가지로 잘 바뀌는』

vessel

[vésəl]
담아두는 것

ⓝ 1. 그릇, 용기   *container*   　2. (큰) 배   *a large ship*   　3. 혈관

a fishing **vessel** 큰 고깃배
storage **vessels** 저장 용기들
a burst blood **vessel** 파열된 혈관

[어원]『ves(vase꽃병) + (s)el(명접) → 담아두는 것』

[TIP] vessel과 vase는 모두 '담아두는 것'으로 같은 어원을 갖는다.
　　 1. 물건을 담아두는 곳 → 그릇, 용기
　　 2. 큰 용기(컨테이너)를 담아가는 배 → 큰 배
　　 3. 피를 담아두는 곳 → 혈관

vestige

[véstidʒ]
발자국

ⓝ 자국, 흔적   *trace, remnant, relic*

a. vestigial   흔적의, 남아 있는   *remaining*

the **vestiges** of past civilizations 과거 문명의 흔적들

[어원]『vestig(footstep) + e(명접) → (지나간) 발자국』
[상상⁺] in**vestig**ate 수사하다

vicissitude

[vìsísətʃùːd]
바뀌는 것

ⓝ 변화　change, variation, mutation

the **vicissitudes** of social life 사회생활의 변화들

[어원] 『vici<vice(change) + ssi(be) + tude(명접) → 바뀌는 것』
[어법] vicissitude는 주로 복수 vicissitudes로 쓰임.
[상상⁺] **vice** president 부통령, 부회장 / **vice** versa 반대로 / **vic**arious 대리의

vigilant

[vídʒələnt]
(계속) 지켜보는

ⓐ 경계하는, 조심하는　careful, alert, watchful, attentive

n. vigilance　조심, 경계

We must keep **vigilant** on inflation.
우리는 인플레이션에 대해 지속적으로 경계해야 한다.

[어원] 『vigil(watchful) + ant(형접) → (계속해서) 지켜보는』
[상상⁺] **vigil** 철야, 불침번 / **vege**table 야채 / **vig**or 활력
in**vigor**ate 활력을 불어넣다 / sur**veill**ance 감시

vilify

[víləfài]
값싼 것으로 만들다

ⓥⓣ 중상[비방]하다　slander, defame, malign, traduce

Dave has been **vilified** by his political enemies.
데이브는 그의 정적들에 의해 비난 받았다.

[어원] 『vil(cheap) + ify(make) → (상대의 업적을) 값싼 것으로 만들다』
[상상⁺] **vil**e 끔찍한, 부도덕한 / re**vil**e 비난하다

villain

[vílən]
남의 집을 터는 놈

ⓝ 악당, 범인　a wicked man; scoundrel, knave, boor

a. villainous　사악한

The **villain** was caught and punished.
그 악당은 붙잡혀 벌을 받았다.

[어원] 『villa(집) + in(안) → 남의 집 안에 들어가 터는 놈』
[발음주의] 빌레인(X) → 빌런(O)
[상상⁺] **villa**ge 마을 / **vicini**ty 근처, 부근

virtual

[və́:rtʃuəl]

가치를 갖는

ⓐ 1. 사실상의, 실제적인 practical 2. 가상의 on a computer

ad. **virtually** 사실상, 실질적으로

a **virtual** state of war 사실상 전쟁의 상태

the **virtual** world of the Internet 인터넷의 가상 세계

virtual reality 가상 현실

[어원] 『virtu(e)(가치) + al(형접) → (실제에 상응하는) 가치를 갖는』

[TIP] 1. 실제에 거의 상응하는 가치를 갖는 → 사실상의, 실제적인

2. 실제와 거의 똑같은 세계인 → 가상의, 컴퓨터상의

[상상+] **virtu**e 미덕; 가치, 장점 / **virtu**oso (예술계의) 거장

vogue

[voug]

노 저어가는 것

ⓝ 유행 fashion, fad, popularity

Mini skirts are very much in **vogue** just now.

미니스커트가 요즘 아주 유행이다.

[어원] 『vog(row노 젓다) + ue(명접) → (물에서) 노 저어가는 것』

[TIP] 유행이란 물의 흐름처럼 흘러왔다 흘러가는 것이다.

그러한 물의 흐름(유행) 위에서 배를 타고 '노를 저어가고 있다는 것

(vogue)'은 그 흐름 즉, 유행을 타고 있는 것이다.

또한 그림에서 보듯 vogue는 유명 패션 잡지 이름으로도 쓰인다.

[비교] **vague** 모호한

volatile

[válətil / vɔ́lətàil]

날아가기 쉬운

ⓐ 1. 급변하는, 불안정한 unstable, fickle, capricious, mercurial

2. 화를 잘 내는 irritable, choleric, fractious

cope with an increasingly **volatile** market situation

점점 급변하는 시장 상황에 대처하다

ignore his **volatile** temperament

화를 잘 내는 그의 성격을 무시하다

[어원] 『vola(fly) + (t)ile(~하기 쉬운) → 휙~ 날아가기 쉬운』

[TIP] volatile은 사진에서 보이는 휘발유를 연상하면 쉽다. 액체지만 기체로

날아가 그 상태가 쉽게 변하기 때문이다.

[출제포인트] 시험에 **1. 급변하는, 불안정한**의 의미가 출제되었다.

voracious

[vouréiʃəs]
먹어치우는

ⓐ 게걸스럽게 먹는, 탐욕스러운

---

greedy, insatiable, avaricious, ravenous

n. **voracity** 게걸스러움, 탐욕 cupidity

---

a **voracious** reader of history 역사책 탐독가

[어원] 『vor(a)(eat) + cious(형접) → (마구) 먹어치우는』
[비교] veracious 진실한
[상상⁺] de**vour** 게걸스럽게 먹다

vouch

[vautʃ]
(확신을 갖고) 말하다

voucher (상품권)

ⓥ 확언[보장]하다 certify, affirm, guarantee, aver

n. **voucher** 상품권; 영수증 receipt

I'll **vouch for** the quality of the product.
그 제품의 품질은 내가 보증할게.

[어원] 『vouch<voke(call) → (확신을 갖고) 말하다』
[TIP] vouch는 voke(call)의 어근 스펠링이 부드럽게 변형된 단어다.
[어법] vouch for : ~을 확언[보장]하다
[상상⁺] con**voke** 소집하다 / in**voke** 기원하다 / e**voke** 불러일으키다
　　　　pro**voke** (반응을) 일으키다; 화나게 하다 / re**voke** 취소하다
　　　　vocation 천직 / a**vow** (공공연히) 인정하다

wager

[wéidʒər]
보증물을 걸고 내기하다

ⓥ 내기 걸다　bet, gamble

ⓝ 내기　bet, stake

Walter **wagered** all his money on the horse.
월터는 그 경주마에 그의 모든 돈을 걸었다.

[어원] 『wage(guarantee) + r(동접) → 보증물을 걸고 내기하다』
[TIP]　wage → 일에 대한 대가로 보증해주는 돈 → 임금
　　　　wager → 얼마씩의 돈을 약속(보증)하고 벌이는 일 → 내기
[음원] "내가 **왜 져(wager)?**"하며 **내기 걸다**
[발음주의] 왜져(X) → **웨**이져(O)
[출제포인트] wager는 주로 동사로 쓰이며 시험에도 동사가 출제되었다.

waive

[weiv]
단념하다

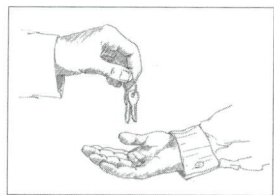

ⓥ (권리를) 포기[양도]하다　concede, abandon, renounce, relinquish

He **waived** his right to a lawyer.
그녀는 자신의 권리를 변호사에게 양도했다.

[어원] 『waiv(abandon) + e(동접) → 단념하다』
[음원] 어머니들이 "이렇게 비싼 옷을 내가 **왜이브(waive)?**"하며 포기[양도]
　　　하시는 모습!
[비교] waver 흔들리다, 망설이다

wander

[wɑ́ndər / wɔ́n-]
바람처럼 떠돌아다니다

ⓥ 돌아다니다, 방랑하다　prowl, roam, rove, stray

n. wanderer　방랑자　nomad

We **wandered** around the town.　우리는 시내 이곳저곳을 돌아다녔다.

[어원] 『wand(wind) + er(동접) → 바람처럼 떠돌아다니다』
[TIP]　우리말에도 '바람처럼 정처 없이 떠돌아다니다' 라는 말이 있다.
　　　　이 말과 정확히 맞아떨어지는 어휘가 wander다.
　　　　wander에서 wand가 wind의 변형(모음 변화)임을 이해하면 아주 쉽다.
[발음주의] 원더(X) → **완**더(O)

wane

[wein]
점점 비워지다

ⓥ 줄어들다, 쇠퇴하다 decline, dwindle, diminish, abate

ⓝ 감소, 쇠퇴 decrease, diminution, decrement

Our profits will **wane** due to the rise in crude oil prices.
유가 인상으로 인해 우리의 수익이 줄어들 것이다.
The power of the ruling party was **on the wane**.
여당의 권력이 약해지고 있었다.

[어원] 『wan<van(empty) + e(동접) → (보름달이) 점점 비워지다』
[어법] on the wane : 감소하고 있는, 약해지고 있는
[숙어] wax and wane 달이 차고 기움 → 증감하다
[비교] wan 창백한
[상상⁺] **vain** 비어 있는 / **van**ish 사라지다 / **van**ity 허영

warrant

[wɔ́(:)rənt, wɑ́r-]
보증해주는 것

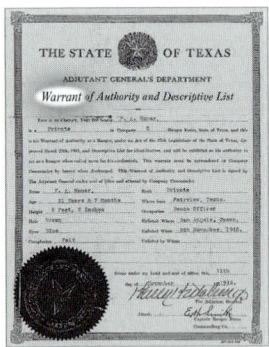

ⓝ 1. 영장 subpoena; 권리증   2. 근거, 이유 ground

n. warranty (물품) 보증서   a. unwarranted 근거 없는

issue a **warrant** for his arrest
그에 대한 체포 영장을 발부하다
There is no **warrant** for copying other people's work.
다른 사람들의 작품을 모방할 수 있는 근거는 어디에도 없다.

[어원] 『warrant(guarantee) → 보증해주는 것』
[TIP] 1. 범인 체포를 보증해주는 것 → 영장
     2. 나의 주장을 보증해주는 것 → 근거, 이유
     영어에서 gu-와 w-의 발음은 혼용될 수 있다.

──────[**gu** – 스펠링과 **w** – 스펠링의 혼용]──────

guarantee 보증하다 – **w**arranty 보증서

guard 보초 – **w**ard 보호자; 병실

guise 위장 – **w**ise 현명한

weed

[wiːd]

잡초

(n) 잡초　a wild plant

(vt) 잡초를 뽑다, 제거하다　eradicate, eliminate, extirpate, exterminate

block **weed** growth in the corn fields
옥수수 밭에 잡초가 자라는 것을 막다
weed out the criminals and drug addicts
범죄자들과 마약 중독자들을 제외시키다

[어원] 『weed(잡초) : 특별한 어원 없음』
[숙어] weed out : 제거하다
[출제포인트] weed는 실제 **잡초**(a wild plant)의 의미로 출제되었지만
　　　　　숙어 **weed out**(**제거하다**)도 너무 중요하다.
[상상⁺] sea**weed** 해초

---

whit

[hwit]

조금

(n) 조금, 약간　bit, jot, modicum, iota

He had **not** changed **a whit**. 그는 조금도 바뀌지 않았다.

[어원] 『whit<bit(조금)』
[TIP] **bit**의 발음이 변형되어 **whit**이 된 것.
　　　영어에서 **b-**와 **w-** 스펠링은 혼용될 수 있다.
[어법] not a whit : 조금도 ~아닌

---

winnow

[wínou]

바람에 날라 가게 하다

(vt) 가려내다, 선별하다　screen, sift, filter

winnow the list of contestants to eight
경쟁자 명단을 여덟 명으로 가려내다

[어원] 『winn<wind(바람) + ow(동접) → 바람에 날아가게 하다』
[TIP] 알곡을 거르는 '키'라는 도구가 있다. 키에 곡식을 담아 위로 뿌리면
　　　껍질은 바람에 날아가고 알곡만 다시 내려와 떨어진다. winnow는 곡식의
　　　껍질을 바람에 날아가게 하고 알곡만을 가려내는 것에서 유래한 어휘다.
[어법] winnow out : 가려내다, 선별하다(out은 부사로 들어갈 수도 빠질 수도 있다.)

wreck

[rek]

부수다

ⓥ 파괴[난파]시키다	destroy, demolish, damage	
ⓝ 파괴, 난파	destruction, wreckage	

n. wreckage (파괴된) 잔해(물)

The ship was **wrecked** off the coast of Africa.
그 배는 아프리카 연안에서 난파되었다.
pull him from the **wreck**
파괴된 잔해로부터 그를 끌어내다

[어원] 『wreck<break(부수다) → 부수다』

[TIP] 영어에서 **b**-와 **w**-스펠링은 혼용될 수 있다.
wreck은 **b**reak에서 그대로 유래된 어휘로 **b**-가 **w**-로 바뀌고
짧고 강하게 발음된 형태이다.

zeal

[ziːl]
질럿

ⓝ 열정, 열의 enthusiasm, passion, fervor, ardor

n. **zealot** 열광자 fanatic

a. **zealous** 열정적인

their **zeal** for freedom 자유에 대한 그들의 열정

[어원] 『zeal(열정)＜jealousy(질투) → (질투도) 열정이 있는 상태』

[TIP] jealousy(질투)에서 jeal은 zeal(열정)의 변형으로 생긴 어휘다.
질투라는 것도 내가 열정이 있을 때 생기는 감정이기 때문이다.
따라서 zeal을 외울 때는 역으로 jealousy의 도움을 받아 외우면 쉽다.
또한 질럿(zealot)은 《스타크래프트》의 프로토스 유닛 중 최고의 열광자!

[음원] **열정**을 갖고 확 **질럿**(**zealot**)!

zenith

[zíːniθ / zén-]
머리 위에 있는 길

ⓝ 정상, 절정 summit, culmination, apogee, acme, apex

⇔ nadir 최저점

The Roman Empire reached its **zenith** around the year 100.
로마 제국은 100년경 (그 세력이) 최고조에 달했다.

[어원] 『zenith(path over the head) → 머리 위에 있는 길』

[TIP] zenith는 머리 위에 있는 하늘의 가장 높은 지점을 뜻하는 천정(天頂)이라는 뜻에서 '가장 높은 지점, 정상'을 의미하는 어휘가 되었다.

[음원] 이 학교 **최고**가 **재니?쓰**(**zenith**) 하며 침을 찍 뱉는 모습!

1. The mayor is adamant that he will not purchase more computers.

ⓐ regrettable
ⓑ hesitant
ⓒ inflexible
ⓓ confident

2. She was quick-witted and had an extraordinarily agile mind.

ⓐ super-sensitive
ⓑ well-born
ⓒ highly-proud
ⓓ quick-moving

3. The teacher halted the altercation by separating the two opponents.

ⓐ alternation
ⓑ fighting
ⓒ antagonism
ⓓ wrangle

4. I'd rather stay in a hotel with all the amenities than camp in the woods.

ⓐ conveniences
ⓑ expenses
ⓒ friends
ⓓ sports

5. Land refers to all natural resources that are usable in the production process: arable land, forest, mineral and oil deposits.

ⓐ dry
ⓑ fertile
ⓒ developed
ⓓ open
ⓔ damp

6. We had difficulty in reading the archaic language.

ⓐ confusing
ⓑ old
ⓒ foreign
ⓓ learned
ⓔ complex

7. Nobody among ardent fans likes a losing team.

ⓐ stupid
ⓑ eager
ⓒ irresponsible
ⓓ timid

8. To be articulate and discriminating about ordinary affairs and information is the marked of an educated man. (행정고시)

ⓐ explained in the other way
ⓑ scribbled on the paper
ⓒ written in hand
ⓓ spoken in clear and distinct words

9. Her efforts to diminish the hatred towards him resulting from her boredom only augmented it. (외무고시)

ⓐ got rid of
ⓑ decreased
ⓒ irritated
ⓓ increased
ⓔ lessened

10. About a quarter of his wages goes for taxes, social security, and trade union dues. If he lives _____ , he can still save or send home $200 a month.
(고려대 대학원)

ⓐ lamentably
ⓑ opulently
ⓒ austerely
ⓓ reluctantly

11. The value of the evidence depends on its authenticity.

ⓐ reliability
ⓑ equity
ⓒ definition
ⓓ falsehood
ⓔ time

12. He sacrificed his own career so that his avaricious brother could succeed.

ⓐ blatant
ⓑ fable
ⓒ honest
ⓓ greedy

13. Double Eagle II, the first transatlantic balloon, was greeted by avid crowds in France. (한진)

ⓐ eager
ⓑ surging
ⓒ appreciative
ⓓ vigorous

14. It is agreed that the year you ran the company as its president was a banner year.

ⓐ hot
ⓑ very good
ⓒ pertinent
ⓓ windy
ⓔ unfortunate

15. At the beginning the land was extremely barren, but after many year's hard work, it has finally become fertile.

ⓐ empty
ⓑ vacant
ⓒ vain
ⓓ sterile

16. beatific:

ⓐ giving bliss
ⓑ beautiful
ⓒ eager
ⓓ hesitant

17. The bedrock on which psychoanalysis rests is a belief in the unconscious.

ⓐ foundation
ⓑ impasse
ⓒ viewpoint
ⓓ bias

18. Brown and his wife are always bickering.
(매일경제신문)

ⓐ hugging
ⓑ dancing
ⓒ referring
ⓓ joking
ⓔ arguing

19. She often painted desert landscapes, often with the blanched skull of a longhorn in the foreground.

ⓐ shattered
ⓑ prominent
ⓒ whitened
ⓓ inexplicable

20. We must kill a man who blandishes another person into doing something.

ⓐ forces
ⓑ flatters
ⓒ urges
ⓓ compels

21. The children's blatant disregard for conventional manners embarrassed their old relatives.

ⓐ obtrusive

ⓑ protracted

ⓒ deliberate

ⓓ ambitious

22. Bleak landscape is one of the most impressive settings in his works.

ⓐ Gloomy

ⓑ Temperate

ⓒ Fertile

ⓓ Splendid

23. In modern writing, the distinction between literary expression and colloquial expression is often blurred.

ⓐ exaggerated

ⓑ reversed

ⓒ indistinct

ⓓ unintentional

24. Forests provided bountiful resources for early North American colonies.

ⓐ beautiful

ⓑ hidden

ⓒ artificial

ⓓ abundant

25. I saw several young men brandishing their knives on the street.

ⓐ sharpening

ⓑ waving

ⓒ selling

ⓓ breaking

26. They got in quite a brawl.

ⓐ shit

ⓑ compromise

ⓒ fight

ⓓ surprise

27. The 1961 missile crisis brought the world to the verge of all-out war.

ⓐ horror

ⓑ prospect

ⓒ brink

ⓓ danger

28. Scientists and engineers get angry and bristle when industries and politicians don't understand the need to protect our water and wetlands.

ⓐ become isolated

ⓑ feel obliged

ⓒ get discouraged

ⓓ become irritated

29. The pigs and vultures browsed on the bank. (CBS)

ⓐ fought fiercely

ⓑ slept peacefully together

ⓒ looked happy

ⓓ moved aimlessly around

30. brusque: (제일은행)

ⓐ unkind

ⓑ happy

ⓒ lonely

ⓓ lively

31. Since its founding in 1945, NATO has been the bulwark of the territorial and political integrity of Western Europe against Soviet expansionism.

ⓐ strong wall for defence or protection
ⓑ stock farm where cattle grow
ⓒ original place where something begins
ⓓ place that many people wish to reach

32. Ground squirrels in the western United States live in underground burrows.

ⓐ hives
ⓑ colonies
ⓒ swamps
ⓓ holes

33. Too tired to think, I bustled into the stone hut and burnt my lips on a steaming cup of hot chocolate.

ⓐ exhausted
ⓑ lashed
ⓒ rushed
ⓓ squatted

34. Straightforwardness buttressed by honesty leads to a state of bliss.
(행정고시)

ⓐ combined
ⓑ supported
ⓒ ornamented
ⓓ harmonized

35. A man of such caliber should not be assigned such menial tasks.

ⓐ lineage
ⓑ quality
ⓒ motivation
ⓓ property

36. The representative of the company seemed very callous concerning the conditions of the workers.

ⓐ liberal
ⓑ ignorant
ⓒ insensitive
ⓓ responsible

37. Despite his callow appearance, Germany's teen tycoon was remarkably composed and confident last week.

ⓐ ugly
ⓑ tough
ⓒ handsome
ⓓ immature

38. The members of the royal family are waging two separate campaigns to reclaim the hearts and minds of the British people.

ⓐ wars
ⓑ stakes
ⓒ tails
ⓓ firms

39. Economic pressures finally forced the government to capitulate to our demands.

ⓐ consider
ⓑ accept
ⓒ yield
ⓓ resist

40. capricious:

ⓐ active
ⓑ fickle
ⓒ sheeplike
ⓓ slippery

41. To one cardinal principle Edwards was faithful - the conception of the majesty and sufficiency of God.

ⓐ trivial

ⓑ main

ⓒ consequent

ⓓ menacing

42. The student was censured for his indiscreet act.

ⓐ praised

ⓑ blamed

ⓒ realized

ⓓ welcomed

43. The 1989 census showed that about one million people lived in Seoul.

ⓐ opinion poll

ⓑ birth record

ⓒ payroll register

ⓓ population count

44. Rosemary's chicanery baffled even her closest friends. (동아일보)

ⓐ beauty

ⓑ trickery

ⓒ allowance

ⓓ concern

45. His report was organized chronologically. (한국냉난방공사)

ⓐ by contrasts

ⓑ in terms of comparisons

ⓒ according to significance

ⓓ according to a time sequence

46. Some clandestine operations of the agency are not subject to prior congressional approval. (석유공사, 한국일보, 사법시험)

ⓐ covert

ⓑ trivial

ⓒ anonymous

ⓓ arduous

47. Weeds clog waterways, destroy wildlife habitats, and impede farming.

ⓐ drain

ⓑ grow along

ⓒ float on

ⓓ obstruct

48. It was Daniel Chester French who created the colossal figure of Abraham Lincoln in the Lincoln Memorials in Washington, D.C.

ⓐ gigantic

ⓑ somber

ⓒ dignified

ⓓ inspiring

49. Jane's father, instead of getting angry, greeted Mark cordially and made him feel relieved.

ⓐ in a friendly manner

ⓑ in a hostile manner

ⓒ in an indifferent manner

ⓓ in a loyal manner

50. Vultures prevent the spread of diseases by disposing of animal corpses.

ⓐ carcasses

ⓑ bacteria

ⓒ habitats

ⓓ flesh

51. There will be somebody at the Airport to collect the photographs from our courier.

ⓐ messenger
ⓑ buyer
ⓒ customer
ⓓ boss

52. My mother is so _____ that she believes everything she is told. (서울대 대학원)

ⓐ credulous
ⓑ reliable
ⓒ believable
ⓓ creditable

53. These housing projects must be designed and built according to very strict criteria. (한진그룹)

ⓐ locations
ⓑ contracts
ⓒ relations
ⓓ standards

54. Every summer we sent each other cryptic messages, especially when we were planning a trip across the lake to the girl's camp.

ⓐ brief
ⓑ amorous
ⓒ platonic
ⓓ mysterious

55. The recent medical breakthrough is the culmination of lone years of experimentation.

ⓐ uproar
ⓑ contention
ⓒ principle
ⓓ climax

56. cumbersome: (행정고시, 대전일보)

ⓐ habitual
ⓑ hasty
ⓒ clumsy
ⓓ uneducated
ⓔ tangible

57. In 1998, the IMF crisis curbed demand for oil.

ⓐ effected
ⓑ affected
ⓒ restricted
ⓓ created

58. The evening's entertainment was _____ by an electrical power cut. (연세대 대학원)

ⓐ abbreviated
ⓑ compressed
ⓒ condensed
ⓓ curtailed

59. The children sat dabbling their toes in the pool.

ⓐ dangling
ⓑ splashing
ⓒ daunting
ⓓ compensating

60. a dank room:

ⓐ a large and attractive
ⓑ a comfortable
ⓒ a damp and cold
ⓓ an airless

61. We do more to decimate our population in automobile accidents than we do in war.

ⓐ search

ⓑ collide

ⓒ increase

ⓓ kill

ⓔ deride

62. He felt that he would debase himself if he deigned to answer his critics.

ⓐ declined

ⓑ refused

ⓒ dared

ⓓ submitted

63. Mineral wealth can be deleterious to poor countries' economic health. Natural resources often breed corruption and waste.

ⓐ noxious

ⓑ lucrative

ⓒ luminous

ⓓ notorious

64. On their safari, the hunters stalked lions, tigers, and other ferocious denizens of the jungle.

ⓐ dwellers

ⓑ scavengers

ⓒ hosts

ⓓ conservators

65. Modern techniques have made dentures virtually unnoticeable.

ⓐ false teeth

ⓑ surgical implants

ⓒ artificial hair

ⓓ plastic surgery

66. Dire predictions about tornado Helena led everyone to be on guard.

ⓐ Imminent

ⓑ Disastrous

ⓒ Necessary

ⓓ premature

67. His efforts to link common structures with effectiveness were a dismal failure; he could find no such correlation.

ⓐ leading to death

ⓑ not well connected

ⓒ causing sadness or depression

ⓓ deeply sorrowful

68. diurnal:

ⓐ daily

ⓑ empty

ⓒ flushing

ⓓ two-fold

ⓔ conceptual, speculative but unproven

69. The old man said in a doleful monotone that one of his daughters had eloped with her good-for-nothing lover.

ⓐ malignant

ⓑ vigorous

ⓒ trembling

ⓓ melancholy

70. The civilization of ancient Greece and Rome extended its political dominion into North-Western Europe under the Roman Empire.

ⓐ institution

ⓑ power

ⓒ damage

ⓓ claim

71. Be sure to take the correct dose.

   ⓐ kind

   ⓑ amount

   ⓒ size

   ⓓ shape

72. It was downpouring last Sunday.

   ⓐ drizzling

   ⓑ foggy

   ⓒ misty

   ⓓ showering

   ⓔ windy

73. During their winter hibernation period, bears doze.

   ⓐ sleep lightly

   ⓑ move violently

   ⓒ lose sight of

   ⓓ have babies

74. Many pure metals have little use because they are too soft to rust easily, or have some other drawback. (중소기업중앙회)

   ⓐ property

   ⓑ additive

   ⓒ disadvantage

   ⓓ disparity

75. A few are dim-witted drones, but most are talented, frustrated, wasted people.

   ⓐ idiots or fools

   ⓑ early birds

   ⓒ lazy people

   ⓓ spoiled children

76. The drought destroyed the crops.

   ⓐ dry period

   ⓑ precipitation

   ⓒ locusts

   ⓓ temperature extreme

77. Pure silver is nearly white, lustrous, soft and very ductile.

   ⓐ versatile

   ⓑ pliable

   ⓒ serviceable

   ⓓ shiny

78. The front-wheel drive car offers durability and stability on the highway. (기아그룹)

   ⓐ endurance

   ⓑ good mileage

   ⓒ comfort

   ⓓ good speed

79. Estuaries represent some of the most ecologically important habitats on Earth.

   ⓐ fiscally

   ⓑ geographically

   ⓒ historically

   ⓓ environmentally

80. Never eat wild mushrooms, even though they look edible. They may be poisonous.

   ⓐ eatable

   ⓑ ripe

   ⓒ delicious

   ⓓ blazing

81. His purpose was not to entertain but to edify. (군법무관)

ⓐ simulate
ⓑ divert
ⓒ scold
ⓓ instruct

82. City taxes are based on an estimate of the value of one's property. (LG그룹)

ⓐ appraisal
ⓑ diagnosis
ⓒ forecast
ⓓ outline

83. What a shock to find that the entire story was fabrication! (연세대 대학원)

ⓐ lie
ⓑ cloth
ⓒ build-up
ⓓ fabric

84. Honesty was just one facet of his virtues as a statesman. (서울대 대학원)

ⓐ example
ⓑ sense
ⓒ aspect
ⓓ merit

85. A young child will often find it difficult to fully fathom the wisdom of his parents, especially in matters of personal safety.

ⓐ trust
ⓑ apply
ⓒ understand
ⓓ question

86. Insisting on a luxury car you cannot afford is fatuous.

ⓐ inane
ⓑ avarice
ⓒ pretentious
ⓓ impetuous

87. His pulse was very feeble.

ⓐ slow
ⓑ weak
ⓒ fast
ⓓ strong

88. The dogs in apartment 6F sound ferocious. (연세대 대학원)

ⓐ gentle
ⓑ funny
ⓒ mean
ⓓ stupid

89. The political incorporation of communities that feel they have a distinct cultural identity provides fertile ground for the emergence of nationalist reaction.

ⓐ flamboyant
ⓑ productive
ⓒ imminent
ⓓ problematic
ⓔ hostile

90. Stock investments are at an all time low as stockholders are worried about the fickle economy.

ⓐ catastrophic
ⓑ capricious
ⓒ calamitous
ⓓ canonical

91. The spy used a fictitious name while dealing with the enemy. (쌍용그룹)

ⓐ funny
ⓑ real
ⓒ false
ⓓ foreign

92. We see how the artist's fidelity has strengthened the fiber of our national life. (연세대 대학원)

ⓐ faithfulness
ⓑ ability
ⓒ patriotism
ⓓ betrayal

93. The cabin was made with flimsy materials. (행정고시)

ⓐ extra strong
ⓑ second-hand
ⓒ weak
ⓓ coarse
ⓔ crafty

94. Most slang is too flippant and imprecise for effective communication.

ⓐ correct
ⓑ recondite
ⓒ hazardous
ⓓ impertinent

95. In the first half of the 1960's, the rate of inflation fluctuated, but the average rate of inflation for the entire period was less than two percent.

ⓐ slumped
ⓑ accelerated
ⓒ was fairly constant
ⓓ moved up and down

96. There are in excess of fifty species of fluorescent fungi.

ⓐ microscopic
ⓑ poisonous
ⓒ luminous
ⓓ aquatic

97. Although the Carbon 14 method of dating old objects is not foolproof, it is the best method available at present.

ⓐ wholly operational
ⓑ entirely serviceable
ⓒ fully reliable
ⓓ completely safe

98. His family foraged food from the field, looking for anything they could eat.

ⓐ planted
ⓑ searched for
ⓒ cooked
ⓓ fostered

99. Sending a man into space is a formidable enterprise. (현대그룹)

ⓐ contemptible
ⓑ frightening
ⓒ alien
ⓓ loathsome

100. It is more likely to be a fortuitous discovery than the result of a concerted effort to find it. (서울대 대학원)

ⓐ necessary
ⓑ unique
ⓒ accidental
ⓓ lucky

101. It is a fragile package. (동아일보, 한국통신)

    ⓐ light

    ⓑ breakable

    ⓒ temporary

    ⓓ priceless

102. fraternal:

    ⓐ friendly

    ⓑ brotherly

    ⓒ relative

    ⓓ grouped

103. The reality of feminism is a lot of frenzied and overworked women dropping kids off at day-care centers.

    ⓐ outburst

    ⓑ frozen

    ⓒ tired

    ⓓ poor

104. People near the North Pole have a frigid climate. The temperature there often drops to 10℃ below zero.

    ⓐ wet

    ⓑ dark

    ⓒ cold

    ⓓ cool

    ⓔ snowy

105. Churchill had the habit of blithely cutting Gordian knots in a manner which often upsets experts, but he was not a frivolous man.

    ⓐ careless

    ⓑ diligent

    ⓒ cautious

    ⓓ weak

    ⓔ resplendent

106. They frolicked for half an hour.

    ⓐ played

    ⓑ practiced

    ⓒ walked

    ⓓ rode

107. In the musician's mind a fugitive set of notes began slowly to form into a tune.

    ⓐ melodious

    ⓑ temporary

    ⓒ awe-inspiring

    ⓓ of real value

108. Between the two cell layers of jellyfish there is a firm, gelatinous middle layer.

    ⓐ icy

    ⓑ curved

    ⓒ milky

    ⓓ semiliquid

109. genial: (한국화학, 쌍용그룹)

    ⓐ strong and bold

    ⓑ noble and wise

    ⓒ cheerful and friendly

    ⓓ famous and respected

110. Software is a generic term for the sets of programs which control a computer. (서울대 대학원)

    ⓐ specific

    ⓑ technical

    ⓒ scientific

    ⓓ general

111. Great books are universally germane.
(한국통신)

ⓐ conquer

ⓑ puny

ⓒ relevant

ⓓ innocuous

112. He stepped gingerly across the ground and curled his fingers around the door handle, ready to push open the door and dive low into the room.

ⓐ cautiously

ⓑ boldly

ⓒ resolutely

ⓓ inadvertently

113. The real estate broker goaded the couple to put down deposit. (동아일보)

ⓐ asked

ⓑ forced

ⓒ guided

ⓓ urged

114. There is no fee for the visa; it is issued gratis. (고려대 대학원)

ⓐ gratefully

ⓑ graciously

ⓒ gratuitously

ⓓ gradually

115. Did you accept gratuitous jugs from your friends?

ⓐ welcome

ⓑ free

ⓒ expensive

ⓓ warranted

116. That politician's speech was one of the most grotesque I've ever heard.

ⓐ emotional

ⓑ beautiful

ⓒ original

ⓓ dreadful

117. I hope you do not bear me any grudge.

ⓐ unfriendly feelings

ⓑ bad conscience

ⓒ material loss

ⓓ secret suspicion

118. I bet you haven't got the guts to ask for what you want.

ⓐ money

ⓑ skill

ⓒ courage

ⓓ intelligence

119. He was pale and a bit haggard when he glanced around at the angry faces watching him.

ⓐ bold

ⓑ gaunt

ⓒ vigorous

ⓓ daring

120. The hallmark of Jefferson's life was self-confidence.

ⓐ reason for success

ⓑ guiding light

ⓒ distinguishing characteristic

ⓓ mark of excellence

ⓔ personal trait

121. Two years ago, he received harassing calls from his former worker.

ⓐ bothering

ⓑ ignoring

ⓒ pleasing

ⓓ hurrying

122. harry:

ⓐ plunder

ⓑ deny

ⓒ hurry

ⓓ prey

123. Sara's peers found her haughtiness overbearing.

ⓐ insincerity

ⓑ pertinence

ⓒ vexation

ⓓ arrogance

124. Maybe that substance is hazardous. Let me check the label on the bottle first.

ⓐ effective

ⓑ informative

ⓒ expensive

ⓓ dangerous

125. The members of Mary Wilcher's family were notorious for their headstrong temperaments.

ⓐ stubborn

ⓑ rash

ⓒ snobbish

ⓓ intellectual

126. Colt Telecom Group ended its five month search for a new chief executive by appointing its own chief operating officer, Peter Manning, to the helm.

ⓐ committee

ⓑ stock market

ⓒ cabin

ⓓ controlling position

127. Steam railways had their heyday in the 19th century. (서울대 대학원)

ⓐ the hardest time

ⓑ the most prosperous time

ⓒ initiation

ⓓ decline

128. hiatus:

ⓐ branch

ⓑ disease

ⓒ gaiety

ⓓ opening

129. When they disembarked at the Los Angeles International Airport, they had to learn about American racial hierarchies.

ⓐ unfavorable opinions

ⓑ graded orders

ⓒ sympathetic feelings

ⓓ external conditions

130. The progress of the sales interview may hinge on the effectiveness of the sales-person's handling of objections.

ⓐ interrupt

ⓑ depend

ⓒ promote

ⓓ encourage

131. An understudy performs when the lead singer's voice becomes hoarse.

    ⓐ fatigued
    ⓑ rough
    ⓒ thin
    ⓓ famous

132. She would give her horrid friends one more chance.

    ⓐ holy
    ⓑ arrogant
    ⓒ cynical
    ⓓ nasty

133. howling:

    ⓐ game
    ⓑ weapon
    ⓒ bird
    ⓓ simplicity
    ⓔ yelling

134. After his years of adventure, he could not settle down to a humdrum existence.

    ⓐ an interesting
    ⓑ a sultry
    ⓒ a repetitious
    ⓓ an uncomfortable

135. One of his personal idiosyncrasies was his habit of rinsing all cutlery given him in a restaurant.

    ⓐ complaints
    ⓑ diseases
    ⓒ worries
    ⓓ peculiarities

136. Writers of color and women increasingly responded to the imperative to speak for themselves and for others like themselves who had been silenced in history.

    ⓐ purpose
    ⓑ impact
    ⓒ comment
    ⓓ impending
    ⓔ demand

137. Cobalt in infinitesimal amounts is one of the metals essential to life.

    ⓐ minute
    ⓑ prescribed
    ⓒ limited
    ⓓ restricted

138. In mammals, an embryo is more insulated from the external world but, of course, more directly dependent on its mother's physiological state.

    ⓐ indifferent
    ⓑ vulnerable
    ⓒ sophisticated
    ⓓ isolated
    ⓔ saturated

139. His invidious proposal set one faction against the other and made everybody detest him.

    ⓐ arousing dislike
    ⓑ placating
    ⓒ flattering
    ⓓ tiring

140. He looks on all these modern ideas with a rather jaundiced eye.

    ⓐ friendly
    ⓑ mistrustful
    ⓒ hostile
    ⓓ jaunty

141. Obsessed with his newfound talent, Eugene practiced throwing the javelin for hours everyday.

ⓐ light ball

ⓑ ball used in baseball

ⓒ light spear

ⓓ light bat

142. Tom and Betty were lost in the labyrinth of secret caves.

ⓐ maze

ⓑ exterior

ⓒ fragrance

ⓓ fluency

143. The extreme heat made everyone quite languid. (CBS)

ⓐ bothersome

ⓑ gruff

ⓒ listless

ⓓ selfish

144. Go as a skivvy, Joe interpolated laconically. (국회사무처)

ⓐ loudly

ⓑ angrily

ⓒ concisely

ⓓ suddenly

ⓔ condescendingly

145. Her sinister qualities, formerly latent, at last quickened into life.

ⓐ hidden

ⓑ pious

ⓒ milky

ⓓ manifest

146. Building planned for earthquake zones need to allow for lateral movement.

ⓐ violent

ⓑ front to back

ⓒ sideways

ⓓ constant

147. The year 1962 saw the launching of a major satellite.

ⓐ send-off

ⓑ completion

ⓒ dry run

ⓓ conception

148. The Brazilian government levies a uniform 70% tax on all imported pianos.

ⓐ imposes

ⓑ takes off

ⓒ requests

ⓓ correlates

149. The film was considered lewd by some people.

ⓐ prim

ⓑ decent

ⓒ obscene

ⓓ vigorous

150. Angry at what the newspaper had printed, she sued for libel.

ⓐ ferocity

ⓑ slander

ⓒ propensity

ⓓ arson

151. The licentious monarch brought about his kingdom's downfall.

ⓐ deceitful
ⓑ clairvoyant
ⓒ lazy
ⓓ wanton

152. All his supporters were expelled, exiled, or liquidated.

ⓐ killed
ⓑ freed
ⓒ punished
ⓓ prisoned

153. Some business disputes can be settled out of court; others require litigation. (한국가스공사)

ⓐ treaty
ⓑ compromise
ⓒ cleaving
ⓓ lawsuit

154. Mom was livid when she found out we used her dress to clean up the Coke we spilled on the floor.

ⓐ anguished
ⓑ appalled
ⓒ furious
ⓓ disappointed

155. Those who had gained rank and power over us during the war were loath to relinquish the prestige they had obtained.

ⓐ disliked
ⓑ agreed
ⓒ longed
ⓓ bothered
ⓔ promised

156. For some animals, locomotion is accomplished by changes in body shape.

ⓐ evolution
ⓑ survival
ⓒ movement
ⓓ escape

157. A number of loopholes were found in the commercial transaction law.

ⓐ means of escape
ⓑ idealistic concepts
ⓒ unwelcome signs
ⓓ irrigation channel

158. Abraham Lincoln was an excellent writer and was able to express his ideas lucidly. (대한페인트)

ⓐ clearly
ⓑ cleverly
ⓒ briefly
ⓓ vigorously

159. When the Korea stock market fell in 1989, many stockholders were forced to sell their shares at ludicrously low prices.

ⓐ predictably
ⓑ relatively
ⓒ suspiciously
ⓓ ridiculously

160. This is a makeshift plan until we decided what to do. (CPA)

ⓐ a temporary
ⓑ an urgent
ⓒ an ignoble
ⓓ an outrageous

161. The customer protested in such a loud, violent, and maniacal manner that onlookers thought he had lost his sanity.

ⓐ brutal

ⓑ hostile

ⓒ lunatic

ⓓ sane

ⓔ nonchalant

162. a matriarch in the family:

ⓐ a marriage ceremony

ⓑ the father's death

ⓒ a strong mother

ⓓ a financial problem

163. Your mood seems very meditative this evening. (대신증권)

ⓐ gleeful

ⓑ thoughtful

ⓒ selfish

ⓓ cautious

164. Pollution of the air by fumes and gases has become a _____ in many cities. (한국야쿠르트)

ⓐ money

ⓑ menace

ⓒ economy

ⓓ export

165. My brother was so mercurial that he constantly changed his political outlooks.

ⓐ charming

ⓑ troublesome

ⓒ capricious

ⓓ physical

166. The house always had a messy look.

ⓐ a neat porch

ⓑ an awful view

ⓒ a flower garden

ⓓ a lousy appearance

167. Marian Anderson's first performance at the Metropolitan Opera House in New York was a milestone in American music.

ⓐ windfall

ⓑ mainstay

ⓒ landmark

ⓓ battleground

168. A lot of people are said to have tried to milk the insurance companies.

ⓐ draw milk from a cow for

ⓑ take advantage of

ⓒ extract money by guile from

ⓓ render measures to develop

169. The cause of laughter have been examined by many thinkers, each faithfully devoting his mite to the analysis of this highly complex human phenomenon.

ⓐ particle

ⓑ body

ⓒ money

ⓓ soul

170. In 1974 Hank Aaron Babe Ruth's monumental lifetime record of 714 home runs. (연세대 대학원)

ⓐ archaic

ⓑ artistic

ⓒ outstanding

ⓓ entire

171. He's always moody because things aren't working out at home.

ⓐ romantic
ⓑ depressed
ⓒ foolish
ⓓ numb

172. Three dramatic events have recast the seemingly moribund Middle East diplomacy and opened the way for a major American diplomatic initiative.

ⓐ dying
ⓑ dominant
ⓒ extant
ⓓ eloquent

173. Seoul is quite muggy in the summer.

ⓐ disturbed
ⓑ hot and humid
ⓒ damp
ⓓ boisterous

174. The child mumbled so badly that I could not understand a word he said.

ⓐ ranted
ⓑ rambled
ⓒ muttered
ⓓ baffled

175. Instead of musing about his past successes, Robert had better wake up and face his life as it is today.

ⓐ bragging about
ⓑ meditating on
ⓒ talking about
ⓓ making comments on

176. mutiny:

ⓐ level
ⓑ rebellion
ⓒ squawk
ⓓ replacement

177. The need for a mutuality of understanding between the nations of the world is of greater importance today than ever before for the world peace.

ⓐ mutability
ⓑ reciprocity
ⓒ transmutation
ⓓ greater part
ⓔ width

178. Instead of pursuing extreme measures such as a rate increase, the economic policy-makers have chosen policy options that would not disrupt the nascent economic turnaround.

ⓐ growing worse
ⓑ continuing to grow
ⓒ coming to an end
ⓓ just beginning to exist

179. He rapid promotion was clearly due to nepotism.

ⓐ favoritism towards men
ⓑ favoritism towards relatives
ⓒ favoritism towards college degrees
ⓓ favoritism towards grandchildren

180. Langdon was having trouble concentrating as a scattering of a park's nocturnal residents were already emerging from the shadows.

ⓐ busy
ⓑ gathered
ⓒ night
ⓓ wild

181. John Thompson is still a novice as far as film acting is concerned.

ⓐ a learner
ⓑ an expert
ⓒ a genius
ⓓ a preacher

182. Venus is a planet with fiery temperatures, noxious gases, and crushing atmospheric pressures.

ⓐ worrisome
ⓑ harmful
ⓒ odorous
ⓓ humid

183. The Student Council voted to nullify some regulations passed by former councils.

ⓐ invalidate
ⓑ join legally
ⓒ examine carefully
ⓓ enforce

184. Korea has nurtured small business by giving them money and special advantages to help them grow and become successful.

ⓐ hold back
ⓑ promoted
ⓒ disregarded
ⓓ disciplined

185. Nutty characters can be dangerous, If you see one of them on the street, you should call the police.

ⓐ Mad
ⓑ Drunk
ⓒ Strutting
ⓓ Swaggering

186. I gave him a difficult problem in algebra and he did it off-hand.

ⓐ at all
ⓑ at once
ⓒ by and by
ⓓ on and off

187. When people put on uniforms, their attitude becomes more confident and their manner more officious.

ⓐ official
ⓑ gentlemanly
ⓒ proud
ⓓ meddlesome

188. The onset of sleep is determined by many factors.

ⓐ confusion
ⓑ fragment
ⓒ delicacy
ⓓ beginning

189. The red juice oozed through the cloth and made a big round stain.

ⓐ absolved
ⓑ exuded
ⓒ absorbed
ⓓ consumed

190. Less food is necessary to maintain optimum body temperature during warm weather than during cold weather.

ⓐ necessary
ⓑ healthy
ⓒ the best favorable
ⓓ the highest

191. John's unsportsmanlike behavior caused him to be ostracized by the other members of the country club. (수자원공사)

ⓐ shunned

ⓑ excelled

ⓒ readmitted

ⓓ wavered

192. There was a palpable tension between the two groups.

ⓐ a mild

ⓑ a vague

ⓒ a strong

ⓓ an obvious

193. Underpaying his staff and failing to heat his business office were only a few of Scrooge's parsimonious habits.

ⓐ stingy

ⓑ wasteful

ⓒ immature

ⓓ generous

194. rustic of rural life:

ⓐ pasture

ⓑ paste

ⓒ pastoral

ⓓ patrol

195. Every physician treats some patients from whom he expects no pecuniary reward. (총무처)

ⓐ small

ⓑ considerable

ⓒ financial

ⓓ legitimate

196. I was scared stiff when a snake came near me.

ⓐ dejected

ⓑ relieved

ⓒ petrified

ⓓ exhilarated

197. The Red Cross appealed to philanthropy to save the life of a prisoner. (대한생명)

ⓐ public

ⓑ charity

ⓒ justice

ⓓ attorney

198. He'd telephone with some phony excuse she didn't believe for a minute.

ⓐ sham

ⓑ plausible

ⓒ ridiculous

ⓓ superficial

199. The music has a very plaintive air about it.

ⓐ healthy

ⓑ noisy

ⓒ melancholy

ⓓ pleasant

200. But by the time the last page is turned, Death in the Andes manages to make the mock message seem as plausible as any other explanation. (회계사)

ⓐ mysterious

ⓑ provocative

ⓒ irritable

ⓓ precarious

ⓔ probable

201. The peasants think their country is slowly turning into a plutocracy.

ⓐ government of the rich
ⓑ government of the poor
ⓒ government of the many
ⓓ government of the few

202. Five hundred years after European explorers first plied its waters, the Amazon is still, to most Brazilians, little more than a big green smudge on the atlas.

ⓐ found out in secret
ⓑ drove out
ⓒ traveled regularly
ⓓ opened by force
ⓔ worked steadily

203. Religion has arisen from people's need to ponder their origins.

ⓐ deny
ⓑ justify
ⓒ think about
ⓓ cherish

204. There are many mysteries about the natural world that would be readily explained by postulating a natural Deity.

ⓐ understanding
ⓑ worshiping
ⓒ presuming
ⓓ inducing
ⓔ perpetuating

205. The water in the jar is potable.

ⓐ portable
ⓑ transferable
ⓒ drinkable
ⓓ potent
ⓔ volatile

206. This insignificant writer's works are very prosaic.

ⓐ like prose
ⓑ verified
ⓒ boring
ⓓ poetic

207. A five-cup-a-day coffee drinker himself, the 51-year-old is a picture of intensity as he prowls his office and recalls how it all.

ⓐ opens early
ⓑ cleans up
ⓒ feels proud of
ⓓ moves around
ⓔ gives up

208. My uncle is punctilious about using the right tool for each job.

ⓐ meticulous
ⓑ stressed
ⓒ punctual
ⓓ casual

209. Although there are some doubts, the putative author of the book is Jennifer J. Johnson.

ⓐ assumed
ⓑ confirmed
ⓒ imaginative
ⓓ acknowledged

210. Electricity would rob the cottage of its quaint charm and romance.

ⓐ old-fashioned
ⓑ elegant
ⓒ outstanding
ⓓ rural

211. Worse still, the government has no qualms about twisting the arms of corporations going against its policy.

ⓐ certainties

ⓑ wishes

ⓒ misgivings

ⓓ incentives

212. The government appears to be in a quandary about what to do with so many people.

ⓐ insolvency

ⓑ delusion

ⓒ collocation

ⓓ plight

213. At this moment black markets are rampant.

ⓐ prohibited

ⓑ dying out

ⓒ flourishing

ⓓ serious

214. Butter is perishable and can go rancid.

ⓐ discolored

ⓑ fresh

ⓒ spoiled

ⓓ organic

215. During the recent petroleum embargo, motor fuels had to be rationed. (일진그룹)

ⓐ located

ⓑ alloted

ⓒ confiscated

ⓓ donated

216. He made a rigorous study of the plants in the area.

ⓐ requiring a lot of time

ⓑ various

ⓒ recent

ⓓ thorough

217. Labor unions have called for the government to establish legal protections against a rip-off irregular employee. But the outcome has been unsatisfying for labor groups.

ⓐ a bankruptcy

ⓑ a recession

ⓒ an act of exploitation

ⓓ a loss in sales

218. Especially, the last chapter of the book was riveting. I couldn't help reading it.

ⓐ boring

ⓑ enlightening

ⓒ informative

ⓓ very interesting

219. robust spirit : (한국증권거래소)

ⓐ gentle

ⓑ calm

ⓒ strong

ⓓ brave

ⓔ bullying

220. Rowdiness was so reduced that the season turned out to be one of the quietest in years.

ⓐ Disorderly behavior

ⓑ Tour

ⓒ Crime

ⓓ Outing

221. When his back was turned, mother let me get a chair and rummage through his treasures.

  ⓐ to refuse as wrong

  ⓑ to arrange the colors

  ⓒ to gather together

  ⓓ to search a place diligently

222. Many flooded houses are bent over and sagging from the weight of the water.

  ⓐ stinking

  ⓑ soaking

  ⓒ drooping

  ⓓ drowning

223. Ms. Thomas was quoted as the most sagacious member of the committee.

  ⓐ wise

  ⓑ timid

  ⓒ attractive

  ⓓ flamboyant

224. The mayor, the Governor, and several other salient citizens attended the preview.

  ⓐ prominent

  ⓑ learned

  ⓒ good

  ⓓ sagacious

  ⓔ rich

225. The punishment had a salutary effect on the boy as he became a model student.

  ⓐ a useful

  ⓑ a hygienic

  ⓒ a dubious

  ⓓ an enforcing

226. Among all societies legal marriage is usually accomplished by some kind of ceremony that expresses group sanction of the union.

  ⓐ opinion

  ⓑ coercion

  ⓒ approval

  ⓓ insistence

227. No one was allowed to enter the professor's sanctum.

  ⓐ office

  ⓑ small study

  ⓒ private place

  ⓓ classroom

  ⓔ academic domain

228. He sought _____ from the enemy in the church. (동아일보)

  ⓐ salvation

  ⓑ relief

  ⓒ hiding

  ⓓ sanctuary

229. The students enjoyed the professor's sapient digressions more than his formal lectures.

  ⓐ pious

  ⓑ smart

  ⓒ noisy

  ⓓ assured

230. When he sauntered onto the scene at 12:50, there was really no harm done.

  ⓐ came together

  ⓑ strolled

  ⓒ entered

  ⓓ retired

  ⓔ arrived

231. Today women are well educated, confident and technologically savvy, and they are entering a labor market that still desperately wants them.

ⓐ improving
ⓑ knowledgeable
ⓒ weak
ⓓ pompous

232. Large corporations cannot interview all the people who wish to work for them, so they screen the resumes first, often by computer, to choose the best applicants.

ⓐ filter
ⓑ block
ⓒ investigate
ⓓ show

233. Coral is made by a small, sedentary animal that lives in the ocean.

ⓐ secluded
ⓑ immobile
ⓒ hard-working
ⓓ lively

234. segment:

ⓐ seed
ⓑ combination
ⓒ rudder
ⓓ part
ⓔ guess

235. The 2001 September ruling, given by the U.S. Supreme Court in favor of Napster, was a major setback for the recording industry.

ⓐ progress
ⓑ momentum
ⓒ frustration
ⓓ tombstone

236. It means a heightened awareness of people and their moods, a sensitivity to all sorts of subtle shadings.

ⓐ profession
ⓑ small variations
ⓒ fate
ⓓ recorded music

237. Trees, shrubs, flowers and grass give character and interest to the parks. (동방기획)

ⓐ vines
ⓑ vegetables
ⓒ bushes
ⓓ weeds

238. Wild optimism is youth's prerogative; but older women slightly shudder at the giddy expectations of today's high school and college students.

ⓐ get angry at
ⓑ shake with dislike
ⓒ ignore
ⓓ are surprised at
ⓔ pay attention to

239. A sheet of metal was shaken to simulate the voice of thunder. (연세대 대학원)

ⓐ concur
ⓑ imitate
ⓒ transform
ⓓ encourage

240. "What a slipshod job this is!" Mr. Jenkins shouted "Go back and do it again."

ⓐ a meticulous
ⓑ a neat
ⓒ an unthorough
ⓓ a fastidious

241. The nests of most finches are constructed sloppily.

ⓐ elaborately
ⓑ messily
ⓒ characteristically
ⓓ annually

242. She smacked her books down on the table.

ⓐ tore
ⓑ slanted
ⓒ bashed
ⓓ slashed

243. Ink made from soybeans does not smudge as easily as conventional ink.

ⓐ dissolve
ⓑ fade
ⓒ smear
ⓓ print

244. It is easy for the sophisticated marketer or businessman today to sneer at the primitiveness of the production-led approach.

ⓐ to pay no attention to
ⓑ to show contempt by means of a derisive smile
ⓒ to decide that something is not worth considering
ⓓ to think something is more important than it really is

245. somnolent:

ⓐ angry
ⓑ sleepy
ⓒ foolish
ⓓ honest

246. Drought and soil erosion spawned dust storms across the Great Plains in the 1930s.

ⓐ followed
ⓑ generated
ⓒ indicated
ⓓ intensified

247. Unless you are more specific, we do not know which one to send you.

ⓐ definite
ⓑ clear
ⓒ articulate
ⓓ responsive

248. Politicians across the political spectrum have denounced the act.

ⓐ definition
ⓑ group
ⓒ range
ⓓ uniqueness

249. The method of multiple scales is applied to the analysis of a curved box model for the spirally coiled cochlea.

ⓐ conically
ⓑ crookedly
ⓒ helically
ⓓ raggedly

250. Modern weaponry is sophisticated.
(현대그룹)

ⓐ crude
ⓑ simple
ⓒ easily operated
ⓓ very complicated

251. The ordinary people of the world do not want war; they do not want the world's resources wasted on armament. (기술고시)

 ⓐ squandered

 ⓑ exploited

 ⓒ reproduced

 ⓓ utilized

 ⓔ recycled

252. Opening the louvers to promote our church belfry as a home for the bats was not spurious advertising, because bats have always liked belfries.

 ⓐ fake

 ⓑ genuine

 ⓒ licit

 ⓓ authorized

253. It's over by the stack of books.

 ⓐ pile

 ⓑ shelf

 ⓒ box

 ⓓ volume

254. Political reporting has become a staple of American Journalism.

 ⓐ important part

 ⓑ fall out

 ⓒ leftover

 ⓓ destabilizing force

255. The new statute covers the care for, bringing up and protection of children.

 ⓐ limit

 ⓑ law

 ⓒ license

 ⓓ list

256. It was stifling last week. (동아일보)

 ⓐ cold

 ⓑ crowded

 ⓒ deserted

 ⓓ hot

257. One brother is short and heavy and the other is tall and slim.

 ⓐ obese

 ⓑ stocky

 ⓒ haggard

 ⓓ lame

258. In 1914, John R. Bray streamlined the animation process, using assembly-line techniques to turn out cartoons.

 ⓐ revolutionized

 ⓑ bypassed

 ⓒ invented

 ⓓ simplified

259. Even though most of the executives objected strenuously to the acquisition of another company, the president of the company managed to secure its purchase in 1999.

 ⓐ unwillingly

 ⓑ reluctantly

 ⓒ vigorously

 ⓓ understandably

260. The college, being small, prestigious, and well-endowed, has very stringent requirements for admission.

 ⓐ conciliatory

 ⓑ strict

 ⓒ flexible

 ⓓ capricious

261. The sick child was comforted by the gentle stroke of his mother's hand.

   ⓐ caress

   ⓑ tie

   ⓒ extraction

   ⓓ attachment

262. Caudate amphibians such as newt mostly have long tails and stubby legs.

   ⓐ long and thin

   ⓑ undeveloped

   ⓒ thick and short

   ⓓ powerful

263. He stopped, stupefied and utterly at a loss when he saw that his wife was beginning to cry.

   ⓐ stunned

   ⓑ elated

   ⓒ enjoyed

   ⓓ beamed

264. There has never been so stupendous an advance in so short a time. (행정고시)

   ⓐ terrestrial

   ⓑ trenchant

   ⓒ tenacious

   ⓓ tentative

   ⓔ tremendous

265. His efforts to make the change were stymied by bureaucrats in the agency who were seeking to preserve the status quo at all costs.

   ⓐ worried

   ⓑ amazed

   ⓒ thwarted

   ⓓ motivated

266. The beef looked red and succulent when it was taken from the supermarket.

   ⓐ frozen

   ⓑ juicy

   ⓒ delicious

   ⓓ rotten

   ⓔ cold

267. They love his sumptuous croon and his songs about eggshell hearts breaking on the stones of romance.

   ⓐ luxurious

   ⓑ chippy

   ⓒ cheap

   ⓓ infectious

   ⓔ inexpensive

268. He had a broad swarthy face.

   ⓐ dark

   ⓑ cute

   ⓒ healthy

   ⓓ silly

269. The management and the unions have reached a tacit agreement on the matter. (서울대 대학원)

   ⓐ sinister

   ⓑ well-known

   ⓒ friendly

   ⓓ unspoken

270. Choose one which is most suitable for the meaning of the given word: taciturn. (기술고시)

   ⓐ flexible when bent or twisted

   ⓑ feeble

   ⓒ not tight

   ⓓ worn out by use

   ⓔ habitually silent

271. Islanders have been tampering with the natural environment since the 18th century.

ⓐ preserving
ⓑ interfering with
ⓒ remembering
ⓓ dealing with

272. tantalize:

ⓐ tease
ⓑ oppress
ⓒ confine
ⓓ transform

273. If Bob is tardy to work any more, the manager will report him. (한겨레신문)

ⓐ idle
ⓑ indifferent
ⓒ absent-minded
ⓓ late

274. His taunt clearly drew blood.

ⓐ remark
ⓑ rumor
ⓒ news
ⓓ insult

275. He ran the company like a dictator and to one had the temerity to question his judgement.

ⓐ timidity
ⓑ brilliance
ⓒ foresight
ⓓ audacity

276. My brother became more temperamental after he got a better job.

ⓐ understanding
ⓑ emotional
ⓒ confident
ⓓ hardworking

277. Between the ice ages there were periods when the climate became temperate.

ⓐ regulated
ⓑ moderate
ⓒ tropical
ⓓ chaotic

278. Many of his colleagues eventually agreed that Dr, Brown's theory was tenable.

ⓐ redundant
ⓑ tolerable
ⓒ logical
ⓓ efficient

279. Seminal contributions to science are those that change the tenor of the questions asked by succeeding generations.

ⓐ result
ⓑ intonation
ⓒ nature
ⓓ punctuation

280. Racoons have become experts at opening garbage cans, and in some places even deer wander suburban thoroughfares.

ⓐ neighborhoods
ⓑ lawns
ⓒ open spaces
ⓓ streets

281. As the number of sensors grows and as the detection threshold declines, more and more people are being caught in the security check.

ⓐ a pathway to a building

ⓑ the point of beginning an important event

ⓒ a place at which an important decision must be taken

ⓓ the lowest level at which something begins to operate

282. A titanic wave battered the small boat and drove it toward the rocks.

ⓐ A tremendous

ⓑ A produced by a storm

ⓒ A sudden

ⓓ An unexpected

283. There was an embarrassing pause on stage, and the audience began to titter.

ⓐ depart

ⓑ giggle

ⓒ applaud

ⓓ whisper

284. The late Chinese leader Deng Xiaoping ordered the violent 1989 Tiananmen Square crackdown out of fear that demonstrators could topple the communist party.

ⓐ overturn

ⓑ defile

ⓒ slander

ⓓ vilify

285. These chemicals have been found to be toxic to human life.

ⓐ textual

ⓑ poisonous

ⓒ useful

ⓓ harmless

286. He has a highly tractable personality easily influenced by suggestions.

(고려대 대학원)

ⓐ tactful

ⓑ pliant

ⓒ treacherous

ⓓ placid

287. The cause of radical, violent anti-Westernism — the one ideological trait that is shared by them all — would be dealt a severe blow.

ⓐ trade

ⓑ hostility

ⓒ tendency

ⓓ sycophant

288. Virginia Woolf suffered a traumatic adolescence after the deaths of her parents, leaving her prone to mental illness for the rest of her life.

ⓐ deeply shocking

ⓑ memorable

ⓒ transitory

ⓓ volatile

289. For the next eight months, Oliver was the victim of a systematic course of treachery and deception.

ⓐ faith

ⓑ malice

ⓒ violence

ⓓ disloyalty

290. The argument by her lawyer was marked by trenchant observation.

ⓐ incisive

ⓑ negative

ⓒ fulsome

ⓓ cagey

291. I thought Carol would be nervous when she made her speech, but she delivered it without trepidation.

ⓐ dexterity

ⓑ fortitude

ⓒ fright

ⓓ avarice

296. Ushered into a waiting car, he has driven for two hours into the Bavarian countryside.

ⓐ Announced

ⓑ Pushed

ⓒ Guided

ⓓ Forced

292. The small protest triggered a mass demonstration. (범양상선)

ⓐ set aside

ⓑ set up

ⓒ set off

ⓓ set down

297. Her decision to wear only red dress was pure vagary.

ⓐ good manners

ⓑ caprice

ⓒ up to date fashion

ⓓ attitude

293. On my way to Seoul, I met a turbulent storm. (CBS)

ⓐ violent

ⓑ genuine

ⓒ unexpected

ⓓ variable

298. His speeches are always too vague.
(한국전력공사)

ⓐ specific

ⓑ precise

ⓒ clear

ⓓ unclear

294. New York's fashion industry has not fully escaped the tyranny of French design.

ⓐ domination

ⓑ bossiness

ⓒ importance

ⓓ evilness

299. Cowards die many times before their death; the valiant never taste of death but one. (대한전선)

ⓐ hostile

ⓑ cowardly

ⓒ weak

ⓓ brave

295. I am amazed to see such fine work done by a mere _____ . (동아일보)

ⓐ amateur

ⓑ entrepreneur

ⓒ tyro

ⓓ despot

300. valor: (대한석유공사)

ⓐ fervent

ⓑ prowess

ⓒ radiant

ⓓ ritual

301. We tend to validate people's existence by judging them in terms of the work they do.

ⓐ understand
ⓑ rank
ⓒ accommodate
ⓓ approve

302. The essay was thorough and technically competent but vapid and colorless; the writer seemed to have no fresh ideas about his subject.

ⓐ dull
ⓑ estranged
ⓒ adamant
ⓓ complacent
ⓔ everyone who works in a hospital

303. He was surprised by the venomous tone of the anonymous calls.

ⓐ affectionate
ⓑ complementary
ⓒ flattering
ⓓ spiteful

304. It is more effective to take notes in one's own words that to try to record the lecture verbatim.

ⓐ in outline form
ⓑ preface
ⓒ word for word
ⓓ in summary forms
ⓔ in complete sentences

305. The prisoner's statement was verified by the witness.

ⓐ opposed
ⓑ disproved
ⓒ confirmed
ⓓ questioned

306. Our overactive brain stays busy, always making up stuff about everything around it, but the nose is no less versatile than its cultural stand-ins.

ⓐ contradictory
ⓑ complicated
ⓒ ubiquitous
ⓓ fragile
ⓔ skillful

307. These upright stones are the vestiges of some ancient religion.

ⓐ patterns
ⓑ traces
ⓒ versions
ⓓ proofs

308. He was ultimately destroyed by the vicissitudes of fortune, even though he had tried to adjust.

ⓐ wheel
ⓑ exchange
ⓒ unexpected change
ⓓ prophecy

309. Supervisors must be vigilant when it comes to safety. They must continually educate workers.

ⓐ watchful
ⓑ indolent
ⓒ drowsy
ⓓ imprudent

310. He was vilified, hounded, and forced into exile by the government agency.

ⓐ accused
ⓑ arrested
ⓒ chased
ⓓ interrogated
ⓔ tortured

311. A smiling face often disguises the mind and heart of a villain.

ⓐ an unhappy man

ⓑ a wicked man

ⓒ a foolish man

ⓓ a lying man

312. Desert, arid areas with virtually no vegetation, cover more that one-third of the Earth's land surface.

ⓐ unfortunately

ⓑ practically

ⓒ statistically

ⓓ surprisingly

313. There seems to be a vogue for sailing small boats this summer. (한국투자신탁)

ⓐ difficulty

ⓑ utility

ⓒ fashion

ⓓ request

314. She is voracious reader of all kinds of love stories.

ⓐ romantic

ⓑ imaginative

ⓒ gluttonous

ⓓ securely

315. I will waive my rights in this matter in order to expedite our reaching a proper decision.

ⓐ claim

ⓑ conjure

ⓒ emasculate

ⓓ concede

316. North American fur trade waned in the early 1800's, mainly due to the diminishing number of fur-bearing animals.

ⓐ ceased

ⓑ staggered

ⓒ declined

ⓓ collapsed

317. The test will winnow out the congressmen who study from those who don't bother.

ⓐ kick

ⓑ sift

ⓒ cut

ⓓ drive

정답 ▶ p. 379~380

VOCA MASTER

CHAPTER

3

출제 예상 및 고급 어휘

acrid

[ǽkrid]
날카로운

ⓐ (맛·냄새가) 톡 쏘는; (말이) 신랄한   bitter, pungent, caustic

black **acrid** smoke 검은 매캐한 연기
an **acrid** remark 신랄한 말

[어원] 『acr<acer(sharp) + id(~해진) → 날카로운』
[상상+] ex**acerb**ate 악화시키다 / **ac**me 꼭대기

activate

[ǽktəvèit]
활동하게 하다

ⓥ 활성화하다, 작동시키다   actuate, turn on, set off

n. activation   활성화, 작동

Gas leakage will **activate** the alarm.
가스가 누출되면 경보가 작동됩니다.

[어원] 『activ(e)(활동적인) + ate(동접) → 활동하게 하다』
[상상+] **activ**ity 활동 / **actu**al 진짜의, 실제의

acumen

[əkjúːmən, ǽkjə-]
(생각이) 날카로움

ⓝ 통찰력   insight, intuition, perspicacity

his sharp political **acumen**
그의 날카로운 정치적 통찰력

[어원] 『acu(sharp) + men(명접) → (생각이) 날카로움』
[TIP] acumen(통찰력)은 날카롭게 꿰뚫어 보는 것이다.
[상상+] **acu**te 날카로운 / **acu**puncture 침술

aesthetic

[esθétik]
(미를) 알아차리는

ⓐ 미(美)의, 심미적인   connected with beauty and the study of beauty

an **aesthetic** point of view 심미적 관점

[어원] 『aesthe(perceive) + tic(형접) → (아름다움을) 알아차리는』
[TIP] aesthetic은 '에스테틱' 이라는 외래어로 쓰이고 있다.
옆의 글자 디자인도 대단히 심미적(aesthetic)이다.

aftermath

[ǽftərmæ̀θ, á:f-]
풀을 벤 이후

ⓝ 결과, 여파   consequence, ramification, repercussion,
reverberation

the **aftermath** of the war   전쟁의 여파

[어원] 『after(이후의) + math(mowing풀베기) → 풀을 벤 이후의 상황』
[TIP] 옛날 영국 시골에서 '앞서 풀을 베어낸 결과 뒤이어 자라는 풀'이란
뜻으로 만들어진 어휘다.

agrarian

[əgrɛ́əriən]
들에서 일하는

ⓐ 농업의, 경작의   relating to farming or farmers; agricultural

agrarian reform programs   농업 개혁 프로그램들

[어원] 『agra<agro(field) + (r)ian(형접) → 들판의, 들에서 일하는』
[상상⁺] **agri**culture 농업 / **agora**phobia 광장공포증
[비교] arable 경작 가능한

alias

[éiliəs]
다른 이름

ⓝ 가명   false name, pseudonym

a spy operating under the **alias** 'Jabon'

Jabon이라는 가명으로 활동 중인 스파이

[어원] 『alias<else (다른) → (본명과) 다른 것, 다른 이름』
[상상⁺] **ali**en 이상한; 외국의; 외국인 / **ali**bi 현장 부재 증명, 알리바이

amble

[ǽmbəl]
(천천히) 걷다

ⓥⁱ 거닐다, 산책하다   walk slowly in a relaxed way; saunter, stroll

ⓝ 산책, 산보   walking slowly in a relaxed way

amble alongside the river   강을 따라 거닐다
[어원] 『amb(u)l(walk) + e(접미어) → (천천히) 걷다』
[상상⁺] **ambul**ance 구급차, 앰뷸런스

─────[뉘앙스] **걷다**에 관련된 어휘들─────

amble = saunter = stroll 거닐다, 산책하다 / stride 성큼성큼 걷다

trudge 터벅터벅 걷다 / creep = sneak 살금살금 걷다

tiptoe 까치발로[발끝으로] 걷다

animosity

[ǽnəmásəti / -mɔ́s-]
감정 많은 상태

ⓝ 적대감, 원한   hostility, enmity, antagonism, antipathy, rancor

the vicious circle of regional **animosity** 지역적인 적대감의 악순환

[어원] 『animos(mind) + ity(명접) → 마음[감정]이 많은 상태』
[TIP] 우리말에도 "나 너한테 감정 많아!" 하면 적대감이나 원한이 있다는 뜻이다.

anthropology

[æ̀nθrəpálədʒ / -pɔ́l-]
인간 연구 학문

ⓝ 인류학   the scientific study of people

n. anthropologist   인류학자

collect information for one's **anthropology** dissertation
자신의 인류학 논문을 위해 정보를 수집하다

[어원] 『anthrop(o)(human) + logy(학문) → 인간을 연구하는 학문』
[상상⁺] **anthrop**oid 유인원의 / phil**anthrop**y 박애

aqueduct

[ǽkwədλ̀kt]
물을 끌어가는 것

ⓝ 수도관, 수도교   water canal

a subterranean **aqueduct**   지하 수도관

[어원] 『aque(water) + duct(lead) → 물을 끌어가는 것』
[상상⁺] **aqua**tic 수생(水生)의; 수상의 / **aqua**rium 수족관

arcane

[ɑːrkéin]
상자 속에 들어 있는

ⓐ 비밀의, 불가사의한   secret, mysterious, cryptic, esoteric

arcane economic theories 불가사의한 경제 이론들

[어원] 『arca(chest 상자) +ne(형접) → 상자 속에 들어 있는』
[TIP] 상자 속에 들어 있다는 것은 남에게 함부로 보여주지 않는 비밀스러운 것임에 틀림없다.
[상상⁺] co**erc**e 위협[협박]하다 / ex**erc**ise 운동[연습]하다

armchair

[ɑ́ːrmtʃɛ̀ər]
팔걸이의자

ⓐ 이론뿐인, 탁상공론인 *impractical, theoretic*

an **armchair** critic 탁상공론만 하는 비평가

[어원] 『arm(팔) + chair(의자) → 팔걸이의자』
[TIP] 그림에서 보듯 armchair는 푹신한 팔걸이의자를 뜻한다. 뛰쳐나가서
행동하지 않고 팔걸이의자에만 앉아서 쓸데없는 이야기만 하고 있는 모습이
'탁상공론의' 라는 뜻이다.

 armistice

[ɑ́ːrməstis]
무기가 서 있는 상태

ⓝ 휴전, 정전 *ceasefire, truce*

resume **armistice** talks 휴전 회담을 재개하다

[어원] 『arm(무기) + sti(stand) → 무기가 서 있는 상태』
[TIP] 무기가 발포되지 않고 서 있는 상태 → 휴전, 정전

 arsenal

[ɑ́ːrsənəl]
아스날 팀

ⓝ 무기고, 무기창고 *armory*

an **arsenal** of guns 총기 창고

[어원] 『ar<al(the)+sena(l)<sina(house) → (무기) 제조 공장』
[TIP] 영국 프리미어리그의 아스날 팀을 연상해보면 쉽다.

 ascetic

[əsétik]
(욕망을 참고) 수행하는

ⓐ 금욕적인 *austere, stoical* ⟺ **hedonic** 쾌락적인

lead an **ascetic** life 금욕적인 삶을 살다

[어원] 『asce(exercise) + tic(형접) → (욕망을 참고) 수행하는』
[TIP] ascetic은 수도자(monk)와 밀접한 연관성이 있는 어휘다. 수도자의 일은
늘 자신을 닦고 금욕하는 것이다. ascetic의 어근 exercise는 '(욕망을 참고)
수행하다' 의 의미로 쓰인 것이다.

asperity

[æspérəti]
(말이) 거친 상태

ⓝ 매서움, 맹렬함   *severity, bitterness, acrimony, virulence*

speak with **asperity** 매섭게 말하다

[어원] 『asper(rough) + ity(명접) → (말이) 거친 상태』
[상상⁺] ex**asper**ate 화나게 하다
[비교] **asper**sion 중상, 비방

astute

[əstʃúːt]
기술이 있는

ⓐ 영리한, 빈틈없는   *canny, shrewd, ingenious, sagacious*

n. **astute**ness   영리함

make an **astute** judgment 영리한 판단을 내리다

[어원] 『astu<astus(skill) + te(형접) → 기술이 있는』
[TIP] 그림 속의 개, 아주 영리하죠? 자기가 싼 똥을 스스로 치우다니! *^^*

atone

[ətóun]
하나로 만들다

ⓥⓘ 보상하다   *compensate, indemnify, reimburse, make up for*

n. **atone**ment   보상

atone for one's sin 자신의 죄에 대해 보상하다

[어원] 『at(~로) + one(하나) → (쪼개진 것을) 다시 하나로 만들다』
[TIP] atone은 전치사 at과 one(하나)의 합성어로 '쪼개지거나 부서진 것을 다시 온전하게 하나로 만들다'는 의미에서 '보상하다'가 되었다.
[어법] atone for : ~에 대해 보상하다

atrocious

[ətróuʃəs]
검은 눈을 가진

ⓐ 끔찍한, 극악한   *terrible, awful, nefarious, flagrant*

n. **atro**city 흉악함, 잔인함   *brutality, barbarity*

Her singing was **atrocious**. 그녀의 노래는 완전 끔찍했다.

[어원] 『atr<ater(black) + oc(eye) → 검은 눈을 가진』
[TIP] 그림 속의 동물은 무단횡단을 하다 그만 끔찍한 꼴을… ㅠㅠ
[음원] 아(이)트로셔쓰 → 아이의 몸을 비틀다니! 이런 **끔찍한**!!

augur

[ɔ́:gər]

(운의) 증가를 알아보는 것

ⓥ 점치다, 전조가 되다   forebode, prophesy, prognosticate, presage

n. augury 점   fortune-telling

This event will **augur** well for us.
이번 사건은 우리에게 좋은 전조가 될 것이다.

[어원] 『aug(increase) + ur(명접) → (운의) 증가를 알아보는 것』

[TIP] augur에서 aug는 원래 divine favor(신의 은총)로 인해 운(fortune)이
얼마나 증가(increase)하는지를 미리 알아보는 것이다.

[음원] **augury**(오거리) → 서울에서 **점**집들로 유명한 미아삼거리, 미국은 **오거리!**

[상상⁺] **aug**ment 증가시키다 / in**aug**urate 취임시키다; 시작하다(launch)

backwater

[bǽkwɔ̀ːtər, -wɑ̀t-]
물(강) 뒤의 동네

ⓝ 오지, 벽지   a very quiet place not influenced by outside

a distant **backwater** that didn't even have electricity
전기조차 들어가지 않는 오지

[어원] 『back(뒤에) + water(물) → 물(강)을 건너 저 뒤에 있는 동네』
[TIP] backwater는 말 그대로 '물 건너 저 뒤에 있는 지역' 이란 뜻으로 사람이
쉽게 갈 수 없는 '시골의 오지, 벽지'를 의미한다.

baffle

[bǽfəl]
공개적으로 비난하다

ⓥ 당황하게 하다   bewilder, embarrass, perplex, thwart

Her sudden question **baffled** me completely.
그녀의 갑작스런 질문이 나를 완전히 당황하게 했다.

[어원] 『baffl(criticize publicly) + e(동접) → 공개적으로 비난하다』
[TIP] 누구나 공개적으로 비난을 받으면 당황하게 된다.
[음원] baffle(배플) → 소개팅에서 밥을 먹는데 입에 묻은 **밥풀**이… **당황하게 하다**

ballot

[bǽlət]
작은 공

ⓝ 1. (비밀) 투표   a system of voting, especially in secret

2. 투표용지   ballot paper

3. 총 투표수   the total number of voters

Workers at the factory held a **ballot** and agreed to strike action.
공장 노동자들이 투표를 실시하여 파업에 동의했다.
He **cast** his **ballot** in a referendum on changes to the constitution.
그는 헌법개정에 대한 국민투표에서 표를 던졌다.
The candidate won 65% of **the ballot**.
그 후보는 총 투표수 중 65퍼센트를 득표했다.

[어원] 『ball(공) + ot(작은 것) → (득표수를 세는 데 썼던) 작은 공』
[TIP] ballot은 ball과 직접적 연관성이 있는 어휘로, 옛날 투표 결과를 집계할
때 득표수를 세는 데 썼던 작은 공(small ball)에서 유래되었다.
[어법] the ballot : 총 투표수

balm

[bɑːm]
발삼(balsam)나무

ⓝ 향유, 진정제 *an oily liquid with a strong pleasant smell*

a. balmy 부드러운, 은은한 *mild*

lip **balm** (트는 것을 막기 위해 입술에 바르는) 립밤

[어원] 『balm<balsam나무에서 유래』

[TIP] 침엽수의 일종으로 이 발삼(balsam)나무에서 분비되는 액체로 향료를
만든 데서 축약된 발음 형태인 balm이 나온 것이다.

[발음주의] 발름(X) → 밤-(O)

banal

[bənɑ́ːl, bǽnɑːl]
병역의

ⓐ 평범한, 진부한 *commonplace, trite, hackneyed, stereotyped*

n. banality 진부함

a **banal** love story 진부한 사랑 이야기

[어원] 『ban(병역) + al(형접) → (남자라면 누구나 해야 하는) 병역의』

[TIP] banal은 봉건시대 때 남자라면 누구나 해야 하는 '병역의'란 의미에서
'누구나 하는 → 진부한'의 의미로 발전된 것이다.
여기서 ban은 '금지하다'와는 상관이 없다는 것에 주의하자!

[발음주의] 배널(X) → 버**날**-(O)

barrage

[bərɑ́ːdʒ / bǽrɑːʒ]
막아주는 것

ⓝ 1. 탄막, 엄호사격 *covering fire*

2. (질문·비난 등의) 쇄도 *flood, deluge*

a **barrage** of questions 수많은 질문 공세

[어원] 『bar(막다) + (r)age(명접) → (적의 총격을) 막아주는 것』

[TIP] 적의 총격을 막기 위해 아군이 총·포를 쏴 탄막(연기)을 만들어주는 것이
barrage의 원뜻이다. 탄막을 만들려면 총을 연속으로 마구 쏴야하는데,
이것이 비유적으로 마구 쏘아대는 '(비난·질문 등의) 쇄도'란 의미로
쓰이게 된 것이다.

[출제포인트] 시험엔 당연히 2. (질문·비난 등의) 쇄도가 출제된다.

[상상⁺] **bar**rier 장벽 / em**bar**go (무역상의) 제재 / de**bar** 금지하다

[발음주의] 배리지(X) → 버**라**-지(O) or 배**라**-지(O)

batter

[bǽtər]
배트로 때리다

ⓥ (계속) 때리다, 난타[강타]하다   strike repeatedly; thrash, whip

The earthquake **battered** parts of China. 지진이 중국 지역을 강타했다.

[어원] 『bat(배트, 몽둥이) + (t)er(동접) → 배트로 때리다』
[TIP] 사실 batter(배터)는 명사로 '(야구의) 타자' 다. 타자는 투수가 던진 공을
      사정없이 '강타' 해버린다. 이를 연상해보면 batter는 정말 쉬운 어휘다!

bibliophile

[bíbliəfàil]
책을 사랑하는 사람

ⓝ 애서가   someone who like books

The writer is a **bibliophile**. 그 작가는 애서가다.

[어원] 『bibli(bible책) + phil(e)(love) → 책을 사랑하는 사람』
[상상+] **phil**osophy 철학 / **phil**anthropist 박애주의자
[발음주의] 비블리오필(X) → 비블리오**파**일(O)

bland

[blænd]
blend 섞다

ⓐ 1. 싱거운, 부드러운   insipid, gentle, mild, tender
   2. 지루한   dull, flat, vapid

n. **blandness**   부드러움, 싱거움

a **bland** food 싱거운 음식
a **bland** story 지루한 줄거리

[어원] 『bland<blend (섞다) → (물이 많이) 섞인』
[TIP] 찌개나 스프에 물이 많이 섞이면 싱거워져 맛이 없어진다.
      bland(싱거운)는 blend(섞다)에서 모음변화된 과거분사 형용사다.
[상상+] **blind** 눈 먼; 맹인; 눈멀게 하다 / **bland**ishments 아첨

blaspheme

[blǽsfíːm]
해를 주는 말을 하다

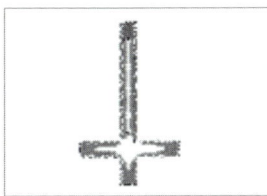

ⓥⓣ 신성모독하다   desecrate, curse, execrate

a. blasphemous   신성모독의

blaspheme against Islam 이슬람에 대해 신성모독하다

[어원] 『blas(evil) + phem(speak) → 해를 주는 말을 하다』

[TIP] blame(비난하다)은 blaspheme의 발음이 축약되며 부드럽게 변화해
생긴 어휘다. 다시 말해 blame을 통해 역으로 blaspheme을 '상대 종교
를 비난하다 → 신성모독하다' 로 외우면 쉽다.

[상상⁺] eu**phem**ism 완곡어법

blast

[blǽst, blɑ́ːst]
거세게 부는 바람

ⓝ 1. 돌풍   gust   2. (큰) 폭발   explosion, eruption, detonation

a **blast** of cold air 갑작스레 몰아치는 찬바람
250 people were killed in the **blast**. 그 폭발로 250명이 사망했다.

[어원] 『blast - blow(불다)의 강조어 → 거세게 부는 바람』

[TIP] blast는 brow(불다)의 발음이 강해져 생긴 어휘다.

[상상⁺] counter**blast** 역풍, 거센 반발 / **blust**er 휘몰아치다

blight

[blait]
잎이 창백해짐

ⓝ 1. (식물의) 마름병   2. 피폐, 황폐   devastation, impoverishment

ⓥⓣ 피폐[황폐]하게 하다   spoil, damage

desperate efforts to save the nation from economic **blight**
경제적 피폐함에서 그 나라를 구하고자 하는 필사적인 노력
The country has been **blighted** by poverty.
그 나라는 가난으로 피폐해졌다.

[어원] 『bligh(become pale) + t(명접) → 잎이 점점 창백하게 마르는 것』

[TIP] 사람의 얼굴이 창백해지듯 잎이 창백해지는 것은 곧 '마르는 것'을 의미한
다. 이 '마름병'을 뜻하는 blight가 비유적으로 '피폐, 황폐'의 의미로 잘
쓰인다.

VOCA MASTER

bluff

[blʌf]
높은 패를 보여줌

ⓝ 엄포, 으름장 an attempt to deceive someone; trick

ⓥ 엄포를 놓다 pretend, delude, beguile, cozen

His threat was only a **bluff**. 그의 협박은 단지 엄포일 뿐이다.
He's **bluffing** you **into** tak**ing** his demand.
그는 자신의 제안을 받아들이도록 너에게 엄포를 놓고 있어.

[어원] 『bluf(boast) + f(삽입음) → (카드에서 상대에게) 높은 패를 보여줌』
[TIP] bluff는 카드에서 자신이 가진 높은 패를 보여주어 상대로 하여금 겁이
나게 만드는 행위에서 유래된 어휘다.

blurt

[bləːrt]
불쑥 내뱉는 모양

ⓥ (무심코) 불쑥 말하다 say suddenly; exclaim, ejaculate

Jerry **blurted** the secret **out**. 제리가 그 비밀을 불쑥 말해버렸다.

[어원] 『blurt → 말을 불쑥 내뱉는 모양에서 유래된 의태어』
[TIP] 우리말의 '불쑥' 또한 생각 없이 말을 함부로 하는 모양을 나타내는
의태어다. 그러고 보니 '불쑥'과 'blurt'가 어느 정도 비슷함이 엿보인다.
[어법] blurt out : 불쑥 말하다

boon

[buːn]
좋은 것

ⓝ 이익, 혜택 benefit, advantage, aid

Computer education is a big **boon** to people in the village.
컴퓨터 교육은 그 마을 사람들에게 커다란 혜택이다.

[어원] 『boon<bon(good) → 좋은 것, 이익』
[TIP] boon은 접두어 bon(good)에 'o'가 하나 첨가된 어휘다. 즉, '좋은'에서
파생된 '좋은 것'이라는 뜻의 명사 정도로 이해하면 된다.

bracing

[bréisiŋ]
보호대로 조여주는

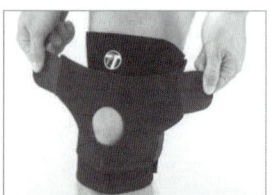

ⓐ 기운 나게 하는, 힘을 북돋아주는 invigorating, refreshing

a **bracing** sea breeze 기운 나게 하는 바닷바람

[어원] 『brac<brace(걸쇠) + ing(형접) → 보호대로 조여주는』
[TIP] brace는 우리말로 '(관절) 보호대' 또는 '치열 교정기' 정도로 이해하면 된
다. brace로 조여주면 적당한 압박을 해주기 때문에 풀어진 부분을 다시
'기운 나게 해주는' 역할을 한다.
[숙어] brace oneself 마음 단단히 먹다, 긴장을 늦추지 않다
[상상⁺] em**brace** 포옹하다; 포용하다

brazen

[bréizən]

(얼굴에) 철판 깐

ⓐ 뻔뻔스러운, 철면피의   insolent, impudent, impertinent, cheeky

his **brazen** love affairs 그 남자의 뻔뻔한 외도

[어원] 『braz<brass(놋쇠) + en(~된) → (얼굴에) 철판을 깐』

[TIP] 우리말에도 뻔뻔한 사람에게 얼굴에 '철판을 깔았다' 라는 말이 있다.
이 말과 똑같은 영단어가 brazen!

[상상⁺] **bras**s 금관악기

---

breach

[briːtʃ]

깨는 것

ⓝ 위반, 파기   violation, infraction, infringement, transgression

breach of contract 계약 위반

[어원] 『breach - break의 명사형 → (법·계약을) 깨는 것』

[TIP] breach는 break의 명사 형태로 '깨는 것' 의 의미다.
또한 break에서 -k발음이 부드럽게 변하면 -ch가 된다.
spea**k**의 명사형이 spee**ch**(연설)가 되는 것을 보면 쉽게 이해가 된다.

---

bucolic

[bjuːkálik / -kɔ́l-]

소를 기르는

ⓐ 전원의, 목가적인   rural, rustic, pastoral

enjoy a **bucolic** life 전원 생활을 즐기다

[어원] 『bu(소) + col(cultivate) + ic(형접) → 소를 기르는 모습』

[TIP] 도심을 벗어나 시골에 가면 평화롭게 소를 키우는 모습을 볼 수 있다.
소를 키우는 모습은 곧 '전원의, 목가적인' 의 의미로 쉽게 연결된다.

[상상⁺] **bee**f 소고기 / **bu**ffalo 버펄로

---

budge

[bʌdʒ]

비눗방울이 움직이다

ⓥⓣ 1. (몸을) 움직이다   move, shift, ease   2. (의견을) 바꾸다   change

The horse refused to **budge** an inch. 그 말은 조금도 움직이려 하지 않았다.

The opposition party refused to **budge** on the issue.
야당은 그 문제에 대해 입장을 바꾸려 하지 않았다.

[어원] 『bu<bubble(거품) + dge(동접) → 거품(비눗방울)이 움직이다』

[TIP] 공중에 비눗방울이 날릴 때 천천히 움직인다. budge는 그 모습을 표현하는
동사로서 '조금 움직이다' 의 의미다.

[발음주의] 부지(X) → 버쥐(O)

bulge

[bʌldʒ]
불룩하게 하다

ⓝ 1. 부푼 것, 튀어나옴   swelling   2. (일시적) 증가   boom

ⓥ 부풀다, 튀어나오다   project, protrude, stick out

The gun made a **bulge** under his jacket.
그 총이 그의 자켓 아래로 튀어나왔다.
a **bulge** in the birthrate 출산율의 일시적 증가

[어원] 『bulg(bag) + e(동접) → (물건을 가방에 넣어) 불룩하게 하다』

[TIP] 옆의 그림은 복어(globefish)가 몸을 부풀린 것이다. 개구리가 울 때 목에서부터 배 부분이 불룩 튀어나오는 것을 떠올려도 bulge를 연상할 수 있다.

[음원] 돈 많이 **벌줘**(**bulge**) → 주머니가 **부풀지!**

[발음주의] 불지(X) → 벌줘(O)

buoyant

[bɔ́iənt]
물에 뜨는

ⓐ 1. (물에) 뜨는, 부양하는   able to float

　 2. (분위기가) 들뜬, 활기찬   cheerful, blithe, jaunty, vivacious

n. v. buoy 부표; 물에 뜨다   n. buoyancy 부력; 활기찬 상태

A life vest is very **buoyant**. 구명 조끼는 물에 아주 잘 뜬다.
All of us were in a **buoyant** mood. 우리 모두는 활기찬 분위기였다.

[어원] 『buoy(물에 뜨다) + ant(형접) → 물에 뜨는』

[TIP] buoy는 경계를 표시하기 위해 물에 띄우는 부표를 의미한다. 이 buoy의 형용사가 buoyant다.

[발음주의] 부오이언트(X) → **보**이언트(O)(u가 묵음)
　　　　　 buoyant는 스펠링에도 꼭 주의해야 한다.

bureaucracy

[bjuərákrəsi / -rɔ́k-]

책상에서만 하는 정치

ⓝ 관료주의[제도] *a complicated official system; red tape*

n. bureaucrat 관료 *official*

the reduction of unnecessary bureaucracy 불필요한 관료제도의 축소

[어원] 『bureau(책상) + cracy(정치) → 책상에서만 하는 정치』

[TIP] bureaucracy란 공무원들이 책상에만 앉아서 "이 서류 가져와! 저 서류 필요하다!" 등등 복잡하고 까다로운 절차들을 요구하는 모습에서 유래한 어휘다.

[주의] 스펠링 주의 : bureaucrasy (X) → bureaucracy(O)

burgeon

[bə́ːrdʒən]

새싹이 마구 돋아나다

ⓥⓘ 급증[급성장]하다 *grow or develop quickly; mushroom, multiply*

the burgeoning market for notebook computers
급성장하고 있는 노트북 컴퓨터 시장

[어원] 『burg(bud) + eon(동접) → 새싹이 마구 돋아나다』

[TIP] burgeon은 봄이 되어 새싹(bud)이 마구 돋아나는 것에서 연상된 어휘다.

calumny

[kǽləmni]

(대중을) 속이는 말

ⓝ 비방, 흑색선전 *slander, aspersion, libel, vituperation*

vt. **calumniate** 중상[비방]하다

This election was full of lies and **calumnies**.
이번 선거는 거짓과 비방이 난무했다.

[어원] 『calum(deceive) + ny(명접) → (대중을) 속이는 말』
[TIP] '비방, 흑색선전'이라는 것은 원래 있지도 않은 일을 거짓으로 꾸며대어
(deceive) 남의 명예를 훼손시키는 일이다.

canny

[kǽni]

(답을) 알고 있는

ⓐ 영리한, 빈틈없는 *astute, shrewd, ingenious, intelligent*

a **canny** guide dog 영리한 맹인견

[어원] 『can(know) + (n)y(형접) → (답을) 알고 있는』
[TIP] 원래 canny는 조동사 can(할 수 있다)에서 그대로 유래한 것이다. 즉, 어
떻게 하면 되는지 답을 알고 있기 때문에 '쉽게 해낼 수 있는 → 영리한'의
의미가 된다.
[상상+] **ken** 지식의 범위 / **cun**ning 교활한 / un**cann**y 알 수 없는, 이상한

canvass

[kǽnvəs]

캔버스 안에 던져 넣다

ⓥ 1. 선거 유세하다 *try to persuade people to support someone*

2. (의견·정보를) 구하다, 조사하다 *ask, solicit, discuss*

The candidate spent the whole afternoon **canvassing** for votes.
그 후보는 오후 내내 득표를 위한 선거 유세를 했다.

Police **canvassed** the neighborhood, but didn't find anyone who
knew the man.
경찰은 이웃 사람들에게 정보를 구해봤지만 그 남자를 아는 사람을 찾지 못했다.

[어원] 『canvas + s(동접) → 사람을 캔버스(그림 그리는 천) 안에 던져 넣다』
[TIP] canvass는 유화를 그리는 천 canvas(캔버스)에서 유래한 어휘이다. 옛날
서양 사람들은 canvas를 땅에 깔아 놓고 격투기를 하는 풍습이 있었다.
canvas 안에 들어간 사람이 그 canvas 안을 돌아다니며 밖에 있는 사람
들에게 지지를 호소한 데서 동사 canvass의 의미가 탄생하게 되었다. 프로
레슬링의 링 바닥을 canvas라고 하는데, 입장한 선수가 링 바닥을 돌며
관중들의 환호를 유도하는 모습을 연상해보면 쉽다.

captivate

[kǽptəvèit]

포로로 만들다

ⓥ 매혹하다, 사로잡다   bewitch, enchant, mesmerize, enthrall

a. captivating   매혹적인   fascinating

I was **captivated** by her beautiful smile.

나는 그녀의 아름다운 미소에 사로잡혔다.

[어원] 『captiv(e)(포로) + ate(동접) → (사랑의) 포로로 만들다』

[TIP] captive(포로)에서 cap-의 어근은 take(잡다)이다.

[상상⁺] **cap**ture 붙잡다: 포획 / **cap**acity (수용) 능력

　　　　caption 자막, 부제(subtitle)

carnage

[kάːrnidʒ]

(공물로 바치는) 고기

ⓝ 대학살, 대량 살상   massacre, genocide, holocaust, slaughter

the scene of brutal **carnage**   잔인무도한 대학살의 현장

[어원] 『carn(flesh) + age(명접) → (공물로 바치는) 고기』

[TIP] carnage는 옛날 서양에서 '통치자(ruler)에게 바치는 고기' 란 뜻이었는데, 이것이 특히 전쟁에서 희생되는 사람들의 살(육체)이란 의미로 쓰이게 되어 '대학살, 대량 살상' 의 의미가 되었다.

[상상⁺] **carn**al 육체의, 육욕의 / in**carn**ate 구체화하다 / **carn**ivorous 육식성의

castigate

[kǽstəgèit]

순결하게 하다

ⓥ (몹시) 비난하다, 징계하다   criticize, condemn, censure, maul

castigate the President and the government

대통령과 정부를 몹시 비난하다

[어원] 『cast(chaste) + ig(drive) + ate(동접) → 순결하도록 몰아부치다』

[TIP] castigate는 상대방의 잘못한 점을 비난하여 그 사람이 잘못을 깨닫고 다시 chaste(순결한)될 수 있도록 하는 것이다. "당신 똑바로 하란 말이야! 알겠어?" 하는 것이 castigate!

[상상⁺] **chast**e 정숙한, 순결한 / **chast**en 잘못을 깨닫게 하다

　　　　Caste (인도의) 카스트 제도

cater
[kéitər]
쫓아가 해주다

ⓥ 1. (음식을) 제공하다 provide a supply of food

2. (필요·요구에) 응하다 supply what is required or desired

a business that **caters** banquets and weddings
연회와 결혼식에 음식을 제공하는 사업
an American bank **catering to** Asian businesses
아시아 지역 사업에 필요한 것들을 제공하는 미국 은행

[어원] 『cat(chase) + er(동접) → (필요로 하는 것을) 쫓아가 해주다』
[TIP] 요즘 '출장 뷔페 서비스'란 말을 많이 듣는다. 음식이 필요한 모임에 찾아가 음식을 제공하는 서비스를 말한다. 이것을 영어로 옮기면 'catering service'다.
[어법] cater to : (필요·요구)에 응하다

caustic
[kɔ́:stik]
부식시키는

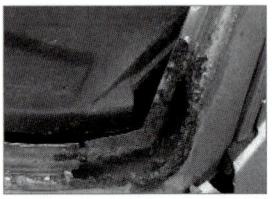

ⓐ 1. 부식성의 capable of burning by chemical action

2. (말이) 꼬집는, 신랄한 biting, acrimonious, acerbic, pungent

caustic remark on government 정부를 꼬집는 말

[어원] 『caust(burn) + ic(형접) → (금속을) 태우는 → 부식시키는』
[TIP] 화학적으로 금속을 태운다는 것은 산화[부식]시킨다는 의미이고 금속이 부식되면 흠집이 나게 된다. 비유적으로 다른 사람을 흠집 내는 말은 곧 '신랄한' 비난이 된다.
[상상+] holo**caust** 대학살

cavernous
[kǽvərnəs]
큰 동굴 같은

ⓐ (천장이) 둥그스름한, 동굴 같은 very large and deep; hollow

n. cavern 큰 동굴

a **cavernous** restaurant place (천장이) 둥그스름한 레스토랑

[어원] 『cavern(큰 동굴) + ous(형접) → 큰 동굴 같은』
[상상+] **cav**ity (내부·이빨의) 구멍 / con**cave** 오목한
excavate 발굴하다
[발음주의] 케이버너스(X) → **캐**버너스(O)

cede

[siːd]
가게 하다

Ⓥ (권리 · 땅을) 양도[할양]하다

surrender, relinquish, renounce, hand over

n. cession 양도, 할양

cede power **to** the opposition 권력을 야당에 넘겨주다

[어원] 『ced(go) + e(동접) → (상대방에게) 가게 하다』
[어법] cede A to B : A를 B에게 양도[할양]하다
[비교] cease 그만두다

chancellor

[tʃǽnsələr, tʃɑ́ːn-]
문지기

Ⓝ 1. (대학의) 학장, 총장 principal 2. 총리 prime minister

the **chancellor** of Stanford university 스탠포드 대학의 총장
the former Japan **Chancellor** 전 일본 총리

[어원] 『chancellor(doorkeeper) → 문지기 → 건물(대학) 책임자』
[TIP] 중 · 고등학교 교장 → principal / 대학교 총장 → chancellor

chestnut

[tʃésnʌ̀t, -nət]
밤나무

Ⓝ 케케묵은 이야기 an old story

an old **chestnut** 케케묵은 이야기

[어원] 『chestnut(밤, 밤나무) → (오래 된) 밤나무처럼 오래 된 이야기』
[TIP] chestnut은 원래 '밤, 밤나무'를 뜻하는데, 오래 된 밤나무처럼 이야기가 오랫동안 반복되어 온 '케케묵은 이야기'의 의미로 쓰이게 된 것이다.

chaos

[kéiɑs / -ɔs]
형태가 없는 최초의 공간

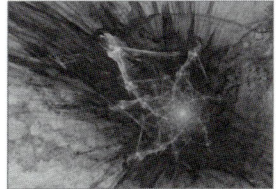

Ⓝ 혼돈, 무질서 confusion, disorder, tumult, turmoil

a. chaotic 혼돈의, 무질서한

The country was plunged into political **chaos**.
그 나라는 정치적 혼란에 빠져들었다.

[어원] 『chaos(formless space) → 형태가 없는 최초의 공간』
[TIP] chaos는 우주(universe)가 생기기 이전의 어떠한 체계나 질서도 없는 원초적 상태를 의미한다.
[발음주의] 카오스(X) → 케이아스(O)

charlatan

[tʃɑ́ːrlətən]
체레토 사람

ⓝ 돌팔이, 허풍쟁이   quack, imposter, swindler

He turned out to be a **charlatan**. 그는 돌팔이로 밝혀졌다.

[어원] 『charlata(Ceretto) + n(사람) → Ceretto(체레토) 사람』

[TIP] charlatan은 와인으로 유명한 이탈리아의 Ceretto(체레토)라는 도시에서 유래되었다. 이 도시 사람들이 한때 허풍과 돌팔이로 유명했는데 이 도시 사람들을 부르던 말이 불어로 charlatan이다. 실제 Ceretto 사람들은 기분 나쁠 만도 하다.

[발음주의] 찰라탄(X) → 샬러튼(O)

chasm

[kǽzəm]
(벌어진) 틈

ⓝ (깊게 갈라진) 틈, 균열   crevice, cleft, gulf

widen the **chasm** of misunderstanding between the two groups
양측 간 오해의 골을 더 벌어지게 하다

[어원] 『chasm<khasma(yawn) → (벌어진) 틈』

[TIP] chasm은 어원적으로 큰 도움이 되지 않지만 옆의 나무 사진이 워낙 강한 이미지를 지니고 있으므로 이를 활용하여 chasm을 이미지화하여 외운다. 실제 chasm은 '양측 간 의견의 깊은 틈, 골' 이란 뜻으로 많이 쓰인다.

[발음주의] 카즘(X) → 캐즘(O)

chasten

[tʃéisn]
순결하게 하다

ⓥⓣ (잘못을) 깨닫게 하다   punish, chastise, castigate, penalize

The criminal seems to be **chastened**.
그 범인은 잘못을 깨닫는 것처럼 보였다.

[어원] 『chast(e)(순결한) + en(동접) → (다시) 순결하게 하다』

[TIP] 자신이 과거에 했던 잘못을 깨닫게 되면 마음이 순결해진다. chasten은 chaste(순결한, 정숙한)가 그대로 동사화된 것이다. 옛날 우리 어머니들이 오줌 싼 아이의 머리에 키를 씌우고 소금을 얻어오게 한 것을 생각해보면 어렵지 않게 암기할 수 있다.

chide

[tʃaid]
아이를 꾸짖다

ⓥⓣ 꾸짖다, 비난하다   scold, rebuke, reprove, reproach

"Leslie, you are naughty!" the teacher **chided**.
"레슬리, 너 못쓰겠구나!" 선생님이 꾸짖으셨다.

[음원] child(아이) – chide(꾸짖다) → 아이를 꾸짖다

[TIP] chide는 child와 발음이 비슷하므로 함께 묶어 외워주는 센스!

choke

[tʃouk]
턱을 조르다

ⓥ 숨 막히게 하다, 질식시키다   stifle, suffocate, smother

Several people **choked** to death on the fumes.
몇 명이 연기에 질식사했다.

[어원] 『chok(e)(jaw턱) → (아래) 턱 부분을 조르다』
[TIP] choke는 jaw의 발음이 변형되어 생긴 동사다. 그림에서 보듯 choke는
       턱 아래 부분을 팔이나 손으로 졸라 상대가 숨을 쉬지 못하게 하는 것이다.
[상상⁺] **cheek** 뺨, 볼 / **cheek**y 뻔뻔한

choleric

[kάlərik / kɔ́l-]
화를 잘 내는

ⓐ 화를 잘 내는, (성질이) 못된

bad-tempered, irritable, grumpy, grouchy

a **choleric**, ill-tempered man 화 잘 내고 못된 남자

[어원] 『choler(bile담즙, 화) + ic(형접) → 화를 잘 내는』
[TIP] choleric은 히포크라테스의 4체액론(4 humors)에서 유래한 어휘다. 몸에
       담즙이 많은 사람의 기질이 choleric(화를 잘 내는)이다. 또한 급성 소화기
       계통의 병으로 심한 구토, 설사를 일으키는 cholera(콜레라) 역시 같은
       어원의 어휘다.
[음원] **화를 잘 내는** 친구에게 "얼레리 **꼴레릭(choleric)** 또 삐져?"
[발음주의] 콜레릭(X) → **칼**러릭(O)

chore

[tʃɔːr]
(방 좀) 치워!

ⓝ 집안일, 허드렛일   menial tasks; drudgery

My husband shares the household **chores**.
우리 남편은 집안일을 분담한다.

[음원] chore(쵸어) → 방 좀 **치워(chore)** → 집안일, 허드렛일
[TIP] chore는 청소, 빨래, 설거지 등과 같은 집안일을 의미하는데 그 중에서도
       특히 집안을 깨끗하게 치우는 청소에 주로 쓰인다.
[발음주의] 코어(X) → 쵸어(O)

citadel

[sítədl]
도시 방어를 위해 쌓은 벽

ⓝ 요새, 보루   stronghold, fortress, bastion, bulwark

the last **citadel** of democracy 민주주의의 마지막 보루

[어원] 『cita(city) + del(명접) → 도시를 방어하기 위해 쌓은 벽』
[TIP] citadel은 적의 침입을 막기 위해 city(도시) 외곽에 쌓는 벽을 의미하는데 우리나라의 남한산성이 그 대표적인 예다.
[상상⁺] **civ**ic 시의; 시민의 / **civ**il 민간의, 시민의; 정중한

claustrophobia

[klɔ̀ːstrəfóubiə]
밀폐 장소 공포증

ⓝ 밀실[폐소]공포증   a strong fear of being in a closed space

ⓐ claustrophobic   폐소공포증의

I have **claustrophobia** in elevators.
나는 엘리베이터 안에서 폐소공포증이 있다.

[어원] 『claustro<cloister(밀폐된 장소) + phobia(공포증) → 밀폐 장소 공포증』
[TIP] cloister(수도원) : clois(close) + ter(place) → 닫혀 있는 장소
[상상⁺] agora**phobia** 광장공포증 / acro**phobia** 고소공포증
hydro**phobia** 공수병 / xeno**phobia** 외국인 혐오증

cliché

[kli(ː)ʃéi]
찰칵 하는 소리

ⓝ 진부한 표현, 상투적인 문구   stereotype, platitude, banality

His writing is filled with **clichés**. 그의 글은 진부한 문구로 가득 차 있다.

[어원] 『clich(click) + ue(명접) → (연판에 글자를 찍어대는) 찰칵 하는 소리』
[TIP] 인쇄소에서 연판(stereotype)에 찰칵찰칵 글자를 찍어대는 소리(click)는 반복적이고 지속적으로 들리는 소리다. 이런 유래로 cliché는 어디에서나 쉽게 들리는 '진부한 표현'이란 뜻이 되었고, click의 스펠링이 불어화되면서 발음이 부드럽게 cliché로 바뀐 것이다.
[발음주의] 클리취(X) → 클리**쉐이**(O)

clique

[kliːk]
찰칵 하며 잠기는 소리

ⓝ (배타적) 파벌, 집단   an exclusive small group of people; faction

the **clique** formed by elites 엘리트들로 이루어진 파벌

[어원] 『cliq(click) + ue(명접) → (자물쇠가 잠기는) 찰칵 하는 소리』
[TIP] clique는 자물쇠를 거는 소리(click)에서 유래한 어휘로 외부와의 교류를 차단하기 위해 문을 걸어 잠그고 자기들만 활동하는 '소수 집단'을 의미한다. 값비싼 외제차나 모터싸이클 동호회가 대표적인 'clique'다.

clone

[kloun]

똑같이 뻗은 잔가지

ⓝ 복제(물) copy, replica, duplicate

ⓥⓣ 복제하다 duplicate, replicate

He's an exact **clone** of his brother. 그는 형과 완전히 똑같이 생겼다.

[어원]『clon(twig잔가지) + e(명접) → 똑같이 뻗어 나온 잔가지』

[TIP] clone은 가지(branch)에서 똑같이 생긴 잔가지(twig)가 뻗어나오는
모습에서 연상된 어휘다. 남성 듀오 '클론'을 연상하여 외워도 좋다!

cloy

[klɔi]

더 이상 못하도록 막다

ⓥⓘ 싫증나다, 물리다 be fed up with, be sick and tired of

a. **cloying** 물리는, 역한

She began to **cloy** with the work. 그녀는 그 일이 싫증나기 시작했다.

[어원]『cloy<clog(막다) → 더 이상 못하도록 막다』

[TIP] cloy는 clog(에서 유래한 단어로, 음식이든 일이든 너무 많이 해서
더이상 못하도록 막는 즉, '싫증나다, 물리다'의 의미가 되었다.

coax

[kouks]

속여서 ~하게 하다

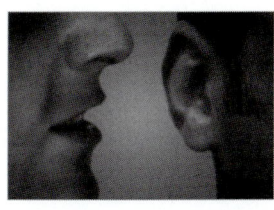

ⓥⓣ (감언이설로) 설득하다 cajole, wheedle, blandish, adulate

He **coax** me **into** investing the company.
그는 나를 설득해 그 회사에 투자하게 만들었다.

[어원]『coax<cokes(fool속이다) → 속여서 ~하게 하다』

[TIP] 옷 브랜드(brand) 중에서도 C.O.A.X라는 상표가 있다.

[어법] coax A into ~ing : A를 꼬드겨 ~하게 하다

cohort

[kóuhɔ:rt]

뜰에서 훈련받는 병사들

ⓝ 일당, 패거리 coterie, clique

the bully and his **cohort** 그 깡패와 그의 일당

[어원]『cohort<court(뜰, 정원) → 궁궐 뜰에서 함께 훈련받는 군사들』

[TIP] cohort는 court(뜰, 정원)와 같은 어원으로 로마시대 때 뜰에서 함께
훈련받는 군사들에서 유래해 지금의 '일당, 패거리'의 뜻이 되었다.

[상상⁺] **hort**iculture 원예학(gardening)

coterie

[kóutəri]
작은 집의 세입자들

ⓝ (동호회·예술 쪽의) 사람들, 그룹 group, clique, cohort

a small **coterie** of dignitaries 소수 고위 공직자들의 그룹

[어원] 『cot(e)(small house) + rie(사람들) → 작은 집의 세입자들』
[TIP] coterie는 중세 봉건시대 때 그 지역 영주에게 집과 땅을 빌려 농사를 짓고
살던 세입자(tenant)들을 가리키던 말이다. 이 말이 점차 '같은 관심이나
취향을 가진 사람들'이라는 의미로 발전되었다.
[상상⁺] **cot**tage (작은) 시골집

covert

[kʌ́vəːrt, kóu-]
덮여 있는

ⓐ 비밀의, 은밀한 clandestine, cryptic, furtive, surreptitious

⇔ overt 공공연한

run a **covert** nuclear weapons program
핵무기 프로그램을 비밀스럽게 추진하다

[어원] 『covert(cover의 과거분사) → (안 보이게) 덮여 있는』
[TIP] covert는 cover(덮다)의 과거 분사로 covered에서 covert로 스펠링이
축약된 것이고 의미는 '덮인 → 은밀한'이다.

covetous

[kʌ́vitəs, kʌ́və-]
탐욕스러운

ⓐ 탐욕스러운 greedy, avaricious, rapacious, ravenous

vt. covet (몹시) 탐내다

cast **covetous** eyes on her 그녀에게 탐욕스러운 눈길을 주다

[어원] 『covet(cupidity 탐욕) + ous(having) → 탐욕스러운』
[TIP] covet(탐내다)의 어원 cupidity(탐욕)는 Cupid(큐피드)에서 유래한 어휘다.
원래 Cupid의 어원은 '탐욕'의 뜻인데 Cupid의 화살을 맞으면 사랑의
욕망, 탐욕이 생긴다고 해서 Cupidity의 의미가 '탐욕'이 되었고, 여기서
변형된 어휘가 covetous(탐욕스러운)이다.
[발음주의] 코우비터스(X) → **커**비터스(O)
[상상⁺] **cupid**ity 탐욕

craven

[kréivən]

(용기가) 쪼개진

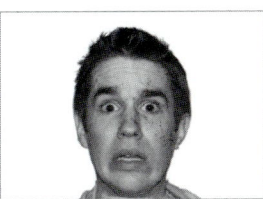

ⓐ 겁쟁이의, 비겁한　cowardly, chicken, timid, timorous

make a **craven** behavior 비겁한 행동을 하다

[어원] 『crav(crack) + en(형접) → (용기, 결심이) 쪼개진』
[TIP] craven은 crack(쪼개지다)이 과거분사화된 어휘로 용기나 결심이 쪼개진
　　　'겁쟁이의, 비겁한' 의 뜻이 되었다.
[상상+] **crev**ice 갈라진 틈
[비교]　crave 열망하다

---

 crass

[kræs]

뚱뚱해서 우둔한

ⓐ 어리석은, 우둔한　stupid, absurd, inane, idiotic

a **crass** remark 어리석은 말

[어원] 『crass(gross 뚱뚱한) → 몹시 뚱뚱해서 우둔해 보이는』
[TIP] 몹시 뚱뚱한 사람은 아무래도 우둔해 보이게 마련이다.
　　　crass(우둔한)는 gross(몹시 뚱뚱한)에서 강한 발음으로 변한 형태다.

---

 crestfallen

[kréstfɔ̀:lən]

닭 벼슬이 내려간

ⓐ 기가 죽은, 의기소침한　downcast, depressed, dejected, despondent

n. crest 닭 벼슬: 꼭대기, 절정

He came back looking **crestfallen**. 그는 기가 죽은 모습으로 돌아왔다.

[어원] 『crest(닭 벼슬) + fallen(떨어진) → 닭 벼슬이 내려간』
[TIP] 닭 벼슬이 내려갔으니 기가 죽어 보일 수밖에 없다.

crooked

[krúkid]

갈고리처럼 휜

ⓐ 1. 휜, 삐뚤어진   bent, twisted, tortuous, sinuous

2. 부정한   dishonest, unfaithful, mendacious

n. crook 휜 것; 부정한 사람   n. crookedness 부정함

a **crooked** road 휘어져 있는 길

report a **crooked** cop 부정한 경찰을 신고하다

[어원] 『crook(hook갈고리, 후크) + ed(~된) → 갈고리처럼 휜, 굽은』

[TIP] crass은 그림에서 보듯 hook(갈고리)에서 c-라는 강한 발음이 첨가되어
스펠링이 변한 어휘다. 그 뜻은 '(갈고리처럼) 휜[굽은] 것' 이다. 이 crook이
과거분사화된 어휘가 crooked다.

1. 사물이 갈고리처럼 휜, 굽은 → 휜, 구부러진, 삐뚤어진

2. 사람의 도덕성이 곧지 못하고 휜, 굽은 → 부정한

culpable

[kʌ́lpəbl]

죄가 될 수 있는

ⓐ 1. 비난 받을 만한, 괘씸한   blameworthy, reprehensible

2. 《法》 처벌받을 수 있는, 유죄의   guilty

n. culpability 괘씸함

The official is **culpable** for his negligence.

그 관리는 직무 태만에 대해 비난 받아 마땅하다.

The politician is **culpable** for receiving a bribe.

그 정치인은 뇌물을 받은 것에 대해 처벌 받을 수 있다.

[어원] 『culp(guilt) + able(~될 수 있는) → 죄가 될 수 있는』

[TIP] culpable이 일반적으로 쓰이면 '1. 비난 받을 만한' 의 뜻이고
법적으로 쓰이게 되면 '2. 처벌 받을 수 있는, 유죄의' 의 뜻이다.

cuisine

[kwizíːn]
부엌에서 하는 일

ⓝ (특별) 요리   dish, cooking

the delicious **cuisine** created by the main chef
주방장이 만든 맛있는 특별 요리

[어원] 『cuisine<kitchen(부엌) → 부엌에서 하는 일』
[TIP] cuisine은 kitchen이 불어화된 발음이다. 즉, cuisine은 '부엌에서 하는
일 → 요리' 인데, 일반 요리보다는 '특별하고 맛있는 요리' 라는 의미로 쓰인다.
[상상⁺] **culin**ary 요리의

 curt

[kəːrt]
잘려서 짧아진

ⓐ (말이) 짧은, 무뚝뚝한   abrupt, brusque, blunt, terse

a **curt** reply 무뚝뚝한 대답

[어원] 『curt<cut(잘려진) → (긴 말이) 잘려서 짧아진』
[TIP] curt는 cut(잘려진)에서 그대로 유래되었다. 즉, 긴 말을 잘라 말이 짧아
졌음을 의미하는데, 주로 사람의 태도에 쓰여 말을 뚝뚝 잘라 무뚝뚝함을
의미한다.

 custody

[kʌ́stədi]
보호해주는 것

ⓝ 1. 구금, 감금   the state of being detained; detention

2. (자녀) 양육권   the right to take care of a child

The suspect still remains in police **custody**.
그 용의자는 아직 경찰에 감금되어 있다.
She got **custody** of his daughter after the divorce.
그녀는 이혼 후 딸에 대한 양육권을 가졌다.

[어원] 『custod(guard) + y(명접) → 보호해주는 것』
[TIP] 1. 범인·용의자를 도망가지 못하게 보호해두는 것 → 구금
2. 자녀를 보호해주는 것 → 양육권

dawdle

[dɔ́:dl]
여기저기 걸어다니다

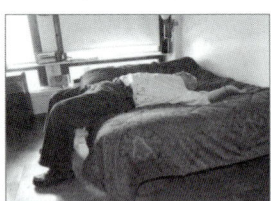

ⓥ 꾸물거리다, 빈둥거리다 idle, dally, loaf, fool around

The government cannot afford to **dawdle**.
정부는 꾸물거릴 여유가 없다.

[어원] 『dawdle(toddle 아장아장 걷다) → 여기저기 걸어다니다』
[TIP] 아장아장 걸음마를 하는 유아(2~3세 정도)를 toddler라고 한다. dawdle은 toddle(아장아장 걷다)에서 발음이 부드럽게 변한 어휘로, 할 일도 없으면서 이리저리 걸어다니며 시간을 보내는 모습에서 유래되었다.

decoy

[díːkɔi, dikɔ́i]
(새를 꾀는) 새장

ⓝ 미끼 bait, lure

The beauty acted as a **decoy** to catch the criminal.
그 미녀는 범인을 잡기 위한 미끼로 활동했다.

[어원] 『de(the) + coy(cage) → (새를 끌어들이기 위한) 새장』
[TIP] decoy는 the cage가 불어화 과정에서 연음된 형태. 또한 decoy는 동사(유혹하다)도 있으나 명사가 주로 쓰인다. decoy는 2장에 나오는 cajole(p. 103)을 보면 이해가 쉽다.

deft

[deft]
능숙한

ⓐ 능숙한, 숙달된 adept, adroit, proficient, dexterous

n. deftness 능숙함

his **deft** guitar skills 그의 능숙한 기타 솜씨

[어원] 『deft(gentle) → (인간관계를) 온화하게 잘 대하는』
[TIP] deft(능숙한)와 daft(어리석은)는 둘 다 'gentle(온화한)'의 어근을 갖는 어휘다.
　　　daft → 너무 착해 온화하기만 한 → 어리석은
　　　deft → 인간관계에 있어 온화하게 잘 대하는 → 능숙한

dictator

[díkteitər]
명령자

ⓝ 독재자 despot, autocrat, tyrant

Hitler is the world's most notorious **dictator**.
히틀러는 세계에서 가장 악명 높은 독재자다.

[어원] 『dictat(e)(명령하다) + or(사람) → 명령하는 자』
[TIP] 독재자는 곧 '명령하는 자' 다.

dingy

[díndʒi]

똥이 묻어 있는

ⓐ 음침한, 더러운   dirty, filthy, sordid, squalid

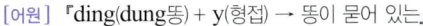

a **dingy** room 음침하고 더러운 방

[어원] 『ding(dung똥) + y(형접) → 똥이 묻어 있는』

[TIP] dingy에서 ding는 dung(똥)에서 모음 변화된 어휘다. 즉, 여기저기 똥이 묻어 더럽고 지저분하고 음침한 상태를 의미한다.

---

 dogmatic

[dɔ(ː)gmǽtik]

교리만을 강요하는

ⓐ 독단적인   authoritative, dictatorial, imperious, overbearing

n. dogma   신조, 교리   n. dogmatism   독단

He is always bossy and **dogmatic**.
그는 늘 시키려 들고 독단적이다.

[어원] 『dog(seem) + ma(명접) → (따라야 할 것으로) 여겨지는 것』

[TIP] dogma → 따라야 할 것으로 여겨지는 것 → 신조, 교리
dogmatic → 자신의 신조, 교리만을 강요하는 → 독단적인

---

 droop

[druːp]

내려가다

ⓥⁱ 내려가다, 축 처지다   sag, flag, slump ⇔ boost 높이다, 증가시키다

a. droopy   축 처진

Her eyelids began to **droop**. 그녀의 눈꺼풀이 내려가기 시작했다.

[어원] 『droop(drop) → (힘이 빠져 아래로) 내려가다』

[TIP] droop은 drop(떨어지다)에서 스펠링 'o'가 하나 더 추가되어 생긴 어휘다.

---

 dwindle

[dwíndl]

죽어가다

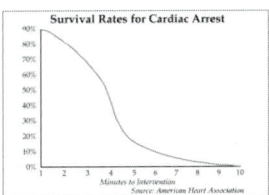

ⓥⁱ 줄어들다, 감소하다   decrease, shrink, diminish, abate

a. dwindling   줄어드는, 감소하는

Exports are **dwindling** and the deficit is swelling.
수출은 감소하고 있고 적자는 늘고 있다.

[어원] 『dwi(die) + ndle(동접) → (정도·세기가) 죽어가다』

[TIP] dwindle에서 dwi–란 부분이 die(죽다)가 변형된 스펠링이다. 즉, dwindle은 (정도·세기가) 죽어가 결국 '줄어들다'의 의미가 되는 것이다.

ebb

[eb]

(떨어져) 멀어지는 물

ⓝ 썰물 *the flow of the sea away from the shore*

ⓥⓘ 점점 감소하다 *gradually decrease*

His courage is **at a low ebb**. 그는 용기를 잃어가고 있다.
Amy's passion began to **ebb away**.
에이미의 열정이 떨어지기 시작했다.

[어원] 『ebb(off) → (물이 육지로부터 떨어져) 멀어지는 것』
[TIP] 우리말도 '물 빠진다' 라는 말이 '썰물' 을 의미한다. ebb은 off에서 발음의
변화로 생긴 어휘로 해변에서 물이 점점 빠져(off)가는 상태를 의미한다.
[어법] be at a low ebb : 쇠퇴[감소]하고 있다
ebb away : 점점 감소하다
[숙어] ebb and flow 밀물과 썰물

enmity

[énməti]

적에 대해 느끼는 감정

ⓝ 적대감 *hostility, animosity, antagonism, rancor*

the **enmity** between the two countries
양국 간의 적대감

[어원] 『enmi<enemy(적) + ty(명접) → 적에 대해 느끼는 감정』
[TIP] 적(enemy)에 대해 갖는 감정이 그대로 enmity(적대감)이다.
[상상⁺] **inimi**cal 적대적인

equity

[ékwəti]

똑같은 상태

ⓝ 공정, 평등 *justice, fairness, impartiality* ⇔ inequity 부정, 불공정

a. equitable 공정한, 평등한

a democratic society run on the principles of **equity** and justice
평등과 정의의 원칙들로 운영되는 민주사회

[어원] 『equi(equal) + ty(명접) → (양쪽이) 똑같은 상태』

espouse

[ispáuz, es-]
배우자로 맞이하다

ⓥⓣ 지지[옹호]하다 advocate, endorse, patronize, embrace

n. espousal 지지, 옹호

We **espouse** his political view. 우리는 그의 정치적 견해를 지지한다.

[어원] 『e(삽입음) + spouse(배우자) → 배우자로 맞이하다』
[TIP] 상대방을 배우자로 맞아들인다는 것은 곧 그 사람을 받아들이는 것이다.
여기서 espouse가 '지지[옹호]하다'라는 의미가 되었다.

estrange

[istréindʒ]
이상하게 느끼게 하다

ⓥⓣ 멀어지게 하다, 소외시키다 alienate

n. estrangement 소외, 소원

Mike **became estranged from** his family after the marriage.
마이크는 결혼 후에 가족들과 멀어지게 되었다.

[어원] 『e(삽입음) + strange(이상한) → 이상하게 느끼게 하다』
[TIP] 상대방과 '이상한, 낯선' 관계가 되다 → 멀어지게 하다
[어법] become estranged from : ~로부터 멀어지다, 소외되다

 facade

[fəsάːd, fæ-]
건물의 보이는 면

ⓝ 1. (건물의) 정면　the front of the building

2. (보이는) 면, 모습　aspect, facet, phase, side

the **facade** of the cathedral 대성당의 정면
Behind his cheerful **facade**, he's really a lonely person.
그는 밝은 모습을 하고 있지만 정말 외로운 사람이다.

[어원] 『faca<face(얼굴, 면) + de(명접) → (건물의) 보이는 면』
[TIP] facet(측면)과 facade(정면)는 둘 다 face에서 유래된 어휘로 뜻이 같기
　　　때문에 함께 외우면 더욱 효과적이다.
[발음주의] 패케이드(X) → 퍼**사**ー드(O)
[상상⁺] **face**t (보석의) 일면; 측면(aspect)

 fabulous

[fǽbjələs]
감탄사가 나오는

ⓐ (매우) 훌륭한, 굉장한　wonderful, marvelous, terrific, sublime

That was really a **fabulous** meal. 정말 굉장한 식사였어.

[어원] 『fabul(speak) + ous(형접) → (입에서) 감탄사가 나오는』
[TIP] fabulous는 입에서 저절로 감탄사가 나오는 상황을 의미한다. 옆의 그림
　　　처럼 화려한 불꽃놀이(fireworks)를 보면 입에서 저절로 감탄사가 터져
　　　나온다. → Wow! Fabulous! 왜 멋지다!
[상상⁺] **fabl**e 우화 / af**fabl**e 상냥한
　　　inef**fabl**e 형언할 수 없는 / pre**face** 서문, 머리말

 facile

[fǽsil / fǽsail]
하기 쉬운

ⓐ 쉬운, 용이한　easy, effortless

n. **facility**　쉬움, 용이함; 《복》편의시설　　vt. **facilitate**　쉽게 하다

The project is not a **facile** task. 그 프로젝트는 쉬운 일이 아니다.

[어원] 『fac(do) + ile(~하기 쉬운) → 하기 쉬운』
[상상⁺] **fac**ulty 능력; (대학의) 학부 / **fac**tion 당파, 파벌 / **fac**tor 요인

fake

[feik]

만들어낸

ⓐ 가짜인, 위조의 counterfeit, phony, spurious, sham, bogus

ⓝ 위조[모조]품 imitation, forgery, hoax

ⓥⓣ 위조[모조]하다 forge, fabricate, concoct

a **fake** bill 위조지폐

The jewel was judged a **fake**. 그 보석은 모조품으로 판명되었다.

[어원] 『fak<fac(make) + e(명접) → 만들어낸 → 가짜인』

fastidious

[fæstídiəs]

거만하고 지겨운

ⓐ 까다로운, 깐깐한 fussy, finicky, picky, particular, meticulous

n. fastidiousness 까다로움

She was **fastidious** about her appearance.

그녀는 자신의 외모에 대해 까다로웠다.

[어원] 『fas(tu)(거만한) + tidious(tedious지겨운) → 거만하고 지겨운』

[TIP] 성격이 거만하고 지겨운 인간이 fastidious한 인간이다.

fatuous

[fǽtʃuəs]

바보 같은

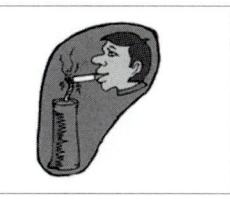

ⓐ 어리석은, 바보 같은 absurd, inane, obtuse, idiotic

n. fatuousness 어리석음

fatuous questions 어리석은 질문들

[어원] 『fatu(fool) + ous(형접) → 바보 같은』

[상상+] in**fatu**ated 사랑에 빠진

facetious

[fəsíːʃəs]

얼굴 표정을 짓는

ⓐ 익살맞은 humorous, jocular

n. facetiousness 익살맞음

make a **facetious** expression 익살맞은 표정을 짓다

[어원] 『face(얼굴, 표정) + tious(형접) → (웃기는) 표정을 짓는』

[TIP] facetious에는 face(얼굴)이 있으니 '(웃기는) 얼굴 표정을 짓는 → 익살맞은' 으로 이해하면 쉽다.

[비교] fictitious 가짜의, 허위의 / factitious 인공적인

 fecund

[fíːkənd]

열매를 많이 맺는

ⓐ 비옥한, 다산의   highly fertile; prolific, productive

n. **fecundity**   비옥함, 다산

the most **fecund** region of the country. 그 나라에서 가장 비옥한 지역

[어원] 『fe(fruitful) + cund(형접) → 열매를 많이 맺는』

[TIP] fertile – fecund – prolific은 '비옥한, 다산의' 라는 뜻의 동의어 삼총사이므로 반드시 함께 외워두자.

---

 fawn

[fɔːn]

새끼 사슴처럼 굴다

ⓥⁱ 아첨하다, 알랑거리다   flatter, ingratiate, court, adulate

I don't want to **fawn on** my boss.
난 사장한테 알랑거리고 싶지 않다.

[어원] 『fawn(새끼 사슴)의 모습에서 유래 → 아첨하다』

[TIP] fawn은 새끼 사슴이 늘 어미 사슴 옆에 붙어 졸졸 따라다니는 모습에서 윗사람만 쫓아다니며 아첨하고 알랑거리는 모습의 의미로 발전했다.

[어법] fawn on : ~에게 알랑거리다

---

 feint

[feint]

~인 체하는 것

ⓝ 속이는 행위   trick, pretense, deceive, delude

ⓥᵗ 속이다   pretend, feign, deceive, delude

feint motion in boxing   권투에서 속이는 동작

[어원] 『fein(feign~인 체하다) + t(명접) → ~인 체하는 것』

[TIP] feint는 주로 권투에서 때리려는 시늉, 농구에서 가짜로 슛을 던지려는 동작, 축구에서 드리블로 상대를 따돌리는 동작 등을 말한다. '페인트 모션' 이라는 말을 떠올리면 쉽다.

[비교] faint 희미한; 실신하다

---

 feign

[fein]

(딴 모습을) 만들다

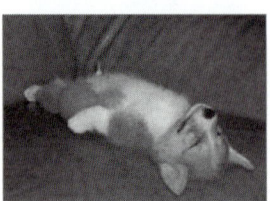

ⓥᵗ 가장하다, ~인 체하다   pretend, affect, put on

Feigning a headache, I left the office early.
나는 두통이 있는 척하며 일찍 퇴근했다.

[어원] 『feig(form) + n(동접) → (다른 모습을) 만들어내다』

[상상⁺] **figure** 수치; 인물; 몸매 / **effigy** 동상

felony

[féləni]

사악한 일

ⓝ 중범죄 a serious crime such as murder ⇔ **misdemeanor** 경범죄

n. felon 중범죄자

felonies such as armed robbery and assault
무장 강도나 폭행 같은 중범죄들

[어원] 『felon(wicked) + y(명접) → 사악한 일』
[비교] misdemeanor 비행, 경범죄

┌─[주제별 어휘] **felony(중범죄)**의 종류들─┐
murder, homicide 살인 / rape 강간(하다)
abduction 유괴, 납치 / arson 방화 / assault 폭행
forgery 문서위조 / fraud 사기

---

ferret

[férit]

족제비

ⓥt (막 뒤지며) 찾다, 찾아내다 rummage, ransack, search for

ferret out the truth of the case
그 사건의 진실을 찾아내다

[어원] 『fer<fur(thief) + ret(명접) → (들판의) 도둑』
[TIP] ferret(족제비)이란 놈은 굴(burrow) 속에 숨어 있는 쥐나 토끼 등을
막 뒤져 찾아내서 잡아먹는데 이런 (도둑 같은) 특성에서 유래된 어휘다.
[상상⁺] **fur**tive 은밀한

---

fervent

[fə́ːrvənt]

끓어 넘치는

ⓐ 열렬한, 열정적인 fanatic, enthusiastic, ardent, impassioned

n. fervor 열정 zeal

a **fervent** advocate of fair trade 자유 무역의 열렬한 지지자

[어원] 『ferv(boil) + ent(형접) → (열정이) 끓어 넘치는』
[상상⁺] **ferv**id 열정적인

fetter

[fétər]

발에다 채우는 것

ⓝ 《복》 족쇄, 속박 shackles, curb, restriction, constraint

ⓥt 구속[속박]하다 control, restrict, circumscribe, confine

a. unfettered 규제가 없는 free

break the **fetters** of convention 전통의 속박을 깨뜨리다
He was **fettered** by heavy debts. 그는 많은 빚에 시달렸다.

[어원] 『fet(foot) + ter(명접) → 발에다 채우는 것』
[TIP] fetter는 양 발에 채우는 것이므로 항상 복수로 쓰인다.

fidelity

[fidéləti]

믿음이 있는 상태

ⓝ 충실, 충성 loyalty, faithfulness, fealty, allegiance

⇔ infidelity 외도

his constant **fidelity** to wife 부인에 대한 그의 한결같은 충실함

[어원] 『fid(el)(faith) + ity(명접) → 믿음이 있는 상태』
[상상⁺] con**fide** (비밀을) 털어놓다 / dif**fid**ent 자신 없는
in**fid**el 무신론자 / per**fid**y 배반, 불충

figurine

[fìgjurí:n]

작은 모형

ⓝ 작은 입상 a small model used as a decoration

bride and groom **figurine** 신랑 신부 모양의 작은 입상

[어원] 『figur(e)(모양) + ine(명접) → 작은 모형』
[TIP] figurine은 figure(모양)에서 그대로 유래했으므로 외우는 데 큰 어려움은
없다. figurine은 케이크 같은 것 위에 장식용으로 있는 작은 모형을 의미
한다.

finesse

[finés]

끝내주는 기술

ⓝ 절묘한 기술, 기교 great skill; dexterity, ingenuity

play the sonata with great **finesse**
대단한 기교로 소나타를 연주하다

[어원] 『fine(훌륭한) + sse(명접) → (끝내주는) 훌륭한 기술』
[TIP] 그림에서 보듯 농구에서 점프 후 공을 다리 아래로 한 번 돌려 덩크슛을
하는 것은 아무나 할 수 없는 절묘한 기술, finesse다!

flabby

[flǽbi]
(살이 쪄) 펄럭거리다

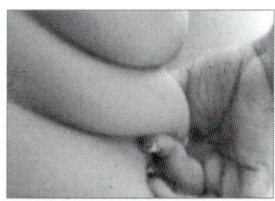

ⓐ 1. (살이 쪄서) 출렁거리는 gross, obese, corpulent, tubby

   2. 빈약한 tenuous, flaccid, limp, effete

n. flab 늘어진 살, 군살

his **flabby** belly 그의 출렁거리는 배
her intellectually **flabby** arguments 지식 면에서 빈약한 그녀의 주장
[어원] 『flabby < flappy(펄럭거리는) → 살이 쪄 펄럭[출렁]거리는』
[TIP] 살이 쪄서 출렁거릴 정도라면 근육은 없어 강하지 못한 즉, 빈약한 상태를
　　　의미한다.

fidget

[fídʒit]
불안하게 움직이다

ⓥⓘ (불안해서) 만지작거리다, 안절부절못하다 fret, fiddle

a. fidgety 불안해 하는, 안절부절못하는 nervous

Some people had started to **fidget** in the elevator.
몇 사람은 엘리베이터 안에서 불안해 하기 시작했다.

[어원] 『fidge(move restlessly) + t(동접) → 불안하게 움직이다』
[TIP] fidget은 사람이 불안할 때 무언가를 만지작거리거나 가만있지 못하고
　　　이리저리 움직이는 모습을 의미한다.

flamboyant

[flæmbɔ́iənt]
불꽃이 확 일어나는

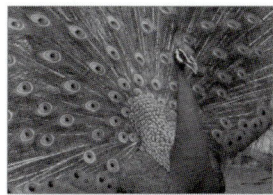

ⓐ 현란, 화려한 splendid, flashy, glitzy, dazzling

n. flamboyance 현란함, 화려함

His **flamboyant** skills made him a celebrity.
그의 화려한 기술이 그를 유명한 선수로 만들었다.

[어원] 『flambo(flame) + (y)ant(형접) → 불꽃이 확 일어나는』
[TIP] 불꽃(flame)이 확 일어나는 모습을 연상해보면 '화려하고 현란한' 모습이
　　　연상된다.

flout

[flaut]
피리를 불다

ⓥⓣ (드러내놓고) 어기다, 비웃다 scorn, scoff, sneer, laugh at

The villain **flouted** the law. 그 악당은 법을 비웃듯 어겼다.

[어원] 『flout(play the flute) → 피리를 불다 → (남의 비리를) 떠벌리다』
[TIP] flout는 flute(피리)의 동사형이다. '피리를 불다 → (남의 비리를) 떠벌리다
　　　→ (법을) 드러내놓고 어기다' 의 의미로 발전됨. 그림처럼 금연 표시가
　　　버젓이 있는데 담배를 피우는 행위가 딱 flout다!
[비교] flaunt 과시하다

foible

[fɔ́:ibəl]
약한 점

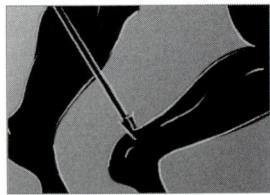

ⓝ 약점, 결점   fault, defect, shortcoming, weakness

⇔ forte 강점

We all have our little **foibles**. 우리 모두는 조금씩 약점을 갖고 있다.

[어원] 『foible - feeble(연약한)의 명사형 → 약한 점』

[TIP] foible은 feeble(연약한)의 명사형이다. 2장 p.128에서 feeble을 다시 한 번 확인하자! 또한 아킬레스건(Achilles' heel)이라고 하면 '약점(foible)'을 의미한다는 것도 함께 알아두자.

forensic

[fərénsik]
포럼에 관련된

ⓐ 1. 변론의, 토론에 적합한   suitable for public discussion

2. 범죄 수사의

of the scientific methods used for finding out about a crime

the lawyer's remarkable **forensic** skills 그 변호사의 뛰어난 변론술
Forensic experts found the clue in the room
범죄 수사 전문가들이 방 안에서 단서를 찾아냈다.

[어원] 『foren(forum포럼) + sic(형접) → 포럼(공개토론회)에 관련된』

[TIP] forum(포럼)은 '공개토론회'를 의미한다. 스펠링은 좀 변했지만 forensic은 forum의 형용사형이며 의미는 다음과 같다.
  1. 토론에 적합한; (토론에서) 옳고 그름을 밝히는 → 변론의
  2 범죄에 대해 그 진위를 밝히는 → 범죄 수사의
  참고로, 현대 영어에서 forensic은 주로 '범죄 수사의'라는 의미로 쓰인다.

forge

[fɔːrdʒ]

만들어내다

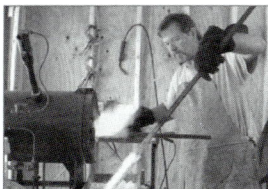

ⓥ 1. 만들다, 형성하다 form 2. 위조하다 fabricate, concoct

---

n. forgery 문서 위조

U.K. **forged** an alliance with France 영국은 프랑스와 동맹을 맺었다.
forge a passport 여권을 위조하다

[어원] 『forg<fabri(make) + e(동접) → (거짓으로) 만들어내다』
[TIP] make(만들다)의 의미 안에는 항상 '거짓'의 의미가 내포된다.

     1. 관계를 만들어내다 → 형성하다

     2. 거짓으로 만들어내다 → 위조[날조]하다

     원래 forge의 의미는 '쇠를 달궈 모양을 만들어내다'의 뜻이다.

     그래서 forge에는 명사로 '용광로, 제철소'의 뜻도 있다.

[출제포인트] forge는 2. **위조하다**가 시험에 출제되며 명사 **forgery**(문서 위조)

          역시 아주 중요하다.

forte

[fɔːrt, -tei]

강한 점

ⓝ 강점, 장점 a strong point; specialty

Humor is not his **forte**.
그는 유머에 약하다.

[어원] 『fort(strong) + e(명접) → 강한 점』
[TIP] forte는 '강하게 연주하라'라는 음악 용어 '포르테(ƒ)'로도 쓰인다.

fractious

[frǽkʃəs]

정신적으로 부조화한

ⓐ 화를 잘 내는, 까다로운 irritable, grumpy, volatile, irascible

Most people become **fractious** when they are tired.
대부분의 사람들은 피곤하면 화를 잘 내게 된다.

[어원] 『fracti(on)(부조화) + ous(having) → 정신적 부조화를 갖고 있는』
[TIP] fractious는 명사 fraction(안정이 깨지는 것)과 형용사 접미어
     -ous(having)가 결합되어 기분이 안정되지 못하고 자꾸만 깨지는,
     즉 '화를 잘 내는'의 의미가 된다.

fracture

[frǽktʃər]
뼈가 깨지는 것

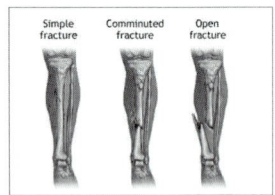

Simple fracture　Comminuted fracture　Open fracture

ⓝ 골절, 부러짐　a break or crack in bone or other hard substance

ⓥ 1. 골절시키다　dislocate　　2. 분열시키다　split

a **fracture** to his right ankle　그의 오른 쪽 발목 골절

The athlete **fractured** her left leg during training.
그 선수는 훈련 중에 왼쪽 다리가 골절되었다.

The country has been **fractured** by severe political clashes.
그 나라는 격렬한 정치적 충돌로 인해 분열되었다.

[어원] 『fract(break) + ure(명접) → (뼈가) 깨지는 것』
[주의] fracture는 동사로도 쓰인다는 점에 주의하자!
[비교] fragment 파편·조각 / fraction 소량

fragment

[frǽgmənt]
깨어진 것

ⓝ 파편, 조각　chip, piece, shred, fraction

ⓥ 산산조각 내다[나다]
　break something into many small separate parts

a. fragmentary　파편의, 단편적인　　n. fragmentation　분열

a bone **fragment** in the beef　소고기 속에 들어 있는 뼈 조각

The party **fragmented** into separate factions.
그 당은 각각의 파벌들로 산산조각이 났다.

a **fragmentary** account　단편적인 설명

[어원] 『frag(break) + ment(명접) → 깨어진 것』
[주의] fragment는 동사로도 쓰인다는 점에 주의해야 한다.

frantic

[frǽntik]
정신 팔린

ⓐ 미친 듯한, 몹시 분주한   agitated, delirious, distraught, hectic

frantic efforts to look for the missing persons
실종자들을 찾기 위한 필사적인 노력들

[어원] 『fran<fren(mind) + tic(형접) → 정신 팔린』
[TIP] frantic은 자신이 무엇을 하는지 모를 정도로 완전히 정신이 팔려 옆에서
보면 미친 사람처럼 보이는 상황을 표현하는 말이다.

freak

[friːk]
춤추는 사람

ⓝ 광(狂), 괴짜   fanatic, zealot, weirdo

ⓐ 예상치 못한, 돌발의   unexpected, abrupt

ⓥⓘ (갑자기) 화내다, 안절부절못하다   fret, fidget, fiddle

a computer game **freak**   컴퓨터게임광
a **freak** result   예상치 못한 결과
When I broke the news to him, he just **freaked**.
내가 그에게 그 소식을 전하자 그는 안절부절못했다.

[어원] 『freak<fric(dance) → (미친 듯) 춤을 추는 사람』
[음원] 밥은 안 먹고 콘 **프레이크(flake)**만 먹는 **광, 괴짜(freak)**!
[발음주의] 프레이크(X) → 프리-크(O)

frenetic

[frinétik]
정신 팔린

ⓐ 열광적인   enthusiastic, fanatic, frenzied, vehement

the team's **frenetic** fans   그 팀의 열광적인 팬들

[어원] 『fren(e)(mind) + tic(형접) → 정신 팔린』
[TIP] **fran**tic-**fren**etic-**fren**zied 모두 같은 어근(mind)의 어휘로
'정신 팔린 → 미친 듯한 / 열광적인'의 비슷한 의미를 갖는다.

friction

[fríkʃən]
비벼지는 것

ⓝ 마찰, 불화   conflict, collision, discord, clash

trigger trade **friction** with the United States
미국과 무역 마찰을 빚다

[어원] 『fric(rub) + tion(명접) → (두 물체가 서로) 비벼지는 것』
[TIP] friction은 원래 '두 물체의 물리적인 마찰'의 의미지만 실제로는
'두 집단 간의 의견 충돌, 마찰'의 의미로 더 많이 쓰인다.
[비교] attrition (마찰로 인한) 소모, 마모

frustrate

[frʌ́streit]
헛되게 만들다

ⓥⓣ 좌절시키다, 막다   prevent, foil, thwart, stymie

n. frustration 좌절   a. frustrating 좌절시키는

Their attempts to enter the Capitol were **frustrated** by the police.
국회의사당으로 진입하려는 그들의 시도는 경찰에 의해 좌절되었다.

[어원] 『frustr(in vain) + ate(동접) → 헛되게 만들다』
[출제포인트] frustrate은 출제 가능성이 아주 높은 어휘다.

gadget

[gǽdʒit]

가제트 형사

ⓝ (간단한) 기계 장치   a small and useful tool; contrivance

lead the fast-growing mobile **gadget** market
빠르게 성장하는 이동 기기 시장을 주도하다

[연상] 가제트(gadget) 형사 → 작고 유용한 기계 장치
[TIP] 인기 만화영화였던 《가제트 형사》에서 보면 가제트 형사가 쓰는 여러 가지
기계 장치들이 등장한다. 이것을 연상하면 gadget을 쉽게 외울 수 있다.
[발음주의] 가제트(X) → 개륏(O)

---

 galvanize

[gǽlvənàiz]

갈바니에서 유래

ⓥⓣ 활기 띠게 하다, 자극하다   stimulate, drive, spur, thrill

ⓐ. galvanic   충격을 주는

The feeling of crisis **galvanized** us into action.
위기감이 우리를 행동하도록 자극했다.

[어원] 『galvani(생물학자 갈바니) + ize(동접) → 활기 띠게 하다』
[TIP] 이탈리아의 과학자 Galvani(갈바니)는 동물 체내에 전기가 흐르는 것을
처음으로 발견한 이탈리아의 물리학자로, 당시 학계에 큰 자극을 주어
전기 관련 학문에 큰 발전의 계기가 되었다. 그림은 갈바니를 기념하기
위한 이탈리아의 우표다.

 garrulous

[gǽrʲələs]
비둘기 울음소리의

ⓐ 수다스러운 talkative, loquacious, chatty, gabby

n. garrulousness 수다스러움

a **garrulous** old woman
수다스러운 할머니

[어원] 『garru(구루르) + (l)ous(형접) → 비둘기 울음소리가 나는』
[TIP] garrulous에서 garru(구루루)는 비둘기의 울음소리에서 연상된 의성어다. 그 '구루르~ 구루르~' 하는 소리가 사람들이 많은 말을 할 때 나는 웅성웅성대는 소리로 연상되어 garrulous가 탄생되었다.

───[뉘앙스]───

fluent 유창한 - She's **fluent** in English. 그녀는 영어에 유창하다.
glib, eloquent 달변의 - a **glib[eloquent]** politician 달변의 정치인
garrulous 수다스러운 - She's always **garrulous**! 그녀는 늘 수다스럽다.

 generate

[dʒénərèit]
탄생시키다

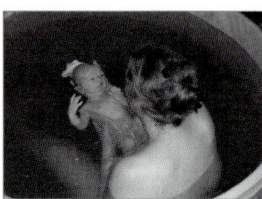

ⓥ 발생시키다, 야기하다 create, trigger, engender, bring about

n. generation 발생, 산출; 세대 n. generator 발전기

Chronic unemployment may **generate** crime and civil disorder.
만성적 실업은 범죄와 사회 혼란을 야기할 수 있다.

[어원] 『gen(er)(birth) + ate(동접) → 탄생시키다』
[상상⁺] **gen**der 성별 / **gen**uine 진짜인 / **gen**esis 기원, 발생

 genocide

[dʒénəsàid]
생명을 죽임

ⓝ 대학살 carnage, holocaust, massacre, slaughter

Serbian forces committed **genocide** of Bosnian people.
세르비아군은 보스니아인들에 대한 대학살을 저질렀다.

[어원] 『gen(o)(birth) + cide(kill) → 탄생[생명]을 모조리 죽임』
[TIP] 인종 청소(ethnic cleansing)라는 이름으로 자행되는 타민족에 대한 대학살이 바로 genocide다!
[상상⁺] sui**cide** 자살 / homi**cide** 살인 / pesti**cide** 살충제 / herbi**cide** 제초제
fili**cide** 자식살해 / fratri**cide** 형제살해

genteel

ⓐ 우아한, 품위 있는   gentle, graceful, gracious, elegant

[dʒentíːl]
온화하여 품위 있는

a woman with **genteel** voice 우아한 목소리를 가진 여성

[어원] 『genteel - gentle(온화한)에서 유래 → 온화하여 품위 있는』
[TIP] genteel은 gentle에서 그대로 유래한 단어로, 사람의 성품이 온화하고 점잖아서 곧 '우아한, 품위 있는'의 의미가 된 것이다. 또한 genteel은 '명문가의' 라는 뜻도 있으나 요즘엔 잘 쓰이지 않는다.

---

 ghastly

ⓐ 무시무시한, 유령 같은   appalling, gruesome, grisly, macabre

[gǽstli, gáːst-]
유령 같은

witness the **ghastly** accident 무시무시한 사고를 목격하다

[어원] 『ghast(ghost) + ly(형접) → 유령 같은』
[TIP] ghastly에서 ghast는 ghost가 모음변화된 어휘다. 유령 같은 모습을 하고 있으니 보기에 무시무시할 수밖에 없다.
[상상⁺] **aghast** 넋을 잃고, 멍하니 / **gaze** at 멍하니 바라보다
[발음주의] 개슬리(X) → **개**스틀리(O)

---

 gigantic

ⓐ 거대한, 엄청난   enormous, immense, colossal, prodigious

[dʒaigǽntik]
거인 같은

The tycoon created **gigantic** fortunes.
그 거물은 엄청난 재산을 일구었다.

[어원] 『gigant(giant) + ic(형접) → 거인 같은, 거대한』
[TIP] gigantic에서 gigant는 giant(거인)의 스펠링이 변한 형태다.
[발음주의] 자이잰틱(X) → 자이**갠**틱(O)

 glut

[glʌt]

꿀꺽(삼키는 소리)

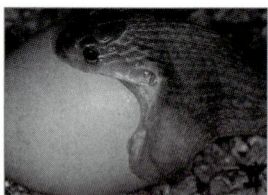

ⓝ (공급) 과잉, 과다　surplus, surfeit, overabundance, superfluity

ⓥⓣ 과잉 공급하다　oversupply, gorge

a global supply **glut** in the semiconductor market
반도체 시장의 전 세계적인 공급 과잉
the **glutted** property market 과잉 공급된 부동산 시장

[어원] 『glut(swallow) → 꿀꺽 삼키는 소리』
[TIP] 음료나 음식을 꿀꺽 삼키는 소리에서 나온 의성어가 glut이다.
　　　많은 양을 꿀꺽꿀꺽 삼킨다는 의미에서 '(공급) 과잉, 과다' 의 의미가 되었다.
[상상+] **glut**ton 대식가

---

 gourmet

[gúərmei]

와인 맛을 아는 사람

ⓝ 미식가　a connoisseur of fine food and drink; epicure

a **gourmet** of wine 와인 전문가

[어원] 『gourmet<groom(남자 시종) → 와인 맛을 감별하는 남자 시종』
[TIP] gourmet는 불어에서 영어로 차용된 말로, 와인(wine)의 맛을 감별하는
　　　groom(남자 시종)에서 점차 스펠링이 변해 '맛을 아는 사람', 즉 '미식가'
　　　라는 의미가 되었다.
[발음주의] 고얼멧(X) → **구얼메이**(O)
　　　gourmet는 불어(French)이기 때문에 끝 자음을 발음하지 않는다.

---

 grab

[græb]

붙잡다

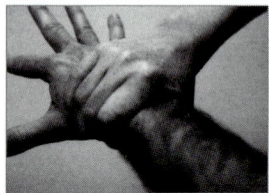

ⓥⓣ 확 잡다, 잡아채다　snatch, capture, seize, take hold of

ⓝ 확 잡기, 잡아채기　suddenly try to take hold of something

He **grabbed** my bag and ran off. 그가 내 가방을 잡아채서 달아났다.
He made a **grab** for the pistol. 그는 갑자기 권총을 잡아들었다.
[어원] 『grab(seize) → 붙잡다』
[상상+] **grip** 꽉 붙잡기; 장악; 이해 / **grab** 잡다; 잡아채다
　　　grapple (붙잡고) 싸우다 / **grope** 더듬어 찾다
[숙어] be up for grabs (누구나) 쉽게 얻을 수 있는

grandiose

[grǽndiòus]
큰, 웅대한

ⓐ 웅대한, 장대한 majestic, magnificent, imposing

the **grandiose** grand canal project 웅대한 대운하 계획

[어원] 『grand(큰) + iose(형접) → 큰, 웅대한』
[TIP] grandiose는 grand(큰)에서 그대로 나온 형용사다.
[상상⁺] **grand**iloquent 과장하는 / ag**grand**ize 확대[강화]하다

 grope

[group]
손으로 잡아 찾다

ⓥⁱ 더듬어 찾다 fumble for, fish for

grope for the cellular phone in the bag
가방 안에서 핸드폰을 더듬어 찾다
grope for the right words 올바른 말이 무엇인지를 찾다

[어원] 『grop<grab(seize) + e(동접) → 손으로 만져서 찾다』
[어법] grope for : ~를 더듬어 찾다

 gush

[gʌʃ]
쏟아내다

ⓥⁱ 내뿜다, 분출하다 spurt, erupt, spew, squirt
ⓝ 분출, 내뿜음 a sudden copious outflow; outpouring

Water **gushed** from the hose. 호스에서 물이 쏟아져 나왔다.
a **gush** of tears 갑자기 쏟아진 눈물

[어원] 『gus(pour) + h(동접) → (갑자기) 쏟아내다』
[상상⁺] **gust** 돌풍; 휘몰아치다

hackneyed

[hǽknid]

교통수단용 말의

ⓐ 흔해빠진, 진부한 trite, banal, stale, stereotyped

repeat a **hackneyed** expression 진부한 표현을 반복하다

[어원] 『hackney(승용마) + ed(~된) → 늘 타고 다니는 말이 된』

[TIP] hackney는 옛날 영국에서 교통수단으로 타고 다니던 말이다.
이 말은 어디에서나 볼 수 있었던 흔한 말이었기 때문에 '흔해빠진, 진부한'
의 의미가 되었다. 오늘날 택시가 어디에서나 볼 수 있는 교통수단임을
생각해보면 쉽게 이해된다.

halcyon

[hǽlsiən]

전설속의 새

ⓐ 평안한, 무사태평한 calm, placid, serene, tranquil

remember the **halcyon** days of my childhood
내 어린 시절의 평안한 날들을 기억하다

[어원] 『halcyon(전설 속의 새)에서 유래』

[TIP] halcyon은 그리스 신화에 나오는 전설 속의 새로서 바다의 풍랑을 잠재워
평온을 가져온다고 믿어졌다. halcyon은 문학적인(literary) 표현으로서
구어체에는 잘 사용되지 않는다.

half-hearted

[hæf, hɑːf-háːrtid]

마음이 반이 된

ⓐ 열의가 없는 indifferent, lukewarm, tepid, nonchalant

ad. half-heartedly 열의 없이, 마지못해 reluctantly

His **half-hearted** apology annoyed me.
그의 마지못해 하는 사과가 나를 기분 나쁘게 했다.

[어원] 『half(반) + heart(마음) + ed(~된) → (하고자 하는) 마음이 반이 된』

[TIP] 어떤 일을 함에 있어 하고자 하는 '마음이 반'이라는 것은 즉, 해도 그만
안 해도 그만인 '열의가 없는' 상태를 의미한다.

harbinger

[háːrbindʒər]
먼저 보내진 사람

ⓝ 전조, 예고 precursor, herald, forerunner

a **harbinger** of spring 봄의 전조

[어원] 『harbing(lodging)＋er(사람) → 숙박할 곳을 찾기 위해 보내진 사람』

[TIP] 흔히 대학에서 M.T.를 갈 때 먼저 답사를 다녀와서 어디서 묵을지 알아보고 그 소식을 가져오는 사람이 있다. harbinger는 어디서 숙박할지를 찾기 위해 보내진 사람으로 그 소식을 가장 먼저 가져온다는 의미에서 '전조, 예고'라는 의미가 되었다.
사진의 개나리는 봄을 알리는 harbinger다.

[발음주의] 하빙거(X) → **하**빈저(O)

[상상+] **harb**or 항구

hectic

[héktik]
(정신을) 가져간

ⓐ 매우 바쁜, 분주한 very busy or full of activity; feverish

I spent a **hectic** day. 나는 몹시 분주한 하루를 보냈다.

[어원] 『hec(have) + tic(형접) → (정신을) 가져간』

[TIP] hectic은 정신을 못 차릴 정도로 바쁜 상황을 의미한다.
우리말의 '눈코 뜰 새 없이 바쁜'과 딱 들어맞는 말이다.

[음원] 너무 바쁘게 뛰어다녀 **헥헥**거리는 → **헥틱**(**hectic**)

hegemony

[hidʒémәni, hédʒәmòuni]
군주의 권력

ⓝ 패권, 주도권 the lead, helm, clout

China is challenging the **hegemony** of the U.S.
중국이 미국의 패권에 도전하고 있다.

[어원] 『hegemon(군주) + y(명접) → 군주가 갖는 권력』

[TIP] 이 어휘는 요즘 '헤게모니'라는 외래어로 쓰이고 있으나 발음이 잘못되었으므로 제대로 알아두자!

[발음주의] 헤게모니(X) → 히**제**머니(O)

heresy

[hérəsi]
선택한 것

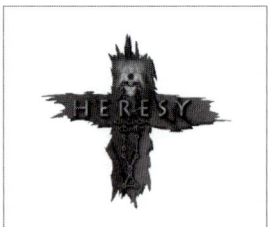

ⓝ 이단　heterodoxy beliefs

n. heretic　이단자

He was executed for **heresy**. 그는 이단 혐의로 처형되었다.

[어원] 『here(choose) + sy(명접) → (종교를 자기 뜻대로) 선택한 것』
[TIP] 종교(특히 기독교)란 태초부터 존재하는 거부할 수 없는 영원 불멸의 진리
인데, 사람들이 자기 뜻대로 해석해 선택한 것이 바로 이단(heresy)이다.
[음원] 말 안 통하는 **이단**에게 한 마디! → 니 다 **해라 씨**(**heresy**)!
[비교] pagan 이교도 : 주된 종교가 아닌 소수 집단의 종교인
heterodox 이단의

heritage

[héritidʒ]
물려받은 것

ⓝ 유산, 전통　inheritance, legacy, patrimony

preserve the national **heritage** 국가 유산을 보존하다

[어원] 『heri(t)(inherit) + age(명접) → (조상으로부터) 물려받은 것』
[TIP] 그림에서 보는 스핑크스(Sphinx)는 대표적인 인류의 문화유산(cultural
heritage)이라고 할 수 있다.
[상상+] **heir** 상속인, 물려받은 사람 / in**herit** 물려받다 / **here**ditary 유전적인

hermit

[hə́ːrmit]
혼자 지내는 사람

ⓝ 은둔자　one that retires from society; recluse

n. hermitage　은둔　seclusion

visit the wise **hermit** for counsel
조언을 얻기 위해 현명한 은둔자를 찾아가다

[어원] 『(h)ermi(solitary) + t(명접) → 외롭게 혼자 숨어 지내는 사람』
[TIP] 삼국지에 나오는 제갈공명도 처음에는 시골에서 조용히 살아가던 일종의
은둔자(hermit)였다.
[음원] 경찰에 쫓기다 **her**(**그녀**)의 우산 **mit**(**밑**)에 숨은 은둔자!

hilarious

[hilɛ́riəs]

즐거움이 있는

ⓐ 유쾌한, 즐거운 cheerful, comical, funny, jolly

n. hilarity 유쾌함, 즐거움

the fast-paced **hilarious** comedy 빠른 속도로 진행되는 유쾌한 코미디

[어원] 『hilari(cheerful) + ous(having) → 즐거움이 있는』

[음원] 미국의 대선 주자였던 **힐러리(Hillary)** 같은 → hilarious (즐거운)

[상상+] exhilarate 매우 기쁘게 하다

---

homage

[hámidʒ / hɔ́m-]

땅으로 고개를 숙임

ⓝ 경의, 존경의 표시 obeisance, reverence, deference

pay homage to the king 왕에게 경의를 표하다

[어원] 『hom<hum(earth) + age(명접) → 땅으로 고개를 숙이는 것』

[TIP] homage의 어근이 '흙, 땅' 이므로 고개를 숙이고 땅으로 자세를 낮추는 것
이 상대방에 대한 '경의' 의 표시가 된다.

[어법] pay homage to : ∼에게 경의를 표하다

[상상+] **hum**iliate 창피[굴욕]를 주다(mortify) / ex**hume** (시체를) 발굴하다
humility 겸손

---

homicide

[háməsàid / hɔ́m-]

사람을 죽이는 것

ⓝ 살인 murder, manslaughter

a. homicidal 살인을 저지를 수 있는

He was arrested on suspicion of **homicide**.
그는 살인 혐의로 체포되었다.

[어원] 『homi<homo(human) + cide(kill) → 사람을 죽이는 것』

[상상+] **hum**iliate 창피[굴욕]를 주다 (mortify)

---

hospitable

[háspitəbəl]

손님으로 대접하는

ⓐ 친절한, 상냥한 affable, amiable, genial, sociable

⇔ inhospitable 불친절한

n. hospitality 환대; (간단한) 식사, 다과 refreshments

We should turn more **hospitable** toward foreigners to boost
tourism. 관광산업을 부양시키기 위해 우리는 외국인들에게 좀 더 친절해져야 한다.

[어원] 『hospit(guest) + able(될 수 있는) → 손님으로 대접해주는』

[상상+] **hospi**tal 병원 / **hospi**ce 호스피스 / **host**age 인질

VOCA MASTER

 hypnotize

[hípnətàiz]
최면을 걸다

ⓥ 최면을 걸다, 매혹시키다   mesmerize, enchant, enthrall, allure

I was **hypnotized** by her stunning beauty.
나는 기절할 정도인 그녀의 미모에 매혹되었다.

[어원] 『hypno(s)(잠의 신) + (t)ize(동접) → 잠의 신이 최면을 걸다』

[TIP] 그리스·로마 신화에서 Hypnos(히프노스)는 사람을 잠들게 하는 잠의
신이다. 서양 사람들이 이 잠의 신이 밤에 '사람들을 최면을 걸어 잠들게
한다'고 믿었던 것에서 유래되었다.

익공편 iota

[aióutə]

가장 작은 그리스문자

ⓝ 소량, 조금   bit, whit, particle, jot

She didn't show **iota** of interest. 그녀는 조금의 관심도 보이지 않았다.

[어원] 『iota(가장 작은 그리스 문자) → 소량, 조금』

[TIP] iota는 그리스 문자 중 가장 작은 문자에서 유래해 '조금' 의 뜻이 되었다.
우리나라 말의 '털끝' 과 같은 말이라고 생각하면 쉽다.

[발음주의] 이오타(X) → 아이**오**우터(O)

익공편 itch

[itʃ]

간질이면 이취~

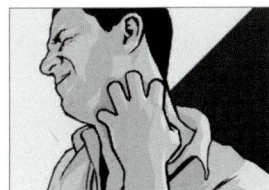

ⓝ 1. 가려움증

2. 욕망   desire, urge, lust, thirst

ⓥ 1. 간지럽다

2. 근질거리다, 안달 나다   want to do something very much

Honey! Scratch my back - I have an **itch**.

여보! 등 좀 긁어줘. 간지럽네.

an itch for success 성공에 대한 욕망

My toes is **itching** terribly. 발가락이 너무 간지럽다.

I'm itching to go to the party. 그 파티에 너무 가고 싶다.

[음원] itch(이취) → 깃털로 코를 살살 간질이면 → 재채기 **이취**(itch)

[TIP] 우리말에도 똑같이 '~하고 싶어 근질거린다' 라는 말이 있다.

[어법] an itch for + 명 : ~에 대한 욕망
be itching to v : ~하고 싶어 안달 나다

[출제포인트] itch는 시험에 **욕망**(desire)의 의미로 출제된다.

jaunty

[dʒɔ́ːnti, dʒɑ́ːn-]
온화하면서 활기찬

ⓐ 활기찬, 명랑한   lively, vigorous, jovial, vivacious

n. jaunt   소풍, 나들이   excursion

a **jaunty** walk 활기찬 발걸음

[어원] 『jaunt(gentle) + y(형접) → 온화한 가운데 활기찬』

[TIP] 원래 jaunty는 gentle과 같은 어원이다. gentle은 명문가(귀족)에서 태어나 그 성품이 '온화한' 의 뜻이다. 그러다보니 온화한 가운데 삶을 즐기는 '활기찬, 명랑한' 의 의미로 발전되었다.

[음원] **좋은 티(jaunty)** 나는 → **명랑한**

jocular

[dʒɑ́kjələr / dʒɔ́k-]
농담이 오가는

ⓐ 즐거운, 유쾌한   humorous, pleasant, enjoyable, jolly

n. jocularity   유쾌함

We were in a **jocular** mood.   우리는 유쾌한 분위기였다.

[어원] 『jocu(joke) + (l)ar(형접) → 농담이 오가는』

[TIP] 서로 농담(joke)이 오가는 분위기가 바로 jocular(유쾌한) 분위기다.

juvenile

[dʒúːvənəl, -nàil]
어린, 젊은

ⓐ 젊은, 미성년[청소년]의   young, adolescent, underage, teenage

a **juvenile** protection law 청소년 보호법
a **juvenile** delinquent 청소년 비행

[어원] 『juven(young) + ile(형접) → 어린, 젊은』

[상상+] re**juven**ate 되살리다, 다시 활기 띠게 하다

kidnap

[kídnæ̀p]

아이를 채가다

ⓥ 유괴[납치]하다   take someone somewhere illegally; abduct

n. kidnapping 유괴   n. kidnapper 유괴범

kidnap a child for ransom 몸값을 위해 아이를 유괴하다

[어원] 『kid(아이) + nap(snatch) → 아이를 잡아 채가다』

knotty

[náti / nɔ́ti]

매듭으로 엉킨

ⓥ 복잡한   complex, complicated, intricate

try to settle a **knotty** problem 복잡한 문제를 해결해보려고 하다

[어원] 『knot(매듭) + (t)y(형접) → 매듭으로 엉킨』
[TIP] 그림에서 보듯 knotty는 매듭으로 뒤엉켜 풀기 힘든 상황을 의미한다.

landslide

[lǽndslàid]

땅이 미끄러져 내림

ⓝ 1. 산사태

2. (선거에서의) 압승 an overwhelming victory in an election

a **landslide** triggered by the earthquake 지진으로 유발된 산사태
The candidate won by a **landslide**. 그 후보는 압도적 표차로 승리했다.

[어원] 『land(땅) + slide(미끄러지다) → 땅이 미끄러져 내린 것』
[TIP] 1. 산위에서 땅, 흙이 와르르 미끄러져 내림 → 산사태
2. 유권자들로부터 많은 표가 쏟아져 내림 → 압승

┌─[주제별 어휘] **자연 재해들**─┐
flood 홍수 / inundation 범람, 침수 / deluge 대홍수
tsunami 쓰나미(해일) / avalanche 눈사태 / drought 가뭄

lapse

[læps]

미끄러짐

ⓝ 1. 착오, 실수 error, mistake

2. (시간의) 경과, 흐름 elapse

ⓥⓘ 1. 중지[소멸]되다 come to and end; stop

2. (안 좋은 상태로) 빠져들다 get into a worse state

a **lapse** of judgment 판단 착오

after a **lapse** of 5 minutes 5분 경과 후에

Your booking will automatically **lapse** after 3 days.

귀하의 예약은 3일 후 자동적으로 소멸됩니다.

Following his assassination, the country **lapsed into** chaos.

그의 암살 후 그 나라는 혼란에 빠져들었다.

[어원] 『lap(slide) + se(명접) → 미끄러짐』
[TIP] 1. 미끄러져 넘어짐 → 착오, 실수
2. 시간이 미끄러지듯 흘러감 → (시간의) 경과, 흐름
[어법] lapse into : (안 좋은 상태로) 빠져들다
[상상⁺] col**lapse** 붕괴[폭락]하다 / e**lapse** (시간이) 경과하다 / re**lapse** 재발하다

leak

[liːk]

(물이) 새다

ⓥ 새다, 누수[유출]되다   get out; seep

ⓝ (새는) 구멍   hole, aperture

n. leakage   누수; 정보 유출

a. leaky   새는, 누수되는

The ceiling is **leaking**. 천장에서 물이 새고 있다.

The secret had been **leaked out**. 그 비밀이 유출되었다.

A gas **leak** led to the explosion. 가스 유출이 폭발로 이어졌다.

[어원] 『중세 영어 leken(새다)에서 유래 → (물이) 새다』

[TIP] 우리말에서도 '새다' 라고 하면 물, 가스에만 쓰는 것이 아니라 비밀,
정보가 '새나가다' 로도 많이 쓰인다.

[숙어] leak out (비밀이) 새나가다, 누설되다(transpire)

legislate

[lédʒislèit]

법을 제안하다

ⓥ (법을) 제정하다   make a law; enact ⇔ abolish 폐지하다

n. legislation   제정

legislate a special bill to strengthen the quarantine measures
검역 조치를 강화하기 위한 특별 법안을 제정하다

[어원] 『legis(law) + lat(propose) → 법을 제안하다』

[상상⁺] **leg**al 법률의 / **leg**itimate 합법적인 / privi**leg**e 특권

 machinations

[mæ̀kənéiʃəns, mæ̀ʃi-]
만들어낸 것

ⓝ 《복》음모, 계략   conspiracy, intrigue, cabal, scheme

the political **machinations** of the radicals
급진주의자들의 정치적 음모

[어원] 『machin(make) + ation(명접) → (인위적으로) 만들어낸 것』
[TIP] machine : 일을 편하게 하기 위해 만들어낸 것 → 기계
　　　 machinations : 일을 성사시키기 위해 만들어낸 것 → 계략
[어법] machination은 관용적으로 복수로 쓴다는 것을 알아두자!
[발음주의] 머쉬네이션(X) → 매커네이션(O)

 maelstrom

[méilstrəm]
휘감기는 개울

ⓝ 소용돌이, 큰 혼란   whirlpool, vortex

a huge political **maelstrom** 엄청난 정치적 소용돌이

[어원] 『mael(whirl) + strom(stream) → 개울이 휘감기는 곳』
[발음주의] 맬스트롬(X) → **메일스트롬**(O)

 maneuver

[mənú:vər]
손으로 움직이다

ⓥ 1. (큰 물건을 잘 조종해) 옮기다, 움직이다   move or turn skillfully
　 2. 교묘한[부정한] 방법을 쓰다   use clever or dishonest methods
ⓝ 1. 책략, 술수   a skilful plan
　 2. 《복》군사 훈련   military activities; exercises

n. maneuvering   (교묘한) 술수, 술책

maneuver the refrigerator into the kitchen
냉장고를 손으로 잘 조종해 부엌으로 옮기다
a plot to **maneuver** the president out of office
그 회장을 직위에서 몰아내기 위한 음모
his political **maneuver** 그의 정치적 술수
carry out large-scale military **maneuvers**
대규모 군사 훈련을 수행하다

[어원] 『man(e)u(hand) + ver(operate) → 손으로 움직이다』
[TIP] 1. (큰 물건을) 손으로 잘 조종해 움직이다
　　　 2. (원하는 결과를 얻기 위해) 방법을 잘 계획해 쓰다 → 책략
　　　 3. (군사적 목적을 얻기 위해) 군대를 움직이다 → 군사 훈련
[비교] manipulate (기계·차량을) 조종하다; 조작하다

marked

[mɑːrkt]
표시된

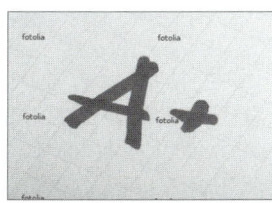

ⓐ 눈에 띄는, 현저한   noticeable, notable, striking, conspicuous

ad. markedly   눈에 띄게, 현저하게

Korea has made a **marked** improvement.
한국은 눈에 띄는 발전을 이뤄왔다.

[어원] 『mark(표시하다) + ed(~된) → 표시된 → 눈에 띄는』
[상상+] de**marc**ation 구분, 경계 / re**mark** 말하다, 언급하다

mercenary

[mə́ːrsənèri]
돈을 쫓는

ⓐ 돈만 밝히는, 돈에만 관심 있는   only interested in money; venal

ⓝ 용병(傭兵)   one who serves merely for wages

criticize his **mercenary** attitude   돈만 밝히는 그의 태도를 비난하다
an army of foreign **mercenaries**   외국인 용병들로 구성된 군대

[어원] 『merce(wage) + (n)ary(형접) → 돈을 쫓는』
[상상+] **merc**y 자비 / **merc**hant 상인 / **merc**handise 상품
　　　　com**merci**al 상업의; 상업광고

mettle

[métl]
강철 같은 정신

ⓝ 용기, 결단력   courage, determination, resolution

a. mettlesome   결단력 있는, 혈기 왕성한

soldiers who showed their **mettle** in war
전쟁에서 용기를 보여주었던 병사들

[어원] 『mettle<metal (강철)에서 그대로 유래됨』
[TIP] 우리말에도 '강철 같은 정신' 이란 말이 있다. mettle이 metal에서 그대로
　　　유래한 어휘라는 것을 알면 바로 외울 수 있다.
[숙어] on the mettle   단단히 마음먹고

mimic

[mímik]
몸짓을 따라하다

ⓥ 흉내 내다, 모방하다   imitate, mock, emulate, take off

n. mimicry   흉내, 모방

He can **mimic** well the teacher's locution.
그는 그 선생님의 말투를 잘 흉내 낸다.

[어원] 『mim(mime) + ic(동접) → 몸짓을 따라하다』
[TIP] mime(무언극)은 대사 없이 표정과 몸짓으로 내용을 전달하는 연극을
말한다. mimic은 mime에서 유래된 어휘로 다른 사람이나 사물, 동물의
모습을 몸이나 목소리로 흉내 내는 것이다.

mollify

[málifài / mɔ́l-]
부드럽게 하다

ⓥ 진정시키다, 누그러뜨리다   appease, soothe, placate, mitigate

the government trying to **mollify** worsening public sentiment
악화되고 있는 대중의 감정을 진정시키려고 하는 정부

[어원] 『moll(soft) + ify(make) → 부드럽게 하다』
[상상⁺] e**moll**ient 진정시키는(soothing)

moot

[muːt]
만나서 이야기할

moot court 모의 법정

ⓐ 토론의 여지가 있는

debatable, controversial, disputable, questionable

Whether the policy will be effective is a **moot** point.
그 정책이 효과가 있을지의 여부가 쟁점이다.

[어원] 『moot - meet(만나다)에서 유래 → 만나서 이야기해야 할』
[TIP] moot는 meet(만나다)에서 유래된 어휘로 '직접 만나서 이야기해봐야 할'
문제라는 것은 분명 중요하고 '토론의 여지가 있는' 문제가 된다.

morbid

[mɔ́ːrbid]
병에 걸린

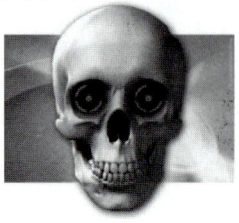

ⓐ 병적인, 집착하는   with a strong and unhealthy interest; obsessed

a **morbid** obsession with horror movies
공포 영화에 대한 병적인 집착

[어원] 『morb(disease) + id(~된) → 병에 걸린』
[TIP] 우리말에서도 '~병에 걸린' 하면 비유적으로 '~에 집착하는'의 의미로
쓰인다.

morose

[məróus]

도덕만을 강조하는

ⓐ (기분이) 언짢은, 침울한   gloomy, dreary, sullen, sulky

He seems very **morose** and depressed.
그는 아주 침울하고 풀 죽어 보였다.

[어원] 『mor(moral) + ose(형접) → 도덕만을 강조하는』
[TIP] 옛날에는 도덕이 대단히 강조되었다. 자유는 도덕에 구속되므로 도덕(moral)
만을 강조하다 보면 기분이 언짢고 침울하게(morose) 된다.

---

 mortgage

[mɔ́ːrgidʒ]

죽게 되는 저당물

ⓝ 담보 (대출금)

a legal arrangement by which you borrow money from bank

The bank required a **mortgage** on my apartment.
그 은행은 내 아파트에 대한 담보를 요구했다.
I **mortgaged** my house.
난 집을 담보로 잡혔다.

[어원] 『mort(dead) + gage(저당) → (권리가) 죽게 되는 저당물』
[TIP] 담보란, 빌린 돈을 갚지 못할 경우에 대비하여 채무의 변제를 확보하기
위해 부동산(property)을 채권자에게 맡겨두는 것이다. 만일 실제로 돈을
갚지 못하게 되면 그 맡겨둔 부동산의 소유권은 채권자에게 돌아가게 된다.
그렇게 되면 채무자에 속해 있던 그 부동산의 소유권이 죽게(소멸) 되는데
소유권이 죽게 되는 저당물이 바로 담보(mortgage)다.
[발음주의] 몰트기지(X) → **몰**기지(O) (**t** 묵음)

---

 motivate

[móutəvèit]

움직이게 하다

ⓥⓣ 동기부여하다, 자극하다   stimulate, drive, spur, goad

n. motivation 동기부여   a. motivated 동기부여된

motivate the students **to** study hard
학생들에게 열심히 공부하도록 동기부여하다
[어원] 『motiv(move) + ate(동접) → 움직이게 하다』
[어법] motivate A to V : A를 ~하도록 동기부여하다
[상상⁺] **mob** 군중 / **mob**ile 움직이기 쉬운 / **mo**mentum 힘, 동력
motif 동기 / com**mot**ion 소란, 소요

 mushroom

[mʌ́ʃru(ː)m]

버섯

ⓥ 급증하다, 우후죽순처럼 번지다

grow very quickly; multiply, proliferate

Drinking wine has **mushroomed** in Korea in the last few years.
지난 몇 년간 한국에서는 와인 소비가 급증했다.

[어원] 『mushroom(버섯)의 특성에서 유래 → 버섯처럼 확 퍼져 자라다』

[TIP] mushroom(버섯)은 홀씨가 퍼져나가며 그 개체수가 갑자기 확 증가하는
성질을 지니고 있기 때문에 '급증하다'의 뜻으로 발전되었다.

naive

[nɑːíːv]
갓 태어난

ⓐ 순진한   innocent, ingenuous, unsophisticated

I found her so **naive**. 나는 그녀가 아주 순진하다고 느꼈다.

[어원] 『naiv<nat(born) + e(형접) → 갓 태어난』
[TIP] naive는 태어난 지 얼마 안 되어 아직 경험이 없는 '순진한' 상태를 의미한다.

nauseate

[nɔ́ːzieit]
뱃멀미 나게 하다

ⓥ 구역질나게 하다   disgust, sicken, repel, revolts

n. nausea 구역질 sickness   a. nauseating 구역질나는, 역겨운

She was **nauseated** by alcohol. 그녀는 술로 인해 구역질이 났다.

[어원] 『naus(ship) + ea(symptom) → 배를 타면 나타나는 증세, 뱃멀미』
[TIP] 배를 별로 타보지 않은 사람들이 배를 타면 여지없이 뱃멀미, 즉 구역질을 하게 된다. nauseate는 nausea(뱃멀미)에서 그대로 동사화된 어휘다.
[상상⁺] **nav**y 해군 / **nav**igate 항해하다 / **naut**ical 배[항해]의

navigate

[nǽvəgèit]
배를 몰다

ⓥ 1. 항해하다   sail along a river

2. 길을 찾다   find which way you need to go

n. navigation 항해; 길 찾기, 내비게이션

It is dangerous to **nav**igate at night. 밤에 항해하는 것은 위험하다.
We tried to **nav**igated by the stars.
우리는 별을 따라 길을 찾으려고 했다.

[어원] 『nav(i)(ship) + ig(drive) → 배를 몰아가다 → 항해하다』
[TIP] navigation은 원래 '항해' 의 의미지만 요즘 들어서는 운전할 때 길을 찾아주는 기계인 '내비게이션' 으로 더 많이 쓰인다.
[상상⁺] **nav**y 해군 / **nav**al 해군의

nefarious

[nifέəriəs]

법을 어기는

ⓐ 사악한, 범죄의   evil, wicked, atrocious, flagrant

nefarious activities such as drug trafficking and fraud
마약 밀매, 사기와 같은 범죄 행위들

[어원] 『ne(not) + far(law) + (i)ous(형접) → 법을 어기는』

nuisance

[njú:səns]

해가 되는 것

ⓝ 불쾌함, 짜증나는 것   annoyance, pest, vexation

The mosquito is a real **nuisance**. 그 모기 정말 짜증나네.

[어원] 『nuis<noc(harm) + ance(명접) → (기분에) 해가 되는 것』
[TIP] nuisance는 기분에 해가 된다는 뜻으로 '짜증나는 것'의 의미다. 지속적인
소음이나 잠을 방해하는 모기 같은 것이 대표적인 nuisance다.

ominous

[ámənəs / ɔ́m-]
불길한 징조인

ⓐ 불길한 sinister, portentous, fateful

n. omen (불길한) 징조

The professor has got an **ominous** economic outlook.
그 교수는 불길한 경제 전망을 했다.

[어원] 『omin<omen(불길한 징조) + out(having) → 불길한 징조인』
[상상⁺] ab**omin**ate 혐오하다

ongoing

[ángòuiŋ, ɔ́(:)n-]
계속 가고 있는

ⓐ 계속되는, 진행 중인 continuing, afoot, underway

the **ongoing** capital market crisis 진행 중인 금융 시장의 위기

[어원] 『on(계속) + going(가고 있는) → 계속 가고 있는』
[TIP] 전치사 on은 '접촉 → 계속'의 의미가 있다. 이 계속의 의미인 on이
going과 합쳐져 '계속 가고 있는 → 진행 중인'의 뜻이 된 것이다.

opaque

[oupéik]
어두워 보이는

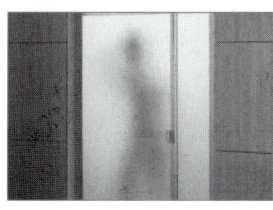

ⓐ 1. 불투명한 difficult to see through ⇔ transparent 투명한

2. 이해하기 힘든 difficult to understand; obscure

n. opaqueness 불투명함

an **opaque** glass door 불투명한 유리문
His novel is extremely **opaque**. 그의 소설은 너무도 이해하기 힘들다.

[어원] 『opaq(dark) + ue(형접) → 어두워 보이는』
[TIP] 말이나 글이 불투명하다는 것은 곧 '이해하기 힘들다'는 뜻이다.

ordinance

[ɔ́:rdənəns]
공식적 명령

ⓝ 법령, 포고 statute, edict, fiat, act

pass a new **ordinance** for urban planning
도시 계획을 위한 새로운 법령을 통과시키다

[어원] 『ordin(order) + ance(명접) → (국가의) 공식적 명령』
[상상⁺] co**ordin**ate 동등한; 조정하다 / in**ordin**ate 과도한
sub**ordin**ate 하위의; 부하직원

 orthodox

[ɔ́ːrθədὰks / -dɔ̀ks]

올바른 의견인

ⓐ 정통의, 정설의 generally accepted as being right; conventional

⇔ heterodox 이단의

rebut the **orthodox** economic theory 정통 경제 이론을 반박하다

[어원] 『orth(o)(correct) + dox(opinion) → 올바르다고 여겨지는 의견인』

[상상⁺] para**dox** 역설 / **dog**ma 교리, 주의 / **doc**trine 주의, 신조

[주의] 스펠링 주의 : othordox(X) → **ortho**dox(O)

pact

[pækt]
묶어둔 것

ⓝ 협약, 협정 treaty, compact, agreement, covenant

a trade **pact** between U.K. and China 영국과 중국 간의 무역 협정

[어원] 『pac<pag(fasten) + t(명접) → (양자가 ～하기로) 묶어둔 것』
[TIP] 양자가 앞으로 ～하기로 규칙을 맺어둔 것이 '협정'이다.
[상상⁺] com**pact** 빽빽한; 소형의; 협정

palatable

[pǽlətəbəl]
입에 짝짝 붙는

ⓐ 입에 맞는, 맛있는 tasty, delectable, luscious, savory

a very **palatable** wine 입에 딱 맞는 와인

[어원] 『palat(e)(입천장) + able(할 수 있는) → (음식이) 입에 짝짝 붙는』
[TIP] 우리말에도 음식이 '입에 짝짝 붙는'이라는 말이 있다. 그 말은 곧 음식이 내 입에 맞고 맛있다는 이야기다.

paltry

[pɔ́ːltri]
쓰레기의

ⓐ 하찮은, 얼마 안되는 trivial, trifling, petty, picayune

He earns a **paltry** wage. 그는 얼마 안되는 월급을 받는다.

[어원] 『palt(trash) + y(형접) → 쓰레기의 → 보잘것 없는』
[TIP] paltry는 **문제**라면 → 하찮은, 보잘것 없는
　　　　　　　　 양이라면 → 적은, 얼마 안되는
　　　옆의 사진처럼 동전 두 개는 얼마 안되는 액수다.
[발음주의] 팰트리(X) → 폴-트리(O)

penitence

[pénətəns]
슬프게 여김

ⓝ 참회, 뉘우침 compunction, remorse, contrition

He showed no **penitence**. 그는 전혀 뉘우치지 않았다.

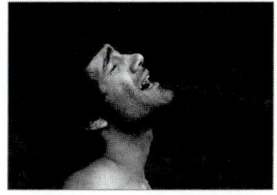

[어원] 『penit(sorry) + ence(명접) → (지난 일을) 슬프게 여김』
[상상⁺] re**pent**ance 후회, 참회 / im**penit**ent 뉘우치지 않는

petition

[pitíʃən]

요구하는 것

ⓝ (공식적) 청원, 탄원(서) plea, entreaty, solicitation, supplication

ⓥⓣ 청원[탄원]하다 ask the government to do something

a **petition** in favor of workers rights signed by 10,000 people
만 명의 서명을 받은 노동자들의 권리를 위한 청원
file a **petition** with the prosecution
검찰에 탄원서를 제출하다
Villagers are **petitioning** against the new tunnel.
마을 사람들은 새로운 터널에 반대하는 탄원을 하고 있다.

[어원] 『pet(i)(seek) + tion(명접) → 요구하는 것』
[TIP] petition은 많은 사람들이 서명운동을 통해 공식적으로 요구하는 것을
말한다.

petty

[péti]

작은

ⓐ 사소한, 하찮은 trivial, trifling, paltry

petty problems 사소한 문제들
petty thieves 좀도둑들

[어원] 『pet(small) + (t)y(형접) → 작은』
[TIP] 옆의 사진에서 보듯 pet(애완동물)이 대부분 작은 동물들임을 감안하면
petty(사소한)를 쉽게 외울 수 있다.

picky

[píki]

골라내는

ⓐ 까다로운 fussy, fastidious, finicky, particular

The child was very **picky** about food.
그 아이는 음식에 대해 아주 까다로웠다.

[어원] 『pick(고르다) + y(형접) → (이것저것 자꾸) 골라내는』
[TIP] 음식이든 옷이든 자기가 좋아하는 것만 자꾸 골라내는 모습은 곧
'까다로운' 모습이다.
[상상⁺] **prick** 찌르다 / **piq**ue 화, 불쾌 / **piq**uant (매워서) 얼얼한

placebo

[pləsíːbou]
기쁘게 해주는 것

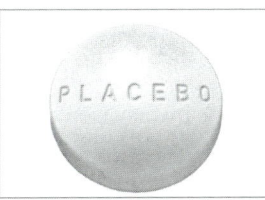

ⓝ 위약(僞藥)

a harmless substance given to a sick person instead of medicine

I think that's some **placebo** effect.
내 생각에 그것은 어느 정도 위약 효과인 것 같다.

[어원] 『plac(please) + (e)bo(명접) → 기쁘게 해주는[진정시켜주는] 것』
[TIP] 위약 효과: 가짜 약의 투여에 의한 심리적 효과로 실제 호전되는 것처럼 느끼는 효과

 placate

[pléikeit, plǽk-]
진정시키다

ⓥⓣ 달래다, 진정시키다   appease, soothe, mollify, mitigate

⇔ implacable 진정될 수 없는   unmitigated

ⓐ. placatory   진정시키는

The government is trying to **placate** the angry public.
정부는 성난 국민을 진정시키려 하고 있다.

[어원] 『plac(please) + ate(동접) → 기쁘게 하다(진정시키다)』
[상상+] **plac**id 평온한 / im**plac**able 진정될 수 없는 / com**plac**ent 자기만족의

 placid

[plǽsid]
진정된

ⓐ 평온한, 고요한   calm, tranquil, serene, halcyon

The lake was **placid** under the moonlight.
그 호수는 달빛 아래 고요했다.

[어원] 『plac(please) + id(~된) → 기쁘게 된(진정된)』

 plea

[pliː]
진정시키는 것

ⓝ 1. 간청, 호소   appeal, entreaty, petition, solicitation

2. 변명, 핑계   excuse, pretext, subterfuge

make a **plea** of donations 기부를 호소하다
She refused the appointment on a **plea** of illness.
그녀는 아프다는 핑계로 약속을 거절했다.

[어원] 『plea<please (기쁘게 하다) → 기쁘게 하는 것(진정시키는 것)』
[TIP] 1. 어려운 상황이 진정될 수 있도록 청하는 것 → 간청, 호소
2. 어려운 상황, 처벌을 진정시킬 수 있도록 하는 말 → 변명, 핑계

pliable

[pláiəbəl]

휠 수 있는

ⓐ 1. 잘 휘는 flexible, pliant, lithe, supple

2. 유순한, 고분고분한 compliant, docile, meek, amenable

n. pliability 유연성; 유순함

High quality leather is firm yet **pliable**.
품질이 좋은 가죽은 튼튼하지만 잘 휜다.

workers **pliable** to the demands made by management
경영진의 각종 요구에 대해 고분고분한 노동자들

[어원] 『pli(bend) + able(~할 수 있는) → 휠 수 있는』

[상상⁺] **pli**ant 잘 휘는; 유순한 / com**pli**ant 유순한, 고분고분한

[뉘앙스]

pliable : (물건이) 잘 휘는
supple : (몸이) 유연한
elastic : (천·고무 등이) 탄력성 있는
ductile : (금속이) 잡아 늘이기 쉬운, 연성이 있는
malleable : (금속이) 두들겨 펴기 쉬운

plunder

[plʌ́ndər]

가재도구들을 가져가다

ⓥt 약탈하다 loot, pillage, despoil, rip off

ⓝ 약탈, 약탈한 물건 loot, booty

plunder the rich province 풍요로운 지방을 약탈하다
He was convicted of **plunder**.
그는 약탈 행위에 대해 유죄 선고를 받았다.

[어원] 『plund(household goods) + er(동접) → 가재도구들을 가져가다』

[TIP] '약탈'이라고 하는 것은 집 안에 있는 물건(가재도구)들을 모조리 빼앗아
가는 것이다.

[음원] 상대방의 **실수(blunder)**를 틈 타 **약탈하다(plunder)**!

poise

[pɔiz]
(균형을 맞춰) 매달다

ⓥ 1. 균형 잡히게 놓다   hold or carry in equilibrium; balance

2. 자세를 잡다, 준비시키다   put in readiness; brace

ⓝ 균형감, 안정감   composure, equilibrium, equanimity

Our economy is **poised** on the verge of collapse.
우리의 경제가 붕괴 직전에 있다.
The tall and thin dancer lacks **poise**.
키 크고 마른 그 무용수는 안정감이 부족하다.

[어원] 『pois<pens(hang) + e(동접) → (균형을 맞춰) 매달다』

---

 polemic

[poulémik / pɔ-]
싸우는 것

ⓝ 논쟁   dispute, contention, controversy, altercation

a. polemical   논쟁하기 좋아하는

Homosexuality is a subject of fierce **polemic**.
동성애는 격렬한 논쟁의 주제다.

[어원] 『polem(war) + ic(명접) → 싸우는 것』
[TIP] polemic은 전쟁이 어원이기 때문에 '논쟁'이라는 어감의 강도가 상당히
강하다는 것을 알아두자!

---

 priceless

[práislis]
값을 따질 수 없는

ⓐ 매우 귀중한   invaluable ⇔ valueless   무가치한 worthless

preserve our **priceless** cultural heritage
매우 귀중한 우리의 문화유산을 보존하다

[어원] 『price(값) + less(없는) → 값을 따질 수 없는 → 매우 귀중한』
[TIP] 사진의 석굴암은 값으로 따질 수 없는(priceless) 우리에게 '매우 귀중한'
문화유산이다.
[주의] priceless는 의미에 주의 : 무가치한(X) → 매우 귀중한(O)

 probation

[proubéi∫ən]
시험해보는 것

ⓝ 1. 집행 유예

the action of suspending the sentence of a convicted offender; parole

2. 수습 (기간) test period, trial period

The judge sentenced the accused to two years' **probation**.
그 판사는 피고에게 2년의 집행 유예를 선고했다.
a three month **probation** period 3개월의 수습 기간

[어원] 『proba(prove) + tion(명접) → (올바른지) 시험[증명]해보는 것』
[TIP] 1. 죄인의 행동이 올바른지 시험해보는 것 → 집행 유예
　　　 2. 신입 사원의 능력이 좋은지 시험해보는 것 → 수습 기간
[비교] probity 정직, 성실

 prod

[prɑd / prɔd]
막대기로 찌르다

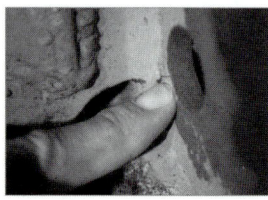

ⓥ 1. (손가락으로) 찌르다, 쑤시다 prick, stick, sting

2. 자극하다, 부추기다 stimulate, incite, instigate, spur

The children **prodded** at the dead frog.
그 아이들은 죽은 개구리를 손가락으로 찔러봤다.
The demonstration will **prod** the government **into** action.
그 시위 운동은 정부를 움직이도록 자극할 것이다.

[어원] 『prod - rod(막대기)에서 유래 → 막대기로 찌르다, 쑤시다』
[TIP] **prod**는 원래 가축을 한 곳으로 몰기 위해 쑤시는 막대기(rod)에서
　　　 유래된 어휘다.
[어법] **prod** A into B : A를 B하게 자극하다

prowess

[práuis]
자랑할 것

ⓝ 훌륭한 솜씨[기술]   great skill; finesse, dexterity

I admired his physical **prowess**. 나는 그의 대단한 체력에 감탄했다.

[어원] 『prow(proud) + ess(명접) → 자랑으로 삼을 만한 것』
[TIP] prowess는 proud에서 유래된 명사이며 '자랑으로 삼을 만한 것'의 뜻으로 '훌륭한 솜씨나 기술'의 의미가 된다.

psychiatrist

[sàikiǽtrist, si-]
정신 치료사

ⓝ 정신과 의사   a doctor trained in the treatment of mental illness

n. psychology   심리학

Her **psychiatrist** told her she should take a rest.
그녀의 담당 정신과의사는 그녀에게 휴식을 취해야 한다고 말했다.

[어원] 『psych(mind) + iatr(y)(heal) + ist(사람) → 정신(병)을 고쳐주는 사람』
[TIP] psychiatrist의 어원적 유래인 프시케(Psyche)는 그리스 · 로마신화에 큐피드(Cupid)의 연인으로 등장하는 아름다운 여인으로서 훗날 인간의 '정신(mind)'을 관장하는 신이 되었다.
[상상+] **psycho** 정신병자, 싸이코 / **psycho**analysis 정신 분석

pungent

[pʌ́ndʒənt]
찌르는

ⓐ 1. (맛 · 냄새가) 톡 쏘는   strong, acrid, piquant

2. (말 · 글이) 신랄한   biting, acrimonious, acerbic, caustic

n. pungency   신랄함

the **pungent** taste of chili pepper 고추의 톡 쏘는 맛
his **pungent** criticism of politics 정치에 대한 그의 신랄한 비판

[어원] 『pung(prick) + ent(형접) → (마구) 찌르는』
[상상+] **punct**ilious 세심한 / **punct**ual 시간을 엄수하는

putrid

[pjúːtrid]
썩은

ⓐ 부패한, 악취가 나는   rotten, rancid, stinking, malodorous

the **putrid** smell from the corpse 그 시체에서 나는 악취

[어원] 『putr(rot) + id(~된) → 썩은』
[음원] **putrid**(퍼트리드) → 악취를 **퍼트리다**
[발음주의] 퍼트리드(X) → 퓨트리드(O)

puppet

[pʌ́pit]
인형

ⓝ 꼭두각시, 앞잡이

a person that allows other people to control him or her

He was a **puppet** of the dictator. 그는 그 독재자의 꼭두각시였다.

[어원] 『pup(doll) + (p)et(명접) → 인형』
[TIP] 우리말에도 '~의 꼭두각시'라고 하면 곧 '~의 앞잡이, 하수인'의 뜻이 된다.
[상상⁺] **pup**py 강아지(인형처럼 귀엽게 생김)

quack

[kwæk]
꽥꽥 소리

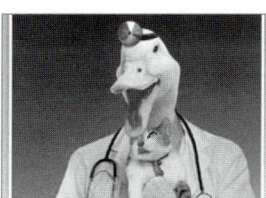

ⓝ 돌팔이, 가짜 의사   charlatan, imposter, swindler, conman

quacks selling weight-less drugs 살 빠지는 약을 팔고 있는 돌팔이

[어원] 『quack(꽥~ 꽥~) → 오리처럼 떠들며 약을 파는 사람』
[TIP] 돌팔이 약장수들이 떠드는 소리가 마치 오리 울음소리(꽥~ 꽥~)와 비슷한 데서 연상되어 생긴 의성어다.

queer

[kwiər]
모양이 뒤틀린

ⓐ 이상한, 기묘한   strange, extraordinary, eccentric, weird

She gave a **queer** expression. 그녀는 이상한 표정을 지었다.

[어원] 『queer<quer(twist) → (모양이) 뒤틀린』
[TIP] queer는 특히 남성 동성애자(gay)를 가리키는 말로도 쓰인다. 그러나 이 말은 금기(taboo)시되는 말임을 알아두자.

racism

 익플공편

[réisizəm]
인종에 대한 생각

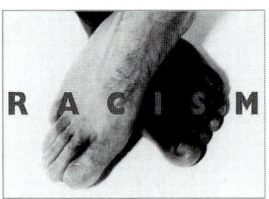

ⓝ 인종 차별주의   unfair treatment against a different race

n. **racist**   인종 차별주의자

proscribe **racism** in our society
우리 사회 내의 인종 차별주의를 금지하다

[어원] 『raci(race) + ism(생각) → 특정 인종이 열등하다는 생각』
[관련] sexism 성 차별주의 / ageism 연령 차별주의

ramification

 익플공편

[rӕməfikéiʃən]
뻗어나간 가지

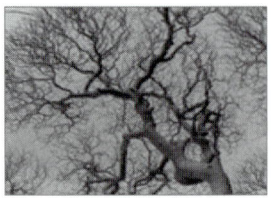

ⓝ (부수적) 결과   result, consequence, aftermath, corollary

the environmental **ramifications** of the tunnel-building
터널 건설에 따르는 환경의 부수적 결과

[어원] 『ram(i)(branch) + fic(make) + ation(명접)
　　　　　→ 가지가 (이리저리 마구) 뻗어나가는 것』
[TIP] 나무가 가지를 어느 방향으로 뻗을지는 누구도 알 수 없다. 옆의 그림처럼
　　　나무의 가지가 예상치 못한 방향으로 뻗어나가는 모습에서 연상되어 어떤 일이
　　　'예상치 못한 결과'로 이어진다는 뜻을 갖게 된 어휘가 ramification이다.

rancor

 익플공편

[rӕŋkər]
(마음) 상한 상태

ⓝ 원한, 적대감   grudge, malice, enmity, animosity

hear many different opinions without **rancor**
적대감을 갖지 않고 많은 다른 의견들을 듣다

[어원] 『ranc(rot) + or(명접) → (마음) 상한 상태』
[상상⁺] **ranc**id 악취가 나는

rapacious

[rəpéiʃəs]

(마구) 빼앗는

ⓐ 강탈하는, 탐욕스러운   greedy, avaricious, covetous, predatory

rapacious foreign speculative funds   탐욕스러운 외국 투기 자본

[어원] 『rapa(rape) + cious(형접) → (마구) 빼앗는』
[TIP] rape는 상대방의 성을 빼앗는다는 의미에서 '강간(하다)' 의 뜻이다.
　　　 rapacious는 rape에서 유래한 어휘로서 남의 것을 마구 빼앗는다는
　　　 의미의 '탐욕스러운' 이다.
[발음주의] 러페셔스(X) → 러**페이**셔스(O)

raze

[reiz]

밀어 없애다

ⓥⓣ 완전히 파괴하다   annihilate, demolish, devastate, tear down

raze the old buildings in the city
그 도시 내의 오래된 건물들을 완전히 파괴하다

[어원] 『raz <ras(scrape) + e(동접) → (건물을) 문질러[밀어] 없애다』
[TIP] 우리말의 '싹 밀어버리다' 와 똑같은 느낌의 어휘가 raze!

regime

[rəiʒíːm, rei-]

통치하는 자

ⓝ 정권, 정부   government, administration

topple the military **regime**   독재 정권을 전복시키다

[어원] 『reg(rule) + ime(명접) → 통치하는 자』
[상상⁺] **reg**ion 지역 / **reg**ent 섭정 / **reg**imen 식이요법

rein

[rein]

뒤로 당기는 것

ⓝ 1. 고삐   bridle   2. 통제, 지배(력)   the power to direct and control; curb
ⓥ 고삐를 조이다, 통제하다   control a situation more strictly

He took over the **reins** of the group from his father.
그는 아버지로부터 그룹의 지배권을 넘겨받았다.
take measures to **rein** in the soaring costs of private tuition
치솟는 사교육비를 통제하기 위한 조치를 취하다

[어원] 『rein<retain(hold back) → 뒤로 잡아당기는 것』
[TIP] rein은 retain의 줄임말로 '뒤로 잡아당기는 것' 이란 의미에서 소나 말의
　　　 머리에 채우는 '고삐'를 뜻한다. 또한 '고삐를 당기다' 라는 뜻은 바로 '통제
　　　 하다' 라는 의미와 연결된다.

rhetoric

[rétərik]
연설자의 말

ⓝ 수사학, 미사여구

the art of using language effectively and persuasively

a. rhetorical 수사학의

the **rhetoric** of capitalism 자본주의에 대한 미사여구

[어원] 『rhetor(orator) + ic(명접) → 연설자의 말』

[TIP] rhetoric에서 rhetor – 란 부분은 orator에서 o – 가 탈락되고 h – 가 첨가되어 부드럽게 변형된 스펠링이다. '연설자의 말'이라는 뜻이다보니 말을 멋있게 꾸며서 하는 것, 즉 '수사학, 미사여구'가 된다.

ridiculous

[ridíkjələs]
비웃을 만한

ⓐ 우스운, 어리석은   absurd, ludicrous, despicable, contemptible

vt. ridicule 비웃다; 조롱   n. ridiculousness 어리석음

It was a totally **ridiculous** decision.
그것은 완전히 어리석은 결정이었다.

[어원] 『rid(i)(laugh) + cul(able) + ous(형접) → 비웃을 만한』
[상상+] de**ride** 비웃다, 조롱하다

ritual

[rítʃuəl]
(종교적) 의식의

ⓝ (종교적) 의식   rite, ceremony

ⓐ 의식의, 의식으로 행해지는   done as part of a ritual

an ancient **ritual** to protect them from evil spirits
악령들로부터 그들을 보호하려는 고대 종교적 의식
a **ritual** dance 의식으로 추는 춤

[어원] 『ritu<rite(의식) + al(형접) → (종교적) 의식의』
[TIP] ritual에서 ritu–란 부분은 rite(의식)의 변형된 스펠링이다.
결국 rite와 ritual은 같은 의미임을 알아두자!

salvage

[sǽlvidʒ]

구해내는 것

ⓝ 구조, 인양 (작업)

the act of saving things from a destroyed situation

ⓥⓣ 구해내다, 구조하다   save, rescue, extricate, deliver

the massive **salvage** operation 거대한 구조 작업
salvage the wrecked ship 난파된 배를 인양하다

[어원] 『salv(save) + age(명접) → 구해내는 것』
[TIP] salvage에서 save(구하다)의 발음이 강해져 salv-가 된 것임을 이해하면
외우는 데 큰 어려움은 없다.
[비교] savage 사나운, 격렬한

 sarcasm

[sάːrkæzəm]

살을 씹는 것

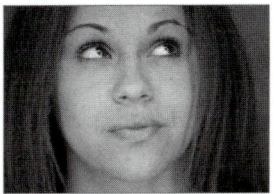

ⓝ 빈정거림, 비꼼   satire, insult, affront, indignity

a. sarcastic   비꼬는, 빈정거리는

There is a touch of **sarcasm** in your voice.
네 목소리가 좀 비꼬는 투다.

[어원] 『sarc(flesh) + asm(bite) → 살을 깨물어 씹는 것』
[TIP] 우리말에서도 '누구를 씹는다' 라고 하면 '비난하고 나쁘게 말하다' 라는
의미인데 영어에서도 이에 딱 들어맞는 말이 sarcasm이다.

 sardonic

[saːrdάnik / -dɔ́n-]

음원 암기

ⓐ 냉소적인, 빈정대는   cynical, sarcastic, satiric

look at her with **sardonic** laughter 빈정대는 웃음으로 그녀를 쳐다보다

[어원] 『sardonic - Sardinian(사르디니아 섬의)
        → 먹으면 웃음이 난다는 Sardinia 섬에 있는 풀에서 유래』
[TIP] sardonic은 이탈리아의 섬 Sardinia에서 유래된 어휘다. Sardinia섬에는
씹어 먹으면 입술이 틀어지며 웃음이 나오는 풀이 있다고 한다. 여기서
sardonic의 의미가 유래되어 '냉소적인, 빈정대는'의 뜻이 된 것이다.
[음원] 공부도 못하는 게 맨 날 어딜 그렇게 **싸도니(sardonic)?**하며 **빈정대는**!

satire

[sǽtaiər]

뒤섞인 음식

ⓝ 풍자 parody, lampoon, travesty

a. satirical 풍자적인

a **satire** on Korean politics 한국 정치에 대한 풍자

[어원] 『satire<satura(mixed food) → (여러 재료로) 뒤섞인 음식』

[TIP] satire(풍자)는 여러 재료로 뒤섞인 음식을 뜻하는 어원으로부터 말하고자 하는 대상을 다른 말과 뒤섞어(빗대어) 유머 있게 표현하는 의미가 되었다.

[음원] satire(새타이어) → 쓸모없는 헌 타이어 같은 인간들! 모두 **새 타이어**로 갈아버려!

[상상+] **sati**sfy 만족시키다 / **sati**ate 지나치게 만족시키다
saturate 흠뻑 적시다 / **sat**ed 물린, 싫증난

savage
[sǽvidʒ]

숲 속의

ⓐ 사나운, 격렬한 severe, barbarous, brutal, vehement

a **savage** attack on the rival 라이벌에 대한 모진 공격

[어원] 『sav<silva(forest) + age(형접) → 숲 속의』

[TIP] 자연 그대로의 숲 속은 야생의(wild) 모습 그대로다. 그 거칠고 다듬어지지 않은 모습에서 연상되어 나온 어휘가 savage다.

scoff
[skɔ:f, skɑf]

비웃다

ⓥⓘ 비웃다, 조롱하다 sneer, jeer, ridicule, despise

Everyone **scoffed at** his idea. 모든 사람이 그의 생각을 비웃었다.

[어원] 『scoff – 코웃음 치는 소리에서 유래 → 비웃다, 조롱하다』

[TIP] scoff, sniff는 둘 다 '코로 내는 소리'에서 유래된 의성어다.
scoff : 코웃음 치다 → 비웃다, 조롱하다
sniff : 코로 거세게 숨을 쉬다 → 코를 킁킁거리다; 코웃음 치다

[어법] scoff at : ～을 비웃다, 조롱하다

scowl

[skaul]

해골 보고 찌푸린 얼굴

ⓥ 째려[노려]보다 look at someone in an angry way; glare

ⓝ 찌푸린 얼굴 frown, grimace

scowl at the noisy and mischievous children
시끄럽게 떠들며 장난치는 아이들을 째려보다
The child made a **scowl** when he tasted the medicine.
그 아이는 약의 맛을 보고는 얼굴을 찌푸렸다.

[음원] **skull**(해골)을 보고 **찌푸린 얼굴(scowl)**
[TIP] scowl은 어원적 도움이 안 되는 어휘이므로 비슷한 발음인 skull(해골)의
도움을 받아 외우면 쉽다.
2장 p. 140 glimpse(힐끗 보다)에서 '보다'의 어휘들 다시 한 번 참조!
[어법] scowl at : ∼을 째려[노려]보다

seeming

[síːmiŋ]

겉으로 보이는

ⓐ 겉보기에는, 외관상의 apparent, ostensible, specious

ad. seemingly 겉으로 보기에

the **seeming** friendship between Bob and Fredrick
밥과 프레드릭 간의 겉으로만 친해 보이는 우정

[어원] 『seem(∼로 보이다) + ing(형접) → 겉으로 보이는』
[상상⁺] **seem**ly 어울리는 ⇔ un**seem**ly 부적당한, 어울리지 않는

shabby

[ʃǽbi]

딱지가 앉은

ⓐ 초라한, 볼품없는 dilapidated, run-down, mangy, tacky

n. shabbiness 초라함

an old and **shabby** door 오래되고 볼품없는 문

[어원] 『shab<scab(딱지) + (b)y(형접) → 딱지가 앉은』
[TIP] shabby는 우리 몸의 상처가 나을 때 피부에 생기는 딱지를 어원으로 하며,
딱지가 더덕더덕 앉은 모습은 아무래도 '초라하고 볼품없어' 보인다.
[음원] 아무것도 못해주는 **초라한 시아비 → 쉐비(shabby)**
[상상⁺] **scab** 딱지; (파업 중 근무하는) 비노조원

sham

[ʃæm]

창피한 것

ⓝ 가짜, 거짓   fake, hoax, pretense, forgery

ⓐ 가짜[허위]의   counterfeit, bogus, phony, spurious

His assertion turned out to be a complete **sham**.
그의 주장은 완전히 거짓으로 밝혀졌다.
a **sham** marriage 위장 결혼

[어원] 『sham<shame(창피) → 창피한 것』

[TIP] sham(거짓)을 행하면 shame(창피)하게 여긴 것에서 유래된 어휘다. 또한 sham은 동사(~인 체하다)로도 쓰일 수 있다. 옆의 모나리자 그림은 누가 보더라도 '가짜(sham)'임을 바로 알 수 있다.

sinister

[sínistər]

왼쪽의

ⓐ 불길한   ominous, portentous, fateful

The situation became increasingly **sinister**. 상황이 점점 불길해졌다.

[어원] 『sinister(on the left) → 왼쪽의 → 불길한』

[TIP] sinister는 '왼쪽의'란 어원에서 그대로 유래된 어휘다.
동서양을 막론하고 왼쪽은 불길하고 부정적이라고 여겨졌다. 그러한 선입견에서 sinister(불길한)가 탄생되었다.

siphon

[sáifən]

튜브로 된 것

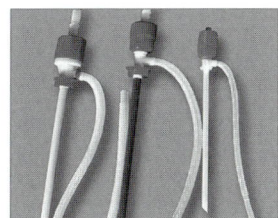

ⓝ 사이펀, 빨아올리는 관

a bent tube used for getting liquid out of a container

ⓥⓣ 1. (액체를 빨아올려) 빼내다 remove liquid from a container

2. (돈을) 빼내다 dishonestly take money from a business

siphon oil **from** the leaking boat 물이 새는 배에서 기름을 빼내다
siphon thousands of dollars **from** the company
그 회사로부터 수천 달러를 빼돌리다

[어원] 『sipho(tube) + n(명접) → 튜브로 된 것』
[TIP] 사이펀이란, 액체를 다른 쪽으로 옮겨주는 튜브로 된 도구다.
　　　　사실 동사 1. → 2.의 의미 변화는 그다지 어렵지 않다.
[어법] siphon A from B : A를 B에서 빼내다
[출제포인트] 당연히 **2. (돈을) 빼내다**가 시험에 나온다.

slash

[slæʃ]

(칼로) 쪼개다

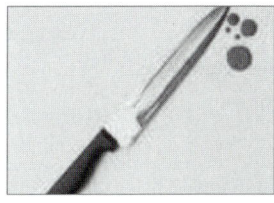

ⓥⓣ 1. (칼로) 베다 cut something violent with a knife; gash

2. (대폭) 삭감하다 greatly reduce; cut, curtail, diminish

Someone had **slashed** the tires. 누군가 타이어들을 칼로 베어버렸다.
The government plans to **slash** oil taxes.
정부는 유류세 대폭 삭감을 계획하고 있다.

[어원] 『slash(break) → (칼로) 쪼개다, 베다』
[TIP] slash는 명사 '베인 상처' 로도 쓰인다.

slick

[slik]

미끄러질 듯한

ⓐ 매끄러운, 미끈한 smooth, sleek, slippery, lubricated

n. slickness 매끄러움

His presentation was very **slick**. 그의 프레젠테이션은 아주 매끄러웠다.

[어원] 『slick<slip(미끄러지다) → 미끄러질 듯 매끄러운』
[TIP] slick은 slip(미끄러지다)과 같은 어원이며 스펠링도 비슷하므로 함께 묶어
　　　　외우면 쉽다.

snub

[snʌb]
(잘못을) 꾸짖다

ⓥ 냉대하다, 무시하다   ignore, neglect, disregard, overlook

He had **snubbed** anyone who he don't like.
그는 좋아하지 않는 사람이라면 누구든 냉대했다.

[어원] 『snub(ben)(rebuke) → (잘못을) 꾸짖다』
[TIP] snub은 상대의 감정을 존중하지 않고 무조건 '꾸짖고 비난하다' 라는 뜻에서 '(상대를) 무시하다, 냉대하다' 라는 의미로 발전되었다. 또한 snub은 명사 '냉대' 의 의미로도 쓰인다.

sordid

[sɔ́ːrdid]
더러워진

ⓐ 더러운, 지저분한   dirty, foul, squalid, filthy

I don't want to hear such a **sordid** story.
그런 지저분한 이야기는 듣고 싶지 않아.

[어원] 『sord(dirt) + id(~된) → 더러워진』
[상상⁺] **swarth**y (얼굴이) 까무잡잡한

sovereignty

[sávərənti, sʌ́v-]
지배자의 권한

ⓝ 주권, 통치권   independence, autonomy, liberty

n. sovereign   통치자(왕 또는 여왕)

We must secure our national **sovereignty**.
우리는 우리의 국가 주권을 굳게 지켜야 한다.

[어원] 『sover<super(over) + eign(사람) + ty(명접) → 지배자의 권한』
[TIP] sovereignty에서 sover-가 접두어 super-의 변형임을 이해하면 이 어휘를 쉽게 외울 수 있다.

spasmodic

[spæzmádik / -mɔ́d-]
발작처럼 일어나는

ⓐ 산발적인, 띄엄띄엄 벌어지는   irregular, fitful, sporadic, intermittent

I heard **spasmodic** gunshots at midnight.
나는 한밤중에 산발적인 총성을 들었다.

[어원] 『spasm(발작) + odic(형접) → 발작처럼 일어나는』
[TIP] spasm(발작)은 병의 증세(symptom)가 갑자기 격하게 일어나는 것을 말한다. 이러한 발작은 띄엄띄엄 일어나기 때문에 **spasmodic**은 '산발적인, 띄엄띄엄 벌어지는' 의 의미가 된 것이다.

speculate

[spékjəlèit]

~로 보다

ⓥ 1. 추측[짐작]하다   guess, surmise, conjecture, presume

2. (주식 · 부동산에) 투자하다   buy property or stocks in a company

n. speculation   추측; 투자

The economist **speculates** that inflation will accelerate.
그 경제학자는 인플레이션이 가속화될 것이라고 추측한다.
Korean people tend to **speculate in** real estates.
한국 사람들은 부동산에 투자하려는 경향이 있다.

[어원] 『spec(ul)(look) + ate(동접) → ~로 보다』
[TIP] 1. ~일 것으로 보다 → 추측[짐작]하다
      2. 사두면 오를 것으로 추측하고 사두다 → 투자하다
[어법] speculate in[on] : 투자하다

sporadic

[spərǽdik]

홀씨가 퍼지는

ⓐ 산발적인, 간헐적인   intermittent, spasmodic, fitful, irregular

the cargo union's **sporadic** strikes   화물 노조의 산발적인 파업들

[어원] 『spora<spore(홀씨) + dic(형접) → 홀씨가 군데군데 퍼지는』
[TIP] 포자(spore)란 버섯(mushroom)의 홀씨, 씨앗을 뜻한다. 이 포자는 여러
      곳에 군데군데 퍼져 새로운 생명체가 된다. 이 퍼져가는 특성에서 유래하여
      spore의 형용사 형태로 나온 어휘가 바로 sporadic이다.

spry

[sprai]

활기찬

ⓐ (노인이지만) 기운 센, 정정한   strong, sturdy, hale

The old fisherman still remarkable **spry**.
그 나이 든 어부는 여전히 놀라울 정도로 기운이 세다.

[어원] 『spry - spright(활기 찬)의 축약형 → 활기찬』
[TIP] spry(기운 센)는 spright(활기찬)에서 발음이 축약된 어휘이다. 또한 미국의
      사이다(cider) 종류 중에 'Sprite'라는 이름의 음료가 있는데 마시면 활기를
      준다는 의미이다.

stagnant

[stǽgnənt]
웅덩이에 고인

ⓐ 정체된 static, stationary, immobile

stagnant water 고인 물
revive the **stagnant** corporate investment and domestic demand
정체된 기업 투자와 내수를 되살리다

[어원] 『stag(swamp) + (n)ant(형접) → (물이) 웅덩이에 고인』
[비교] stale 상한

stale

[steil]
서 있어 움직이지 않는

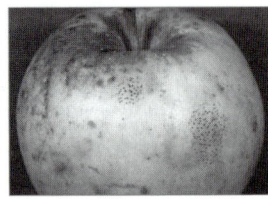

ⓐ 1. (음식이) 상한 sour, bad ⇔ fresh 신선한

2. 식상한, 재미없는 banal, trite, hackneyed, stereotyped

Fishes go **stale** very quickly. 생선들은 아주 빨리 상한다.
The couple is in a somewhat **stale** relationship.
그 커플은 다소 식상한 관계에 있다.

[어원] 『stal(stand) + e(형접) → 서 있어 움직이지 않는』
[TIP] 서 있어 움직이지 않고 있다는 것은 '정체된' 것이고, 정체되면 그 신선함은 곧 '상하게' 된다.
[상상⁺] **still** 정지한 / **stall** 가판대; 마구간; 서다, 지체하다
in**stall** 설치하다; 취임시키다 / fore**stall** 막다

stolid

[stάlid / stɔ́l-]
어리석은, 우둔한

ⓐ 둔감한, 무딘 dull, impassive, obtuse, apathetic

a **stolid** response 둔감한 반응

[어원] 『stolid<stupid(어리석은) → 어리석은, 우둔한』
[상상⁺] **stupe**fy 멍하게 하다 / **stupe**ndous 엄청난 / **stult**ify 멍하게 하다

stunning

[stʌ́niŋ]
기절시키는

ⓐ 기절시키는, 엄청난

prodigious, staggering, tremendous, stupendous

vt. stun 기절시키다

her **stunning** beauty 그녀의 엄청난 미모
make a **stunning** success 엄청난 성공을 거두다

[어원] 『stun(기절시키다) + (n)ing(형접) → 기절시키는』
[TIP] 사람을 기절시킬 정도면 실로 '엄청난' 것이다.

stunt

[stʌnt]
짧은 상태로 만들다

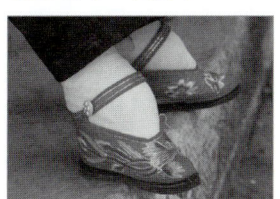

ⓥ (성장을) 방해하다   retard, impede, obstruct, encumber

Inflation would **stunt** economic growth.
인플레이션이 경제 성장을 방해할 것이다.

[어원] 『stun(short) + t(동접) → 짧은 상태로 만들다』
[TIP] 사진에서 보듯 중국 여인들의 전족은 대표적인 stunt다.
stunt는 명사로 '위험한 행동, 묘기'란 의미도 있다. 영화에서도 위험한
행동을 대역하는 사람을 '스턴트맨'이라고 한다.

sturdy

[stə́:rdi]
단호한 의지로 공부

ⓐ 1. 튼튼한   strong, robust   2. 단호한   resolute, determined

n. sturdiness   튼튼함; 단호함

a **sturdy** comfortable chair 튼튼하고 편안한 의자
a **sturdy** opposition to the plan 그 계획에 대한 단호한 반대

[음원] 단호한(**sturdy**) 의지로 공부(**study**)하자!
[TIP] sturdy는 어원적으로 도움이 안 되는 어휘이므로 음원으로 외우는 것이
보다 효과적이다.

sullen

[sʌ́lən]
혼자 남겨진

ⓐ 시무룩한, (혼자) 뚱한   sulky, morose, gloomy, somber

Brian was sitting in **sullen** silence.
브라이언은 혼자 시무룩한 침묵 속에 앉아 있었다.

[어원] 『sul <sole(혼자의) + len(형용사) → 혼자 남겨진』
[TIP] sullen은 혼자 남겨져서 '기분이 안 좋은' 상태를 의미한다.
[상상⁺] **soli**tary 외로운, 쓸쓸한 / de**sol**ate 황폐한; 외로운
soliloquy 독백 (monologue)

sultry

[sʌ́ltri]
무더운

ⓐ 1. 무더운   very hot and humid; torrid, sweltering, scorching

2. 관능적인   very sexy; sensual, voluptuous

the humid and **sultry** night 습하고 무더운 밤

[어원] 『sultr<swelter(무더위) + y(형접) → 무더운』

swerve

[swəːrv]
닦아내다

ⓥⓘ 벗어나다, 빗나가다   turn sharply; deviate, veer

The car **swerved** sharply to avoid the child.
그 차는 아이를 피하기 위해 급격히 방향을 틀었다.

[어원] 『swerv(wipe) + e(동접) → 닦아내다』
[TIP] 책상에 직선을 긋고 **문질러 지워보면** 그 직선에서 자꾸 **벗어나고 빗나가게**
된다.

sycophant

[síkəfənt]
무화과를 내보이는 자

ⓝ 아첨꾼   someone who praise powerful people too much; flatterer

a king surrounded by **sycophants** 아첨꾼들에 둘러싸인 왕

[어원] 『syco(fig무화과) + phan(show) + t(명접) → 무화과를 보여주는 사람』
[TIP] 무화과는 단맛이 나는 열매인데, 상대에게 이 무화과를 내보이는 사람은
곧 상대의 환심을 사기 위한 '아첨꾼' 이다.
[발음주의] 싸이코팬트(X) → **씨커펀트**(O)

tactics

[tǽktiks]
배열해놓은 것

ⓝ 작전, 전술   *a method that you use to achieve something; strategy*

We fully penetrated the enemy's **tactics**.
우리는 적의 작전을 완전히 간파했다.

[어원] 『tac(t)(arrange) + ics(명접) → 배열해놓은 것』
[TIP] '작전, 전술'은 기본적으로 여러 가지가 있기 때문에 복수로 써주는 것이 일반적이다.

tact

[tækt]
(좋은) 촉감

ⓝ (사람을 다루는) 능력, 재치
   the ability to deal with other people; diplomacy

a. tactful   재치 있는 ⇔ tactless 재치 없는

Marriage requires a great deal of **tact** and patience.
결혼은 상대를 다루는 상당한 능력과 인내를 필요로 한다.

[어원] 『tac(touch) + t(명접) → (좋은) 촉감』
[TIP] tact는 상대방의 등을 두드려주거나 따뜻하게 악수하는 등의 '좋은 촉감'을 상대에게 전달해 상대를 기분 좋게 함으로써 내가 원하는 방향으로 상대를 이끄는 능력을 의미한다.

talkative

[tɔ́ːkətiv]
말하기 좋아하는

ⓐ 수다스러운   *loquacious, garrulous, verbose*

She's fickle and **talkative**. 그녀는 변덕스럽고 수다스럽다.

[어원] 『talk(말하다) + (a)tive(형접) → 말하기 좋아하는』
[TIP] talkative는 '말하기 좋아하는 → 말을 많이 하는'의 의미다.

tenure

[ténjuər]
보유하는 것

ⓝ 보유권, 임기   the right or term of holding something; duration

The professor got **tenure** after five years in the university.
그 교수는 5년 후 그 대학에서 종신 교수 자격을 얻었다.
The company has doubled in value during his **tenure**.
그 회사는 그의 임기 동안 가치가 두 배로 올랐다.

[어원] 『ten(hold) + ure(명접) → 보유하는 것』
[TIP] 첫 번째 예문에서 제시되었듯이 대학 교수가 tenure를 얻었다는 것은
평생 교수직을 할 수 있는 '종신 교수 자격'을 얻었다는 의미다.

tepid

[tépid]
따뜻한

ⓐ 미지근한   lukewarm, halfhearted, indifferent, nonchalant

He showed a **tepid** response to the offer.
그는 그 제안에 미지근한 반응을 보였다.

[어원] 『tep(warm) + id(~된) → 따뜻한』
[TIP] tepid는 물이 '미지근한' 경우에만 쓰이는 것이 아니라 태도가 '미지근한,
열의 없는'의 의미로도 쓰인다.

thaw

[θɔ:]
녹다

ⓥⁱ (얼음이) 녹다   melt, dissolve ⇔ freeze   얼다

The snow on the road had started to **thaw**.
도로 위의 눈이 녹기 시작했다.

[어원] 『thaw(녹다) → thaw 자체에서 그대로 나온 어휘』
[TIP] thaw는 명사 '녹음, 해동'의 의미로도 쓰인다.

throe

[θrou]
위협을 당한 상태

ⓝ 심한 고통, 진통   severe pain; agony, anguish, torment, pang

a country **in the throes of** a profound economic crisis
심각한 경제 위기의 진통을 겪고 있는 나라

[어원] 『throe<threat(위협) → 위협을 당한 상태』
[TIP] throe는 threat에서 마지막 스펠링 –t가 탈락되고 모음변화되어 생긴
어휘다. 누군가로부터 위협, 협박(threat)을 받아 정신적으로 심하게 괴로운
상태가 바로 throe(심한 고통)다.
[어법] in the throes of : ~의 진통을 겪는

torture

[tɔ́ːrtʃər]
몸을 비트는 것

ⓝ 고문 an act of deliberately hurting someone; affliction

use **torture** to get the suspect to confess
용의자의 자백을 받아내기 위해 고문하다

[어원] 『tort(twist) + uree(명접) → (몸을) 비틀어 아프게 하는 것』
[상상⁺] **tor**ment 고통(을 주다) / **tor**ch 횃불

tremendous

[triméndəs]
떨게 만들 정도인

ⓐ 엄청난, 어마어마한 colossal, stupendous, stunning, staggering

make a **tremendous** effort 엄청난 노력을 기울이다

[어원] 『tremend(tremble) + ous(형접) → 떨게 만들 정도인』
[TIP] tremendous는 tremble에서 유래한 형용사로 '떨게 만들 정도'라면
　　　그 정도가 실로 '엄청난' 이란 뜻이다.
[상상⁺] **trem**ulous 떨리는

trite

[trait]
문질러져 닳아빠진

ⓐ 진부한, 식상한 banal, stale, hackneyed, stereotyped

n. triteness 진부함

a **trite** and useless idea 진부하고 쓸모없는 생각

[어원] 『trit(rub) + e(형접) → 하도 문질러져 닳아빠진』
[TIP] 책이 아주 오래 되면 표지가 하도 많이 문질러져 닳고 닳게 된다.
[상상⁺] at**trit**ion 마찰; 소모 / con**trit**ion 뉘우침
　　　de**tri**mental 해로운 / **trau**ma (큰) 충격; 외상

truculent

[trʌ́kjələnt, trú:-]
거세게 달려드는

ⓐ 공격[호전]적인 hostile, belligerent, argumentative, pugnacious

n. truculence 공격성

a **truculent** attitude 공격적인 태도

[어원] 『truc(fierce) + (1)ent(형접) → 거세게 달려드는』
[TIP] truculent는 싸우겠다고 거세게 달려드는 모습에서 '공격[호전]적인' 의
　　　의미가 되었다.

 tumult

[tjúːmʌlt]

부풀어 오르는 것

ⓝ 소동, 혼란 confusion, commotion, turmoil, uproar

a. **tumultuous** 소란[혼란]스러운

the recent **tumult** in global financial markets

최근 세계 금융 시장의 대혼란

[어원] 『tum(swell) + ult(명접) → 여기저기 부풀어 오르는 것』

[TIP] tumult는 안정되지 못하고 여기저기서 부글부글 부풀어 오르는 상태로 '소란, 혼란' 상태를 의미한다.

[상상⁺] **tum**or 종양 / **tom**b 무덤

vacillate

[vǽsəlèit]

흔들리다

ⓥ 주저하다, 망설이다   hesitate, falter, oscillate, waver

n. vacillation   망설임

She **vacillated** between the man who loves her and the man she loves.

그녀는 자기를 사랑해주는 남자와 자기가 사랑하는 남자 사이에서 망설였다.

[어원] 『vacil(waver) + (l)ate(동접) → (마음이) 흔들리다』

[TIP] 영어에서 v-와 w- 발음은 혼용될 수 있다.

vacillate는 waver(흔들리다)에서 w-발음이 v-로 변형되어 생긴 어휘로 반드시 함께 외워야 한다.

─────[v-, b- 스펠링과 w- 스펠링의 혼용]─────

will 의지 – **volition** 의지

aware 알고 있는 – **revere** 존경하다

bit 조금 – **whit** 조금

break 부수다 – **wreck** 파괴시키다

veer

[víər]

흔들려 방향이 바뀌다

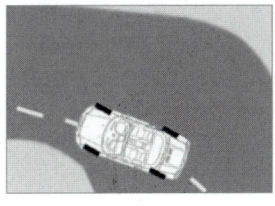

ⓥ (방향이) 바뀌다, 전환하다   change direction; swerve

The plan **veered** from its original purpose.

그 계획은 원래의 목적에서 방향이 바뀌었다.

[어원] 『veer<vibr(vibrate) → 이리저리 흔들려 방향이 바뀌다』

[TIP] vibrate(흔들리다)의 어근 vibr- 스펠링에서 b-가 탈락되고 모음변화로 변형되어 생긴 어휘가 veer로서 '이리저리 흔들려 그 방향이 바뀌다'의 뜻이 되었다.

[음원] **beer**(맥주) 먹고 취해서 **veer**(방향이 바뀌다)

venerate

[vénərèit]

(열렬히) 사랑하다

ⓥ 존경[숭배]하다   revere, esteem, worship, idolize

n. veneration   존경, 숭배

An elephant is **venerated** in Thailand.

코끼리는 태국에서 숭배의 대상이다.

[어원] 『vener <venus(love) + ate(동접) → (열렬히) 사랑하다』

[TIP] 사랑과 미의 여신 Venus(비너스)! 이 Venus가 변형되어 vener-가 되고 이것이 동사화된 어휘가 venerate이다. 누군가를 '존경한다는 것'은 곧 열렬히 사랑하는 마음에서 나오는 것이다.

 vengeance

[véndʒəns]

복수

ⓝ 복수, 보복 revenge, retaliation, retribution, requital

a. vengeful 분노에 찬

conceal a secret conspiracy for **vengeance**
복수를 위한 비밀 음모를 숨기다

[어원] 『venge(avenge) + (e)nce(명접) → 복수』

[상상⁺] **avenge** 복수하다 / **revenge** 복수(하다)

[뉘앙스] avenge : 문학적인 표현으로 쓰임새가 많지 않다.
　　　　revenge : 구어체에서 주로 쓰며 쓰임새가 많다.

---

 vent

[vent]

바람 빠지는 곳

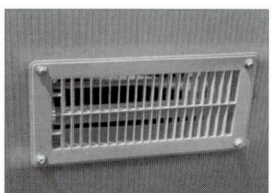

ⓝ 1. 배출구, 환풍구 an opening for the escape of a gas or liquid

　　2. (감정의) 배출, 분출 a means of escape or release

ⓥⓣ (감정을) 분출[표현]하다 express feeling of anger, hatred, etc.

an air **vent** 공기 배출구
People **give vent to** their anger in various ways.
사람들은 다양한 방법으로 분노를 분출한다.
The criminal **vented** his anger on a society.
그 범죄자는 자신의 분노를 사회에 표출했다.

[어원] 『(ex)(out) + vent(wind) → 바람이 빠져나가는 곳』

[TIP] vent는 wind의 변형된 스펠링이다. 여기에 원래 '밖으로' 라는 뜻의
　　　ex-접두어가 있었는데 발음의 편의상 탈락되어 vent의 스펠링만 남게 되고
　　　'바람이 빠져나가는 곳 → 배출구' 의 뜻이 된 것이다.

[숙어] give vent to (감정을) 분출하다

[상상⁺] **vent**ilate 환기하다; (감정을) 표현하다 / **vent**ilation 환기

---

 venue

[vénjuː]

오는 곳

ⓝ 개최지, 행사장 a place where an organized meeting takes place

The **venue** of the meeting has been changed.
회의 장소가 변경되었다.

[어원] 『ven(come) + ue(명접) → 오는 곳, 모이는 곳』

[TIP] venue는 올림픽이나 월드컵 등의 경기 개최지 또는 모임이나 콘서트 등
　　　행사가 열리는 행사장 모두에 다 쓸 수 있다.

veto

[ví:tou]

금지시키는 것

ⓝ 거부 a refusal to give official permission ; prohibition

ⓥⓣ 거부권을 행사하다 disapprove

the President's **veto** on the bill 그 법안에 대한 대통령의 거부

[어원] 『veto < forbid(금지하다) → 못하게 금지시키는 것』

[TIP] veto는 forbid에서 접두어 for–가 탈락되고 bid가 변형되어 veto라는 스펠링이 된 것이다.

---

vicarious

[vaikɛ́əriəs, vi-]

바꿔서 대신하는

ⓐ 대리의, 간접의 experienced by watching or reading about someone else doing something; indirect

parents' **vicarious** satisfaction 부모들의 대리 만족

[어원] 『vicar<vicis(change) + (i)ous(형접) → (역할을) 바꿔서 대신하는』

[TIP] vicarious는 자신이 직접 하는 것이 아니라 '그 역할을 바꿔서 다른 사람이 대신하는'의 의미에서 '대리의, 간접의'란 뜻이 된다.

[상상+] **vicis**situde 변화 / **vicar** 교구 목사
vice president 부통령, 부회장 / **vice** versa 반대로

---

virulent

[vírjulənt]

바이러스에 의한

ⓐ 악성인, 악의에 찬 malign, malignant, malicious

n. virulence 악성, 악의

an outbreak of **virulent** bird flu 악성 조류독감의 발병

[어원] 『virul(virus) + ent(형접) → 바이러스에 의한』

[TIP] virulent에서 virul–은 virus가 형용사로 변하는 과정에서 스펠링이 변한 형태다. 이것만 이해하면 virulent는 의외로 쉬운 어휘다. virulent는 병이 '악성인'에서 사람의 태도가 '악의에 찬'으로도 함께 쓰일 수 있다.

[발음주의] 바이룰런트(X) → **비**룰런트(O)

---

vocation

[voukéiʃən]

(하나님의) 부르심

ⓝ 직업, (직업에 대한) 사명감 occupation, profession, work, trade

She found her true **vocation** as a traveler.
그녀는 여행가로서의 자신의 진정한 직업을 찾았다.

My father has a **vocation** for teaching.
우리 아버지는 가르치는 일에 대해 사명감을 갖고 계신다.

[어원] 『voca(call) + tion(명접) → (하나님에 의한) 부르심』

[TIP] vocation은 원래 하나님의 부름을 받아 목사(priest)나 수녀(nun)가 되는 '강한 신앙심'을 뜻하는 어휘였다. 이 뜻이 '직업에 대한 강한 신념 → 사명감'의 뜻과 '사명감을 갖고 하는 일 → 직업'의 의미가 된 것이다.

weird

[wíərd]

운명의 영향을 받는

ⓐ (아주) 이상한   very strange; eccentric, queer, bizarre, grotesque

n. weirdo 이상한 사람

He's a really **weird** guy. 그 남자 정말 이상한 사람이야.

[어원] 『weird<wyrd(fate) → 운명의 영향을 받는』

[TIP] weird는 무엇인가 영적인 운명(fate)의 영향을 받아 왜 그렇게 되는지
도저히 '이해할 수 없는, 아주 이상한'의 뜻이다. 사진 속의 남자 분께서
왜 저런 패션을 하고 다니는지 정말…

[발음주의] 웨이얼드(X) → **위얼드**(O)

wheedle

[hwíːdl]

꼬리를 흔들다

ⓥ (달콤한 말로) 꾀다, 유혹하다   coax, cajole, inveigle, adulate

A good salesman has to be able to **wheedle** a client into buying.
훌륭한 세일즈맨은 달콤한 말로 고객이 구매할 수 있도록 해야 한다.

[어원] 『wheedl(e)<wedel(wag the tail) → (개가) 꼬리를 흔들다』

[TIP] wheedle은 원래 '개가 꼬리를 흔들다'라는 어원에서 유래했는데, 이것은
곧 '상대방이 원하는 것이면 다 해주겠다'라는 태도로 상대방을 '꾀고 유혹
하는 것'이 된다.

[음원] 말로 상대방을 **휘두르**(**wheedle**)다 → 꼬드기다

wholesale

[hóulsèil]

전체를 판매함

ⓐ 1. 도매의   selling goods in large quantities at low prices

⇔ retail 소매의

2. 대규모의   affecting almost everything or everyone

buy various vegetables at **wholesale** prices
각종 야채들을 도매가로 사다
a **wholesale** economic sanctions 대규모 경제 제재 조치

[어원] 『whole(전체의) + sale(판매) → 전체를 한 데 묶어 판매함』

[TIP] '도매'란 하나하나 낱개로 파는 것이 아니라 물건 전체를 한 데 묶어
저렴한 가격에 판매하는 것이다.

[상상+] for **sale** 판매용의 / on **sale** 판매 중인

wholesome

[hóulsəm]
건강함을 낳는

@ 1. 건강에 좋은   likely to make you healthy; healthful, salutary

2. 건전한   considered to have a good moral effect; sound

n. wholesomeness   건강에 좋음; 건전함

We try to eat safe and **wholesome** food.
우리는 안전하고 건강에 좋은 음식을 먹으려고 노력한다.
a **wholesome** fable for children 아이들을 위한 건전한 우화

[어원] 『whole<hale(healthy) + some(낳는) → 건강함을 낳는』
[TIP] whole은 원래 건강한(healthy)이 어원으로, '아무런 손상이 없는
(uninjured)' 상태, 즉 '완전한, 전체의' 라는 뜻이다.
따라서 wholesome은 '건강함을 낳는' 의 의미에서 '건강에 좋은' 이라는
의미가 된다.

wily

[wáili]
교활한

@ 교활한   cunning, guileful, sly, foxy

a **wily** scheme to divert public attention
대중의 관심을 돌리기 위한 교활한 계획

[어원] 『wil(guile) + y(형접) → 교활한』
[TIP] gu-와 w-발음은 혼용될 수 있다.
그러므로 guile(교활)과 wile(교활)은 같은 뜻이다.

┌─────────[gu-와 w- 발음의 혼용]─────────┐
guarantee 보증하다 - **w**arrant 영장; 보증서
guise 위장, 가장 - **w**ise 현명한
└───────────────────────────────────┘

winning

[wíniŋ]
이기게 하는

@ 1. 승리를 결정짓는, 성공적인   successful

2. 매력적인   fascinating, engaging, inviting, riveting

The striker scored the **winning** goal.
그 스트라이커가 승리를 결정짓는 골을 넣었다.
her **winning** smile 그녀의 매력적인 미소

[어원] 『win(이기다) + (n)ing(형접) → 이기게 하는』
[TIP] 1. '승리를 결정짓고 성공적인' 것은 당연히 2. '매력적인' 것이다.
[출제포인트] winning은 2. 매력적인의 의미가 중요하다.

1. activate the alarm:
   ⓐ turn on
   ⓑ ignore
   ⓒ put in
   ⓓ notice

2. Poe conceived of God as a poet. The universe therefore was an artistic creation, a poem composed by God. The reader may conclude Poe felt that man's proper response to God would be _____ . (행정고시)
   ⓐ mystical
   ⓑ aesthetic
   ⓒ logical
   ⓓ submissive
   ⓔ philosophical

3. The flood itself was terrible, but the next day we saw the aftermath, which was even worse.
   ⓐ resulting situation
   ⓑ period of time
   ⓒ number of problems
   ⓓ earlier condition

4. Between 1870 and 1914 the United States changed from an agrarian economy to an industrial economy. (일진그룹)
   ⓐ a farming
   ⓑ an urban
   ⓒ a manufacturing
   ⓓ a rural

5. Inspector James discovered that Mr. Thomas was not the criminal's real name but an alias for Jimmy Carter.
   ⓐ synonym
   ⓑ pseudonym
   ⓒ homonym
   ⓓ antonym
   ⓔ alter ego

6. Several alternatives to the manager's proposal were suggested. (중소기업은행)
   ⓐ solutions to
   ⓑ substitutes for
   ⓒ drawbacks to
   ⓓ ratification of

7. Literary animosity is growing daily between the two countries. (코리아헤럴드)
   ⓐ interchanged
   ⓑ enmity
   ⓒ imitation
   ⓓ vigor
   ⓔ atmosphere

8. Aqueducts built during the Roman Empire may still be seen in many parts of Europe.
   ⓐ Baths
   ⓑ Water canals
   ⓒ Roads
   ⓓ Air pipes

9. His criticism is nothing but an armchair opinion.
   ⓐ negligible
   ⓑ impractical
   ⓒ optimistic
   ⓓ sedate

10. The war ended when the armistice was signed. (한국전력공사, 토지개발공사)
    ⓐ armament
    ⓑ truce
    ⓒ facsimile
    ⓓ contract

11. History is loaded with examples of atrocities that have occurred when one culture comes into contact with another.

ⓐ festivals

ⓑ invasions

ⓒ fusions

ⓓ barbarities

12. Large carnivorous aquatic creatures have been seen in Loch Ness since the Middle Ages.

ⓐ acrobatic

ⓑ muscular

ⓒ marine

ⓓ ancient

13. They succeeded in baffling the enemy's attack plans. (대한전선)

ⓐ pleading

ⓑ requesting

ⓒ thwarting

ⓓ craving

14. He is a bibliophile.

ⓐ a lover of books

ⓑ an author

ⓒ a book publisher

ⓓ a librarian

15. Everyone who speaks a word against the Son of Man will be forgiven, but anyone who blasphemes against the Holy Spirit will not. (대한생명)

ⓐ revenges

ⓑ revises

ⓒ blames

ⓓ divulges

16. Within the last twenty years, there has been a burgeoning film studies in the universities of the United States.

ⓐ developing

ⓑ producing

ⓒ researching

ⓓ declining

ⓔ directing

17. captivate: (행정고시)

ⓐ dictate terms

ⓑ charm

ⓒ overturn

ⓓ hesitate

ⓔ find fault

18. I was shocked greatly by the ferocity and carnage. (한겨레신문)

ⓐ mass killing

ⓑ battle

ⓒ severity

ⓓ hatred

19. The task of note taking in Braille is fatiguing and time-consuming.

ⓐ reading

ⓑ chore

ⓑ stroke

ⓓ practicing

20. The doctor coaxed the child. (CBS)

ⓐ attempted to force

ⓑ attempted to persuade

ⓒ attempted to command

ⓓ attempted to threaten

21. China has doubled its military spending since 1988, and is casting covetous looks at strategic sites far from its shores. (사법시험)

ⓐ aggressive

ⓑ luring

ⓒ distractive

ⓓ diplomatic

ⓔ desirous

22. The members of the board of trustees of the museum expected the new curator to plan events and exhibition which would make the museum more popular. (무역협회)

ⓐ parliamentarian

ⓑ superintendent

ⓒ conciliator

ⓓ lawyer

23. At first he was _____ by the amount of responsibility the new job involved. (서울대 대학원)

ⓐ daunted

ⓑ abashed

ⓒ thrived

ⓓ surpassed

24. He was as deft at handling complaints as he was at tennis. (연세대 대학원)

ⓐ intelligent

ⓑ angry

ⓒ skillful

ⓓ crude

25. War and drought destroy the economy, and then the people will need _____ food. (행정고시)

ⓐ civilian

ⓑ vacant

ⓒ military

ⓓ donated

ⓔ healthy

26. The prisoner was thrown into a _____ that was dark, damp, and filthy. (행정고시)

ⓐ station

ⓑ terminal

ⓒ suburb

ⓓ mansion

ⓔ dungeon

27. The lover of democracy has an enmity to totalitarianism. (동아일보)

ⓐ repugnance

ⓑ empathy

ⓒ sympathy

ⓓ antipodes

28. To say that the pop culture is evanescent and shallow is another and less sympathetic way of noticing the importance of fashion. (군법무관)

ⓐ crude

ⓑ glaring

ⓒ fleeting

ⓓ superficial

ⓔ exciting

29. Each agency's attention to one segment of the economy would develop expertise essential to wise regulation. (행정고시)

ⓐ experiment

ⓑ expense

ⓒ skills

ⓓ enterprise

ⓔ efforts

30. Trade friction notwithstanding, the steelmaker's problems are largely of Europe's own making. (현대그룹)

ⓐ gaps

ⓑ negotiations

ⓑ disagreements

ⓓ accords

31. They circumvented our plan. (동아일보)
ⓐ deferred
ⓑ frustrated
ⓒ projected
ⓓ advocated

32. Americans feel some enmity toward Asians because of the trade deficit with Asian countries. (대한항공)
ⓐ good will
ⓑ embarrassment
ⓒ ill will
ⓓ prejudice

33. The law of equity is ancient.
ⓐ adultery
ⓑ justice
ⓒ the averages
ⓓ the jungle

34. With the advent of farming, people no longer knew all the members of their village communities. The resulting estrangement produced social disorder.
ⓐ weirdness
ⓑ alienation
ⓒ familiarity
ⓓ strangulation

35. This child has a great facility for learning languages.
ⓐ contrivance
ⓑ difficulty
ⓒ apparatus
ⓓ talent

36. We see how the artist's fidelity has strengthened the fiber of our national life. (연세대 대학원)
ⓐ faithfulness
ⓑ ability
ⓒ patriotism
ⓓ betrayal

37. The sculptor carved figurine of a child from a piece of driftwood.
ⓐ tall monument
ⓑ lucky charm
ⓒ form
ⓓ small statue

38. The first claimant had received compensation based on a form supplied by her employer, which was found to be forged.
ⓐ counterfeited
ⓑ molded
ⓒ absolved
ⓓ excruciated

39. Humankind possesses only a fragmentary history of ancient times.
ⓐ incomplete
ⓑ incomparable
ⓒ indispensable
ⓓ invaluable

40. Someone who is _____ talks a great deal, especially about things that are not important. (사법시험)
ⓐ grotesque
ⓑ vigorous
ⓒ garrulous
ⓓ gregarious
ⓔ gallant

41. A few technological failures might suffice to _____ a bankruptcy of science. (근로복지공사)

ⓐ rise

ⓑ hold

ⓒ generate

ⓓ assume

42. When the man handed the boy a coin, he grabbed it and ran. (삼성그룹)

ⓐ seized

ⓑ dropped

ⓒ looked

ⓓ touched

43. Even in his hermitage he could not escape completely from the world.

ⓐ granary

ⓑ composure

ⓒ domicile

ⓓ refuge

44. Though the critics were not enthusiastic, we thought the play was very funny. (무역협회)

ⓐ gregarious

ⓑ anomalous

ⓒ lustrous

ⓓ hilarious

45. homage: (포항제철)

ⓐ welcome

ⓑ coziness

ⓒ honor

ⓓ criticism

46. The passengers on the boat were hypnotized by the motion of the sea.

ⓐ paralyzed

ⓑ reverberated

ⓒ nauseated

ⓓ mesmerized

47. They can check out ten juvenile books at one time. (동방기획)

ⓐ adventure

ⓑ large-print

ⓒ hardcover

ⓓ children's

48. His house was broken into a week after his insurance policy had _____ . (서울대 대학원)

ⓐ lapsed

ⓑ relapsed

ⓒ elapsed

ⓓ collapsed

49. We want to seize the value and perspective of passing things, and so pull ourselves up out of maelstrom of daily circumstance.

ⓐ place of trade

ⓑ front trench in the siege of truth

ⓒ main stream

ⓓ confused, disordered state of affairs

50 Brain tumors have always fired the morbid side of mankind's imagination. (서울대 대학원)

ⓐ moribund

ⓑ mortifying

ⓒ macabre

ⓓ mortal

51. Even the smell of prunes can nauseate me. (롯데그룹)
ⓐ inspire
ⓑ sicken
ⓒ awaken
ⓓ sadden

52. His silence was ominous. (CBS)
ⓐ hopeful
ⓑ pleasing
ⓒ auspicious
ⓓ inauspicious

53. penitent thief: (기술고시)
ⓐ arrogant
ⓑ repentant
ⓒ sad
ⓓ sinning
ⓔ filled with pain

54. The king was about to overrun all the petty kingdoms. (CBS)
ⓐ magnificent
ⓑ unimportant
ⓒ ruthless
ⓓ powerful

55. a placid lake: (서울대 대학원)
ⓐ peaceful
ⓑ very long and narrow
ⓒ very deep
ⓓ filled with fish

56. The skin is the largest organ of the body and forms a pliable protective covering over the external body. (태평양그룹)
ⓐ artificial
ⓑ unadaptable
ⓒ ductile
ⓓ supporting

57. A rock was on the edge of the cliff. (외무고시)
ⓐ poised
ⓑ placed
ⓒ positioned
ⓓ put
ⓔ parched

58. I found his most recent movie to be extremely tedious.
ⓐ disorganized
ⓑ instructive
ⓒ prosaic
ⓓ exhilarating

59. The arms race, conducted in the quest for security, has itself become a greater source of insecurity.
ⓐ need
ⓑ program
ⓒ perception
ⓓ search

60. The traditional functions of government have been starved by the rapacious appetite of the welfare state. (한국산업은행)
ⓐ endless
ⓑ greedy
ⓒ redemptive
ⓓ captive

61. A street-worker is suspected in a fire that destroyed a 10-story building.

ⓐ roamed

ⓑ razed

ⓒ overwhelmed

ⓓ surrounded

62. An expert in any field may be defined as a person who possesses specialized skills and is capable of rendering very competent services. (한국전자)

ⓐ obtaining

ⓑ mastering

ⓒ providing

ⓓ financing

63. Many businesses provide a kind of retirement benefit which is paid until the death of the former employee.

ⓐ patent

ⓑ subsidy

ⓒ warfare

ⓓ bargain

64. It is ridiculous to be so quick to become angry.

ⓐ futile

ⓑ tragic

ⓒ absurd

ⓓ unpardonable

65. Josef Albers is best known for a sequence of paintings that portrays colors in concentric squares.

ⓐ landscape

ⓑ succession

ⓒ studio

ⓓ summation

66. He was incapacitated by a sinister accident. (기술고시)

ⓐ unhappy

ⓑ great

ⓒ heavy

ⓓ merciful

ⓔ ominous

67. A sycophantic attitude: (한국일보)

ⓐ sneering

ⓑ unbelieving

ⓒ bootlicking

ⓓ surprising

ⓔ contemptible

68. A labyrinth is a confusing and seemingly endless array of passages.

ⓐ unlikely

ⓑ apparently

ⓒ continuously

ⓓ deliberately

69. Only sovereign states are able to make treaties.

ⓐ constitutional

ⓑ powerful

ⓒ legitimate

ⓓ independent

70. His estimates of the cost were based on speculation.

ⓐ consideration

ⓑ investment

ⓒ conjecture

ⓓ suspicion

71. No one has been able to satisfactorily explain how or why the Moon sporadically sparks.

ⓐ reputedly

ⓑ occasionally

ⓒ mysteriously

ⓓ constantly

72. Fourteen students in Egypt have drowned after a school but swerved to avoid a speeding car and plunged into a canal.

ⓐ slowed down

ⓑ stopped

ⓒ turned aside

ⓓ travelled

73. Drink only tepid liquids. (수자원공사)

ⓐ slightly warm

ⓑ slightly cool

ⓒ clean

ⓓ tasty

74. A nation in the throes of revolution will not welcome outside interference.

ⓐ wars

ⓑ agonies

ⓒ fights

ⓓ enmities

75. There has never been so tremendous an advance in so short a time.

ⓐ terrestrial

ⓑ trenchant

ⓒ tenacious

ⓓ tentative

ⓔ stupendous

76. U.S. president has the power to veto a bill. (쌍용그룹)

ⓐ enforce

ⓑ modify

ⓒ reject

ⓓ verify

정답 p. 381

1장							
1	ⓔ	41	ⓑ	81	ⓐ	121	ⓓ
2	ⓓ	42	ⓒ	82	ⓐ	122	ⓐ
3	ⓐ	43	ⓑ	83	ⓓ	123	ⓓ
4	ⓓ	44	ⓒ	84	ⓐ	124	ⓓ
5	ⓒ	45	ⓔ	85	ⓓ	125	ⓐ
6	ⓑ	46	ⓑ	86	ⓒ	126	ⓒ
7	ⓐ	47	ⓓ	87	ⓒ	127	ⓐ
8	ⓐ	48	ⓐ	88	ⓒ	128	ⓓ
9	ⓓ	49	ⓓ	89	ⓐ	129	ⓓ
10	ⓐ	50	ⓐ	90	ⓒ	130	ⓑ
11	ⓐ	51	ⓒ	91	ⓐ	131	ⓓ
12	ⓒ	52	ⓓ	92	ⓐ	132	ⓐ
13	ⓒ	53	ⓐ	93	ⓓ	133	ⓒ
14	ⓐ	54	ⓒ	94	ⓒ	134	ⓐ
15	ⓒ	55	ⓐ	95	ⓑ		
16	ⓓ	56	ⓑ	96	ⓒ		
17	ⓑ	57	ⓑ	97	ⓔ		
18	ⓓ	58	ⓑ	98	ⓒ		
19	ⓓ	59	ⓑ	99	ⓑ		
20	ⓑ	60	ⓐ	100	ⓑ		
21	ⓑ	61	ⓐ	101	ⓓ		
22	ⓒ	62	ⓐ	102	ⓑ		
23	ⓑ	63	ⓑ	103	ⓑ		
24	ⓑ	64	ⓐ	104	ⓒ		
25	ⓐ	65	ⓒ	105	ⓑ		
26	ⓓ	66	ⓑ	106	ⓓ		
27	ⓑ	67	ⓑ	107	ⓐ		
28	ⓐ	68	ⓐ	108	ⓐ		
29	ⓓ	69	ⓑ	109	ⓑ		
30	ⓑ	70	ⓑ	110	ⓑ		
31	ⓒ	71	ⓓ	111	ⓓ		
32	ⓐ	72	ⓒ	112	ⓒ		
33	ⓒ	73	ⓐ	113	ⓑ		
34	ⓓ	74	ⓐ	114	ⓒ		
35	ⓑ	75	ⓐ	115	ⓐ		
36	ⓒ	76	ⓒ	116	ⓓ		
37	ⓑ	77	ⓓ	117	ⓑ		
38	ⓓ	78	ⓒ	118	ⓐ		
39	ⓒ	79	ⓐ	119	ⓑ		
40	ⓐ	80	ⓓ	120	ⓒ		

1	ⓒ	41	ⓑ	81	ⓓ	121	ⓐ
2	ⓓ	42	ⓑ	82	ⓐ	122	ⓐ
3	ⓓ	43	ⓓ	83	ⓐ	123	ⓓ
4	ⓐ	44	ⓑ	84	ⓒ	124	ⓓ
5	ⓑ	45	ⓓ	85	ⓒ	125	ⓐ
6	ⓑ	46	ⓐ	86	ⓐ	126	ⓓ
7	ⓑ	47	ⓓ	87	ⓑ	127	ⓑ
8	ⓓ	48	ⓐ	88	ⓒ	128	ⓓ
9	ⓓ	49	ⓐ	89	ⓑ	129	ⓑ
10	ⓒ	50	ⓐ	90	ⓑ	130	ⓑ
11	ⓐ	51	ⓐ	91	ⓒ	131	ⓑ
12	ⓓ	52	ⓐ	92	ⓐ	132	ⓓ
13	ⓐ	53	ⓓ	93	ⓒ	133	ⓔ
14	ⓑ	54	ⓓ	94	ⓓ	134	ⓒ
15	ⓓ	55	ⓓ	95	ⓓ	135	ⓓ
16	ⓐ	56	ⓒ	96	ⓒ	136	ⓔ
17	ⓐ	57	ⓒ	97	ⓒ	137	ⓐ
18	ⓔ	58	ⓓ	98	ⓑ	138	ⓓ
19	ⓒ	59	ⓑ	99	ⓑ	139	ⓐ
20	ⓑ	60	ⓒ	100	ⓒ	140	ⓑ
21	ⓐ	61	ⓓ	101	ⓑ	141	ⓒ
22	ⓐ	62	ⓓ	102	ⓑ	142	ⓐ
23	ⓒ	63	ⓐ	103	ⓐ	143	ⓒ
24	ⓓ	64	ⓐ	104	ⓒ	144	ⓒ
25	ⓑ	65	ⓐ	105	ⓐ	145	ⓐ
26	ⓒ	66	ⓑ	106	ⓐ	146	ⓒ
27	ⓒ	67	ⓒ	107	ⓑ	147	ⓐ
28	ⓓ	68	ⓐ	108	ⓓ	148	ⓐ
29	ⓓ	69	ⓓ	109	ⓒ	149	ⓒ
30	ⓐ	70	ⓑ	110	ⓓ	150	ⓑ
31	ⓐ	71	ⓑ	111	ⓒ	151	ⓓ
32	ⓓ	72	ⓓ	112	ⓐ	152	ⓐ
33	ⓒ	73	ⓐ	113	ⓓ	153	ⓓ
34	ⓑ	74	ⓒ	114	ⓒ	154	ⓒ
35	ⓑ	75	ⓒ	115	ⓑ	155	ⓐ
36	ⓒ	76	ⓐ	116	ⓓ	156	ⓒ
37	ⓓ	77	ⓑ	117	ⓐ	157	ⓐ
38	ⓐ	78	ⓐ	118	ⓒ	158	ⓐ
39	ⓒ	79	ⓓ	119	ⓑ	159	ⓓ
40	ⓑ	80	ⓐ	120	ⓒ	160	ⓐ

| 2장 |

| 2장 |

161	ⓒ	201	ⓐ	241	ⓑ	281	ⓓ
162	ⓒ	202	ⓒ	242	ⓒ	282	ⓐ
163	ⓑ	203	ⓒ	243	ⓒ	283	ⓑ
164	ⓑ	204	ⓒ	244	ⓑ	284	ⓐ
165	ⓒ	205	ⓒ	245	ⓑ	285	ⓑ
166	ⓓ	206	ⓒ	246	ⓑ	286	ⓑ
167	ⓒ	207	ⓓ	247	ⓐ	287	ⓒ
168	ⓒ	208	ⓐ	248	ⓒ	288	ⓐ
169	ⓐ	209	ⓐ	249	ⓒ	289	ⓓ
170	ⓒ	210	ⓐ	250	ⓓ	290	ⓐ
171	ⓑ	211	ⓒ	251	ⓐ	291	ⓒ
172	ⓐ	212	ⓓ	252	ⓐ	292	ⓒ
173	ⓑ	213	ⓒ	253	ⓐ	293	ⓐ
174	ⓒ	214	ⓒ	254	ⓐ	294	ⓐ
175	ⓑ	215	ⓑ	255	ⓑ	295	ⓒ
176	ⓑ	216	ⓓ	256	ⓓ	296	ⓒ
177	ⓑ	217	ⓒ	257	ⓑ	297	ⓑ
178	ⓓ	218	ⓓ	258	ⓓ	298	ⓓ
179	ⓑ	219	ⓒ	259	ⓒ	299	ⓓ
180	ⓒ	220	ⓐ	260	ⓑ	300	ⓑ
181	ⓐ	221	ⓓ	261	ⓐ	301	ⓓ
182	ⓑ	222	ⓒ	262	ⓒ	302	ⓐ
183	ⓐ	223	ⓐ	263	ⓐ	303	ⓓ
184	ⓑ	224	ⓐ	264	ⓔ	304	ⓒ
185	ⓐ	225	ⓐ	265	ⓒ	305	ⓒ
186	ⓑ	226	ⓒ	266	ⓑ	306	ⓔ
187	ⓓ	227	ⓒ	267	ⓐ	307	ⓑ
188	ⓓ	228	ⓓ	268	ⓐ	308	ⓒ
189	ⓑ	229	ⓑ	269	ⓓ	309	ⓐ
190	ⓒ	230	ⓑ	270	ⓔ	310	ⓐ
191	ⓐ	231	ⓑ	271	ⓑ	311	ⓑ
192	ⓓ	232	ⓐ	272	ⓐ	312	ⓑ
193	ⓐ	233	ⓑ	273	ⓓ	313	ⓒ
194	ⓒ	234	ⓓ	274	ⓓ	314	ⓒ
195	ⓒ	235	ⓒ	275	ⓓ	315	ⓓ
196	ⓒ	236	ⓑ	276	ⓑ	316	ⓒ
197	ⓑ	237	ⓒ	277	ⓑ	317	ⓑ
198	ⓐ	238	ⓑ	278	ⓒ		
199	ⓒ	239	ⓑ	279	ⓒ		
200	ⓔ	240	ⓒ	280	ⓓ		

3장				
1	ⓐ	41	ⓒ	
2	ⓑ	42	ⓐ	
3	ⓐ	43	ⓓ	
4	ⓐ	44	ⓓ	
5	ⓑ	45	ⓒ	
6	ⓑ	46	ⓓ	
7	ⓑ	47	ⓓ	
8	ⓑ	48	ⓐ	
9	ⓑ	49	ⓓ	
10	ⓑ	50	ⓒ	
11	ⓓ	51	ⓑ	
12	ⓒ	52	ⓓ	
13	ⓒ	53	ⓑ	
14	ⓐ	54	ⓑ	
15	ⓒ	55	ⓐ	
16	ⓐ	56	ⓒ	
17	ⓑ	57	ⓐ	
18	ⓐ	58	ⓒ	
19	ⓑ	59	ⓓ	
20	ⓑ	60	ⓑ	
21	ⓔ	61	ⓑ	
22	ⓑ	62	ⓒ	
23	ⓐ	63	ⓑ	
24	ⓒ	64	ⓒ	
25	ⓓ	65	ⓑ	
26	ⓔ	66	ⓔ	
27	ⓐ	67	ⓒ	
28	ⓒ	68	ⓑ	
29	ⓒ	69	ⓓ	
30	ⓒ	70	ⓒ	
31	ⓑ	71	ⓑ	
32	ⓒ	72	ⓒ	
33	ⓑ	73	ⓐ	
34	ⓑ	74	ⓑ	
35	ⓓ	75	ⓔ	
36	ⓐ	76	ⓒ	
37	ⓓ			
38	ⓐ			
39	ⓐ			
40	ⓒ			

VOCA MASTER

INDEX

유래편

A

L

labor 223
laborious 15, 143, 212
labyrinth 158
lack 21
laconic 158
lamentable 158, 183
lampoon 352
landmark 168
landslide 328
languid 39, 55, 161, 203
languish 158
lapse 328
lascivious 129, 160
late 217
latent 23, 159
lateral 159
laud 37, 145
laugh at 309
launch 159
lavatory 37
lavish 37
lawbreaker 20
lawful 38
lazybones 121
lead 321
leak 329
legacy 322
legal 38, 329
legislate 329
legitimate 38, 329
lenient 38
lethal 38
lethargic 39, 55, 161
lever 160
levy 160
lewd 129, 160
libel 160, 203, 288
liberty 356
licentious 160
licit 38
lifeless 161
light 200
limited 130
limp 152, 161, 309
linguistic 230
liquidate 161
listless 161
lithe 121, 342
litigate 162
litter 162
lively 326
livid 162
loaf 300
loafer 121
loathe 163
locomotion 163
locomotive 163
logical 219, 229
long-lasting 122
look around 100
loophole 163
loosen 203

loot 49, 147, 342
loquacious 163, 316, 361
lousy 168
lowly 168
loyalty 308
lubricate 164
lubricated 355
lucid 164
lucrative 39
lucre 39
ludicrous 164, 350
lugubrious 118, 158, 183
lukewarm 39, 320, 362
luminarie 40
luminous 40, 132, 164
lunar 164
lunatic 164, 165
lure 300
lurid 143
luscious 339
lust 325
luster 164, 200
luxurious 215

M

macabre 143, 317
machinations 330
maelstrom 330
magnificent 319
main 209
majestic 319
make up for 278
makeshift 165
malefactor 20
malice 348
malicious 230, 367
malign 203, 232, 367
malignant 367
malleable 42
malodorous 190, 346
mandatory 41
maneuver 41, 165, 330
mangy 353
maniacal 135, 164, 165
manifest 41, 89, 179
manipulate 41, 165
manmade 89
manslaughter 323
manual 41, 165
manufacture 118, 126
manuscript 41, 165
marine 165
marital 41
maritime 165
marked 331
marsh 165
marvelous 304
masquerade 166
massacre 289, 316
massive 148, 185
mastery 119
material 20, 132

maternal 41
maternity 41
matriarch 41, 166
matrimonial 41
matron 41
maul 42, 289
maze 158
meager 42, 60
measure 138
meddle 166, 216
meddlesome 176, 188
mediate 87, 166
medication 167
medicine 167
medieval 166
mediocre 166
meditate 167, 172, 185
meditative 46
medium 166
meek 23, 167, 342
melancholy 118, 140, 183
melt 362
menace 167
mendacious 298
menial 168
mercenary 229, 331
merchandise 331
merchant 331
merciless 195
mercurial 105, 129, 168, 170, 233
mercy 331
merge 86
mermaid 165
mesmerize 289, 324
messenger 110
messy 168
meticulous 42, 52, 188, 305
mettle 29, 331
mild 218, 282
milestone 168
milk 169
mimic 24, 332
minuscule 154
minute 154
mired 169
miscellaneous 171
mischievous 116
miserable 180
miserly 169, 173, 180
misgiving 189
misnomer 174
mistake 328
mite 169
mitigate 205, 332, 341
mixture 153
mob 333
mobile 333
mock 204, 332
modest 115
modicum 237
mollify 332, 341
momentary 131
momentous 20
momentum 333